U0772168

金融合规要义

如何成为卓越的合规官

（第二版）
Second Edition

安妮·米尔斯（Annie Mills） / 彼得·海恩斯（Peter Haines） 著

高 洋 冯 乾 朱昌松 赵静思 等◎译

ESSENTIAL STRATEGIES FOR
FINANCIAL SERVICES COMPLIANCE

How to Become an Excellent Compliance Officer

 中国金融出版社

WILEY

责任编辑：肖　炜　方　蔚
责任校对：李俊英
责任印制：丁淮宾

Title：Essential Strategies for Financial Services Compliance，2nd edition by Annie Mills and Peter Haines，ISBN 9781118906132

Copyright © 2015 John Wiley & Sons，Ltd.

All Rights Reserved. This translation published under license. Authorized translation from the English language edition, Published by John Wiley & Sons. No part of this book may be reproduced in any form without the written permission of the original copyrights holder

Copies of this book sold without a Wiley sticker on the cover are unauthorized and illegal.

本书中文简体中文字版专有翻译出版权由 John Wiley & Sons，Inc. 公司授予中国金融出版社。未经许可，不得以任何手段和形式复制或抄袭本书内容。

本书封底贴有 Wiley 防伪标签，无标签者不得销售。

北京版权合同登记图字 01－2017－8126

《金融合规要义：如何成为卓越的合规官（第二版）》一书中文简体字版专有出版权属中国金融出版社所有，不得翻印。

图书在版编目（CIP）数据

金融合规要义：如何成为卓越的合规官（第二版）/安妮·米尔斯（Annie Mills），彼得·海恩斯（Peter Haines）著．高洋，冯乾，朱昌松，赵静思等译．—北京：中国金融出版社，2019.8

ISBN 978－7－5220－0113－5

Ⅰ．①金…　Ⅱ．①安…②彼…③高…④冯…⑤朱…⑥赵…　Ⅲ．①金融法—研究　Ⅳ．①D912.280.4

中国版本图书馆 CIP 数据核字（2019）第 095654 号

出版　发行　中国金融出版社

社址　北京市丰台区益泽路 2 号
市场开发部　（010）63266347，63805472，63439533（传真）
网上书店　http：//www.chinafph.com
　　　　　　（010）63286832，63365686（传真）
读者服务部　（010）66070833，62568380
邮编　100071
经销　新华书店
印刷　保利达印务有限公司
尺寸　169 毫米×239 毫米
印张　25
字数　333 千
版次　2019 年 8 月第 1 版
印次　2019 年 8 月第 1 次印刷
定价　78.00 元
ISBN 978－7－5220－0113－5
如出现印装错误本社负责调换　联系电话（010）63263947

本书翻译小组

高　洋　冯　乾　朱昌松　赵静思
朱　塱　韩　晶　Phạm Khánh Linh（范庆聆）

中文版序言

我向大家强烈推荐《金融合规要义》，因为这是一本金融合规从业人员的必备工作指南。

《金融合规要义》从一位合规官的视角，描绘了金融合规管理工作中遇到的各类场景、实际问题和解决方案。作者长期从事合规工作，洞察金融监管与合规管理工作之间的关系，在书中清晰展示了好的合规履职如何提升公司业绩，以及在金融机构战略发展中所扮演的关键角色。

该书原著在欧美金融业知名度颇高，一版再版。自发行面世以来，在业内赢得了广泛赞誉。该书作为资深金融合规从业人员献给广大金融合规工作者的一本工具书，内容全面、案例丰富、通俗易懂、操作性强。

自从有了金融活动以来，监管和合规就是一对相伴相生的关系。2008 年美国次贷危机引发全球金融危机以来，合规风险得到了更为广泛的关注，合规工作也得到了前所未有的重视。人们对巴塞尔协议监管体系的质疑，对欧美等主要经济体监管制度的反思，促使巴塞尔协议监管框架的更新升级，美国出台了史上最为严厉的《多德－弗兰克法案》，英国改变原有的监管体系，审慎监管局和金融行为监管局取代了原来的金融服务管理局，两大新的监管机构共同发力并形成了"双峰"监管模式。2008 年以来，金融危机已过去十多年了，全球金融业合规风险事件仍然频繁发生，受到监管处罚的金额巨大。据统计，近年来每年的监管处罚规模，均超过 100 亿美元。德意志银行、摩根大通、瑞银集团、苏格兰皇家银行等老牌金融机构深陷监管风暴。这引起各国监管当局，特别是众多金融机构的高度重视。

中国金融业合规管理与国际监管同步。作为外界俗称的"宇宙第一大行"——中国工商银行的一名员工，我在自身职业生涯的最后十几年，见证和参与了我国银行合规管理发展进程。其间，我是主抓工商银行内控合规工作的部门领导，在董事会、行领导和部门主要负责人支持下，出席了2005年上海银监会合规年会并演讲，参与了2006年原中国银监会《商业银行合规风险管理指引》的修订讨论，并接受中国银行业协会邀请，给商业银行董事长、监事长、行长"三高"人员，做商业银行合规风险专题授课。在工商银行内部，主持合规风险制度设计、负责构建合规管控机制、不断夯实和完善工商银行合规管理基础。

原中国银监会《商业银行合规风险管理指引》颁布以来，工商银行真抓实干、认真执行、不断探索、不断完善，靠着对事业的忠诚和热情，大家主动作为、不懈努力，摸索出一套我国商业银行独具本土特色的合规管理模式。特别是被列为全球系统性重要性银行后，有效地管控境内外合规风险事件。面对日益严苛的监管要求和自身稳健经营发展的需要，我们拉起了一支合规管理人才队伍，启动了境内外机构合规管理长效机制建设工程，形成了高层垂范、全员有责的合规管理文化，打造出工商银行统一的集团合规管理模式。这些成果正在为银行机构有效防控合规风险发挥着作用，并且成为国内外同业金融机构构建合规管理长效机制的学习范本。

我长期从事内控合规工作探索和管理，对有效开展合规工作，积累了一些经验，也有着深刻的认识。阅读《金融合规要义》一书，真的是知音难觅、爱不释手。本书按照金融机构合规管理的逻辑顺序展开，详述了金融机构外部合规环境和内部组织架构，为金融机构实践合规管理程序，提供了一套详实的工作指南。如果说美中不足的话，作者作为合规具体事务管理者，在合规整体架构把握上，高度不够，还缺乏系统性，在全球视野方面，还有待拓展。

近年来，中国银保监会按照国家战略部署，把狠抓金融合规风险作为国家金融安全建设一个方面，高度重视，一抓到底。近年来，先后启动依法合规大检查和"回头看"工作，启动了"三三四十"系列专项治理活动，严厉整治银行保险业市场乱象。中国证监会沿着服务供给侧改革的主线，在完善上市制度、保护投资者合法权益、防范金融风险以及建设多层次资本市场体系方面，出台了更多的监管改革措施。在新金融领域，国家监管针对 P2P 网络贷款、第三方支付、虚拟币交易等金融业态的监管措施逐渐明晰。

面对当前国际和国内的金融强监管态势，金融机构作为政策和制度的执行者，需要积极适应新的监管环境，尊重监管、敬畏制度，强化自身合规管理工作，让依法合规成为一种习惯和文化，确保各项业务稳健持续向前发展。当前国际商业银行合规标准，也在发展变化之中。由基于以规则为基础的制度监管，转向以原则为导向的监管，再到结果为导向的监管，倡导"最佳实践标准"。如何通过"他山之石"提高我国商业银行合规管理水平，如何实现国内银行合规管理与国际接轨，这些都是我们亟待思考和不断探索的问题。基于此，我认为，《金融合规要义》中文版本的出版问世，非常难得、恰逢其时。通过学习和借鉴，对中资金融机构强化合规管理具有借鉴意义，对每一个合规人员提升专业履职能力，大有益处。

本书中文版的翻译引进，缘自工商银行境外合规专业国际化人才培训班，在一次合规主题研讨会上，一位加拿大丰业银行合规官对《金融合规要义》进行了推荐。为了学习合规管理先进经验，一群在中国银行业从事合规和风险管理工作的年轻同志，决心将该书引入国内。他们自发组织了本书的翻译团队，利用工余时间，夜以继日、攻坚克难，历时两年，终于付梓。

翻译团队成员长期从事金融业合规工作，成员涵盖了总行和境外机构各层面，成员中吸纳了境外机构中的当地雇员，从而使得翻译工作有了国际化属性。团队成员熟悉合规工作语境，确保了书稿的翻译质量，中文表达方式也更加契合中国读者。通览全书，可以看出翻译团队精益求精的认真态度，也体现了他们对合规和风险管理工作的情怀和执著。

全书逻辑严谨，语言诙谐，为严肃的合规话题，增添了一份趣味和可读性。阅读本书有助于：一是理解合规定义及合规管理理念，二是了解合规官的核心职责和职业特点，三是掌握合规责任主体、监管机构与行业组织、法律环境与监管规则、金融合规数据等合规基本要素；四是熟悉合规理念传导、合规信息收集、日常合规管理活动、反洗钱管理以及应对监管检查的措施等最佳实践方法。

按照巴塞尔委员会关于合规和合规团队的定义，董事会成员是金融机构合规风险最后负责人，根据"合规管理，人人有责"的管理要求，合规，不仅限于合规官、风险官和监管者。我前面提到，合规从业人员，包括我们从事金融工作的每个人，都不应该排除在外。一本好的从业指南，是做好合规管理工作的基础条件。我相信，《金融合规要义》一书，会给读者朋友带来很大的启发和帮助，我期待着。

中国工商银行前资深专家　董敏

2019 年 8 月

推荐语

《金融合规要义》是一本金融服务领域从业人员的必读书目。它清楚地展示了好的合规职能如何提升公司的业务，并且在那些成功的金融服务机构的战略中扮演了关键角色。

安吉拉·奈特，首席执行官

英国银行业协会

这本书由合规官编写，深入洞察了金融服务监管与合规工作。对于关注金融行业及其丑闻的读者来说，这本书能令他们不忍释手，这是我近年来读过这方面最好的书。

亚历山大·戴维森，作家，顾问

Complinet

相较于那些写给律师看的合规书籍来说，专门写给合规新人的书籍确是凤毛麟角，本书特意针对此类读者提供了友好并实用的内容。这本书既能作为如何识别和组织合规官角色与职责的实务建议，也可以作为法律和监管关键领域的参考资料。无论对于合规新人还是对于入行多年的实务工作者而言，阅读本书都是大有裨益。

安德鲁·豪尔，教育部负责人

英国证券与投资协会

本书以一种真实且易于理解的方式展示了合规官的日常工作，它既能在经验老到的合规官同行间产生共鸣，也为那些考虑入行的人提供一个不错的入门指导。

亚历克斯·维亚利，联合创始人

Complinet

安妮·米尔斯的这本书是那些考虑从事合规行业或已从事合规职业的人的必读书目。该书不仅内容全面、精心编写，最重要的是它非常具有可读性。对于那些经验丰富的合规从业人员和需要掌握监管要求的人来说，本书提供了非常多的帮助，书中提供的针对特定复杂问题的实务解决方案将会令这些读者非常受用。因此，我向大家推荐这本书。

克里斯·泰勒，Framework Solutions Inc.，董事会副主席，

证券投资合规论坛

致　谢

首先，我想在此特别感谢戈登·麦克莱恩，他的专注和不懈的帮助对本书的顺利完成起了很重要的作用。

结交须胜己，似我不如无。

相识满天下，知心能几人。①

中国谚语

此外也非常感谢亚力山大·戴维森、安德鲁·豪尔、安妮塔、安东尼·圣、科林·哈里森、戴维·赛姆斯、杰夫·斯托克、格雷厄姆·杰尔夫、杰姆斯·通巴西斯、杰弗里·奥伦斯坦、珍妮·麦考尔、乔纳森·伊迪、乔纳森·福尔克纳、凯文·怀特、拉里萨·杜古德、利亚姆·克雷林、玛利亚·吉普森、马克·巴特、梅兰妮·特鲁普、迈克尔·卡洛、麦克·克拉布、波琳·劳顿、西蒙·高夫、斯图尔特·帕伦特、希斯·特布伦奇、薇琪·格雷罗。

---

① 译者注：两句均出自中国明代《增广贤文》。

第一版引言

（如何才能不像一名行刑官）

很久以前，当我对金融领域一无所知的时候，我向一家银行申请了第一份工作。不夸张地说，我不了解任何有关经纪投资的知识，那场面试让我产生了很多困惑，自信心备受打击。在众多困惑中，让我印象最深刻的是那天的面试官——他有个新奇的头衔，合规官（Compliance Officer）。带着这种难以形容的挫败感，回到家之后我发现脑海中产生了一种错觉，合规官渐渐变成了"行刑官"（Execution Officer），一个感觉很厉害的角色。

几个月后……

很惊讶我得到了这份工作机会（我甚至不确定当时面试申请的职位是什么），成为了一名股票经纪团队的职员。但是公司高层对我确另有安排。数月后，公司的业务线进行了重组，我所在的股票经纪团队被拆分，成为一个独立的实体。而那时，无论监管机构还是被监管者对合规的态度跟今天相比相差甚远。而我作为金融服务行业的新人，竟然得到消息，去新的实体当"行刑官"。

那时，我对于什么是合规有了进一步了解，必须承认，我对空降的这一职务没有感到很激动——这并不是我所向往的领域。这样一份工作，要掌握很多规则条款，其目的就是让那些不遵守监管要求的人承担相应的责任，这并不是我的志向所在。然而，作为有点雄心壮志的年轻人，对于一个响当当的职务头衔能够印在我的名片上是没有抗拒力的。所以我接受了这份工作，从那时起我像个真正的合规官一样开始工作了。准确地说，我内心充满了迷茫与困惑，假装作为一名合规官，按照严苛的监管要求的频率去签署官方文件，在当天报送给证券和期货管理局。

我准备了很多令我满意的新名片和全新的监管手册，但是我确实不知道用它们来做什么，我知道违规是不好的，我也知道行业内监管规则林立，一旦触碰，即将导致违规行为的产生，但是我并不熟悉这些规则和法律，或者说作为相对的一个新人，我虽然很了解公司，但我并不十分了解金融行业。

我没有很好地将我所掌握的为数不多的规则运用到公司业务中去。很遗憾地说，我还犯了几次典型的错误：

■ 我在监管手册中找出了一条监管规则，并以此设下了埋伏，告诉那些可怜的、不明真相的销售员，其做法是完全错误的，最好立即停止，并且警告他们如果不停止将会面临什么样的后果。但我并没有考虑是否有可替代的方案。

■ 我埋头钻研监管手册和监管通知，但是我并没有以培训的方式去分享这些知识，我又怎么能批评那些因为没有得到适当的指导而不知道如何开展业务的同事们呢？

■ 我告诉业务部门不要做什么，却没告诉他们理由以及做下去的后果。

■ 比起实际解决监管问题，我更热衷于如何博得监管机构的满意。

很显然，我的努力像公司得了不治之症一样，我的每一个举措似乎都在阻挠着公司开展业务。我遇到公司的同事，他们满脸愁容地抱怨，我的举措令他们无法像行业中其他公司那样行事，或者，我所引用的规则并不适用于他们的业务类型。我彻底困惑了，我不知道他们是对的，还是我是对的，也不知道该如何去证实问题的答案。

我感到有人会因此辞职，也许是我，也许是我的同事，或者是监管机构的同事。那时，我已经因为"行刑官"这个头衔被骚扰。事实上，我的行为一定引起了很大的争议。我感到很恐慌，整个局面都令人恐慌。

最令我恐慌的是我的名字已经出现在监管机构重要事项报告清单上。

无奈之下，我前往城市商业图书馆寻找参考书，希望可以从中得到一些启示来帮助自己。遗憾的是，当我找到了标有"合规官指导手册"的区域，那里的书架却是空空如也。而与我关系不错的，更加老练的合规同行，也没有对我应该做什么、如何做，给予建议或指导。

但公正地来说，我知道他们既没有时间也没有精力来思考并记录他们正在做的事情。他们绝大多数人都像我一样做着灭火队员，十分忙碌。反过来说，相较于今天而言，以前的合规专家实在是凤毛麟角。而在我与其他同行打交道的过程中，我似乎不是这行里唯一感到害怕的人。大家似乎都面临着同一个问题：合规一点不炫酷！这个职业是崭新的，也极度缺乏被尊重。它经常被认为只有在其他领域失败的人才会来任职，或者只是给步入退休年龄的老员工提供的一个比较舒适放松的岗位。

许多合规官都没有足够的资源，合规的基础设施也不够完善。他们采取的许多新的合规举措遭到了不满和抵制。最简易的工作方法是利用监管机构来吓唬他们，从而使他们屈服。跟现在比较起来，在那个时代，合规官们很少把精力放在如何促进业务发展上面，因此，我们获得"业务阻击专家"（Business Prevention Officers）的绰号也就不足为奇。

不过那些都是几年前的情况了。现在的监管机构不太可能允许出现（希望是）由合规新手来掌控公司的这种糟糕的局面发生了。无论是从合规专业还是从监管机构的角度来说，都进步了很多，也包括我自己。我后来意识到恐吓并不是合规可采取的唯一手段，并开始觉察到了一些事实……

合规官可以做得很棒

事实上合规官并不是可怕的梦魇，我们值得成为每一个金融从业者的良师益友。这个观点听起来不是特别的熟悉，但这是事实。想想看，当合规职能充分发挥其潜力并与业务紧密结合时，真的可以带来很多好处。静下心来思考一下，提醒自己可以给公司同事带来好处。如果你不清楚为什么要成为他们的指路明灯，那么请打开第二章第四节（合规、监管及合规官存在的价值是什么？）来获取答案。

幸运的是，许多公司经理已经开始觉醒，一个优秀的合规部门可以给公司带来好处。当然，作为监管机构以及合规从业者，在很久以前就开始意识到这一点，并且已经朝着这个方向付出了很多努力。但是对于合规官依然有很多坏名声需要摆脱——在行业内还存在个别的"流氓"合规官，用着我在上文中提到的只会说不的手段。这样可怕的"行刑官"阴影依旧无法消散。

因此，我们如何才能确保实施成功的合规，让合规官摘掉"行刑官"的帽子，成为令公司首席执行官希望拥有的一种公司财富。

当然这里没有什么诀窍，我们需要做的就是武装自己，以胜任这份工作。最复杂的就是装备过程本身，除非你是个奇才，否则不会与生俱来就知道如何以最恰当的方式将监管要求和最佳实践运用到公司。这也正是本书的初衷。

我试图将本书做成简单明了、易读易懂，并囊括所有与合规官工作有关的实践指南。本书不是对法律法规的简单总结，也不是对法律法规的重述，如果你需要，市面上有大量的此类书籍。相反，本书假设你已经掌握相应的法规资源，并且不知道接下来该如何下手。它为你如何撸起袖子加油干，去实施成功的合规提供了指导。

本书在内容上覆盖了合规官在基本领域应该掌握的知识和技能，帮助他们通过为同事提供建设性意见，从而把握公司方向远离监管雷区，以及改进业务流程，赢得认可和尊重。

内容及读者范围

适用的法律辖区

在一个全球化和国际化集团林立的世界，本书大部分内容与你具体在哪个司法管辖区无关：毕竟无论业务发生在秘鲁还是哈萨克斯坦，银行就是银行，贷款就是贷款。在细节层面，本书主要基于英国司法管辖体制。但在一定程度上，详细的规则引用是无关紧要的：重要的是要抓住特定监管概念的核心问题。而无论这个监管概念转化成何种法律管辖体制，我们需要的是遵循监管法律的精神，向所在公司传递正确的价值观，保护消费者的利益以及维护金融体系的诚信。这些概念是不分国界的。

覆盖的行业

金融服务范围是十分广泛的，本书无法覆盖行业领域内的所有具体方面。书中所包含的大部分信息以及有关监管基本框架的指导适用于整个金融行业，但主要集中投资银行领域。

目标读者

本书首要定位于合规官，但是也同样适用于其他需要掌握金融监管核心概念的人群。这包括需要履行合规职责的高级管理人员，了解公司监管运作情况的监管机构，以及研究有关合规事项的学生。

总之，我希望这是一本在你合规生涯开始时能够对你有所帮助的书。

安妮·米尔斯

来自彼得·海恩斯的补遗

我很荣幸参与本书的修订工作。不是每一本有关合规的书都值得认真阅读，但安妮的这本书却是含金量十足，简直是我读过最好的一本书。我跟安妮第一次相识是在我们一起研究《规范金融服务公司的合规框架》（英国 8453 号标准）时。从这项工作中可以明显感觉到，安妮对合规这一方面有着扎实的功底。我希望我的修订保持了原书的水准。

修订本书存在一个难点，那就是现实中的法规经常调整。当第二版要付梓时，我们已经注意到新的高级管理人制度①的颁布。这包括新的高级管理人分类、新的行为规则、有关管理人责任及责任地图表述的重大变化，以及由获批准人制度向被认证人制度的重大转变，这些变化并未体现在本版本中。这些都表明监管机构为实现根本性变革付出了大量的努力。由于众所周知的原因，本次变革主要集中在高级管理人上。这意味着从 2016 年起，合规官将要付出更多的努力才能在角逐中保持不败。合规官需要担负起为高级管理人提出可靠建议的职责，协助他们培养和维持良好的企业文化，并且努力确保公司文化可以促进企业盈利和客户服务得到平衡。在新机制背后政治因素不变的情况下，下一个十年对于合规行业来说是充满挑战的，本书将会在此方面提供帮助，我希望合规同行们在世界的每一个地方面对挑战的时候都能获得好运。

---

① 译者注：新的高级管理人员及认证制度（Senior Managers and Certification Regime，统称为"SM&CR"）于 2016 年 3 月 7 日生效。该制度是一项针对银行业从业人员而新推出的严格监管制度框架。在这一框架下，英国监管机构力求提高个人责任的标准。

第一版前言

如今在英国的金融机构，反洗钱和反恐怖融资都依赖于公司内部拥有专业技能的合规官。合规官被称为金融领域的守门人，他们需要掌握充足的工具资源，适当履行职责，他们还要倡导合规道德文化，寻求问题解决方案。

不幸的是，当前市场上很多合规手册都已经过时，或泛泛而谈，或晦涩难懂，特别是对于那些合规新手而言。而本书通过向读者详述合规官必须掌握的程序和技能，并且提供针对合规实际问题的解决方案，从而揭开了合规与反洗钱领域的神秘面纱。这正是一本当我们遇到棘手问题时需要借助的参考指南。

本书以第一视角展开，印证了作者曾经在前台部门从事合规工作的经历，她处理日常合规问题的积极方法给读者提供了很多启发。

把本书常备案边，总有那样一个时刻，比如星期五下午四点半，你面临一个重大合规问题的时候，答案就在本书中，请信任这本书。

肯尼斯·里约克

World – Check 金融犯罪顾问

第二版前言

图片编辑：路透社/凯文·库姆

2008 年 9 月 15 日的清晨我收到了一个令人震惊的消息，雷曼兄弟管理团队通知在伦敦和纽约的员工关于公司倒闭的噩耗。在我伦敦新金融城的办公室对面就是雷曼兄弟公司的办公楼，我清晰地意识到，我们所熟悉的金融体系将会发生重大变化。政府会在金融体系中强势回归，监管力度将会增强并且变得高度政治化，对于合规所扮演的角色而言，也将面临从后台到前台的重大转变。

所有的这些都已经成为过往，然而目前金融服务行业仍然面临着声誉方面的挑战，从操纵基准利率和汇率到参与洗钱丑闻。世界监管机构前所未有地加强了合作，在这本书出版的一年前，他们征收了 650 亿美元的罚款，同比增长40%，并且给许多首席执行官和高级管理人员的职业生涯画下了句号。

近年来监管环境日益复杂，从2008年每天33笔监管警示，到如今平均每天150笔报告——这相当于每年将会收到来自400多家监管机构的超过4万份报告。这只是金融机构面对日趋严峻的监管挑战必须解决的难题之一。处理与监管机构的关系仍然是公司服务好全球5万名客户的首要问题。

本书通过提供一种独特、全面且简明的指导手册，为读者在复杂环境下指导方向，帮助他们摆脱困境。作者强调了理解监管环境、框架和意图的重要性，勾勒出成功的合规实践应有的样子，它应该是促进业务而不是限制经营活动，通过建设性的工作，在公司和监管机构之间建立信任。

对于有些人来说，这似乎只是美好的憧憬而非眼前的现实——但这是有可能的，并且可以从中受益匪浅，这不仅仅是对金融机构个体而言，还有利于重塑公众对金融行业的信任。据TheCityUK的统计，该行业单单在英国国内就提供超过200万个就业机会，每年为英国经济提供12%的贡献。当然这一切还有乘数效应，包括为社会财富的创造者、雇主以及我们的公司、家庭和政府提供基础服务。

当前的金融服务行业需要有效的合规管理策略，简单来说，《金融合规要义》这本书，以独特的视角向读者展示了如何做到这一点。

大卫·克雷格

全球金融和风险部总裁

汤森路透

2015年8月

目　　录

第1篇　合规基础与管理实务

第 2 篇　合规要点与实践指南

第 3 篇　合规热点与前沿问题

第1篇

合规基础与管理实务

第1章 金融监管体制：以英国为例

本书所述的多数概念和实际操作都是日趋成熟的合规学科的产物，而合规学科并不是直接源自任何监管规则或指引，但是毫无疑问，监管是金融服务行业一切合规活动的诞生火花和终极辩护。几乎可以肯定的是，如果不是先有监管体系，合规功能、合规专家或者其他合规概念都不可能存在。因此，要了解合规，就必须先全面了解合规诞生的监管环境。

这并不是说合规本身无法自我辩护其正确性，只是很少有企业愿意为合规辩护，也很少有企业愿意被一系列限制所束缚。某些处在待监管领域边缘的企业选择雇佣合规官，医疗、医药、饮料甚至拍卖行等行业的一些公司也选择雇佣合规官。然而，金融服务监管之所以存在，是因为金融服务行业有服务于超出其直接应用领域之外的目的，然而其适用表现良莠不齐。合规之所以存在，是因为在没有合规的情况下，试图在监管领域运行的风险极大，也极为复杂。

本书论证企业可以从有效合规中获益。因此，唯有将英国（其他地方也是一样）监管体制作为出发点，本书才能得以展开，并被读者正确理解。

在详细论述合规官世界的组成部分之前，本章简述英国的监管环境，以便读者对必要的背景有所了解。其他司法辖区的合规官对自己所处监管环境的了解，至少要达到本书对英国监管环境描述的程度。

1.1 英国金融监管体系

当前有一个说法，英国只有两个金融监管机构，即金融行为监管局

（FCA）和审慎监管局（PRA），一部监管法规，即修正后的《2000 年金融服务与市场法》。如果你相信这个说法，那你就错了。仅仅在英国，除了金融行为监管局和审慎监管局，还有很多涵盖金融服务活动的监管机构，如养老金监管局和收购委员会，还有多部法律和多个监管机构管理着英国的反洗钱行动。此外，目光放长远一点儿，无法否认的是海外法规和监管机构也会影响到你所选的特定司法辖区内的金融服务活动，《英国反贿赂法案》和《海外账户纳税法案》就是极好的例子，二者在治外法权运用方面都意义重大。（关于这一点的更多解释，见专栏 6 "全球化经营的合规问题"）。

大多数——但是必须指出，并不是全部——英国监管法规是基于英国和欧盟法规。

英国金融服务立法

英国法规

■ 英国法规分为两大类：

■ 成文法——通过议院法案制定的法律。

■ 判例法或普通法——从数百年的习俗、传统、判例中诞生。

■ 成文法与金融服务关联度最高，不过普通法——比如与借贷协议有关的合同法——也能影响到金融服务。

■ 成文法先要经过议会同意，然后经过女王同意后才能生效。

■ 议会法案不可能包含所辖领域的所有细节。所以二级立法或授权立法被用于更新、修正成文法，而无须经过完整的立法程序。这种二级立法被称为法定文件或条例，具有完全法律效力。

欧盟法规

■ 鉴于英国是欧盟成员国，英国政府必须执行欧盟法规。

■ 历史上，欧盟法规对英国监管的影响主要是通过贯彻欧盟《金融服务行动计划》（见专栏 5）和《莱姆法路西计划》的指令和规程。但是，欧盟的监管规定更新频繁，无数指令已经多次更新。金融机构资本充足标准领域的《资本要求指令Ⅳ》就是一个很好的例子。

■ 指令和规程是欧盟法规的组成部分，对欧盟成员国①和欧盟经济区内非欧盟成员国②具有法律效力。指令在最终结果如何达成方面给予各国政府一定的弹性，并且需要将其转化到各成员国的法规中。规程则不需要这样的转换，因此可以直接应用于所有成员国而无须在每个成员国分别生效。

■ 欧盟法规旨在统一欧洲经济区的标准，以支持单一市场目标。相关指令和规程在欧洲经济区的应用，与其在英国的应用相同，不过，其在每个成员国的贯彻执行程度，不论形式还是实质，经常惹起争议。

海外法规

■ 在其他司法辖区颁布的法规，其应用具有治外法权。

■ 对金融服务行业而言，此类法规主要来自美国。

处于法规之下，与法规地位相同的，是源自构成法律基础的一系列规则、指导方针和行业最佳实践的要求。

1.2 英国主要监管机制

可以把各项法规、系列要求等归入不同的主题领域，从而将英国的监管体系分成不同的领域（尽管有一定程度的交叉）：

■ 针对投资业务的《金融服务与市场法》监管机制

■ 反洗钱监管机制

■ 收购监管机制

其主要特点表述如下。

---

① 本书写作时，欧盟共有28个成员国：奥地利、比利时、保加利亚、克罗地亚、塞浦路斯、捷克、丹麦、爱沙尼亚、芬兰、法国、德国、希腊、匈牙利、爱尔兰、意大利、拉脱维亚、立陶宛、卢森堡、马耳他、荷兰、波兰、葡萄牙、罗马尼亚、斯洛伐克、斯洛文尼亚、西班牙、瑞典、英国。

② 本书写作时，此类国家有挪威、冰岛、列支敦士登。

1.2.1 投资业务监管机制——《金融服务与市场法》

《2000 年金融服务与市场法》于 2001 年 11 月 30 日生效，这一天也被称为 N2。按照《金融服务与市场法》[①]，金融服务管理局（FSA）代替原来负责监管英国金融市场的 9 个监管机构，成为英国多数金融服务活动（见下方）的监管机构。《2012 年金融服务法》进一步改变了英国监管结构。2013 年 4 月 1 日，金融服务管理局被两个新的监管机构取代——审慎监管局和金融行为监管局。审慎监管局负责所有银行、主要保险公司和投资公司的审慎监管。金融行为监管局负责所有公司的行为、市场诚信、金融犯罪和竞争问题，同时对审慎监管局监管以外的公司负责实施审慎监管。

审慎监管局和金融行为监管局监管什么？

《金融服务与市场法》的要求适用于与特定投资（由《受监管活动法令》规定）有关的特定活动。

特定活动举例

■ 交易

■ 管理投资

■ 保护和执行投资

■ 建立集体投资计划

特定投资举例

■ 股票

■ 债券

■ 期货

---

① 译者注：本书提及的《金融服务与市场法》，特指英国《2000 年金融服务与市场法》。该法取代了此前制定的一系列用于监管金融业的法律、法规。该法堪称英国金融业的一部"基本法"，明确了新成立的金融服务管理局（FSA）和被监管人的权力、义务及责任；统一了监管标准，规范了金融市场的运作。该法标志着英国金融监管体制的重大变革，即从《1986 年金融服务法》确立的"制定法框架下的行业自律"体制转变为"制定法规范的单一监管机构"体制，并且确立了金融服务管理局的单一监管机构地位。

- 期权
- 差价合约
- 集体投资计划中的部分投资

投资业务或受监管业务常用于指代与特定投资有关的特定活动的执行。

成文法未指定的活动和金融工具举例

- 现金
- 溢价债券
- 即期外汇
- 用于商业而非投资目的的大宗商品衍生品交易
- 信用证
- 汇票
- 本票

指定投资业务和非指定投资业务有更进一步的区分（见第 11 页表格）。

当然，以上仅仅是总结后的信息，完整的信息见《受监管活动法令》。在判断是否受到审慎监管局和金融行为监管局监管时，《受监管活动法令》极为有用。

金融服务管理局的拆分发生在 2013 年 4 月 1 日，但是主要的准备工作足足进行了一年多。单一监管机构被认为在 2008 年金融危机之前表现不足，金融服务管理局的分解正是这种观点的结果。因为对英国北岩银行（Northern Rock①）——一家必须被挽救的中型地方银行的处理，金融服务管理局受到猛烈批评。

---

① 译者注：英国北岩银行成立于 1965 年，倒闭于 2007 年。2006—2007 上半年，北岩银行负债端严重依赖同业资金，资产端过度侧重住房抵押贷款，期限错配造成的流动性风险的隐患逐渐显现，北岩银行现金流开始枯竭。2007 年下半年，美国次贷危机来袭，北岩银行在市场资金流通不佳的情况下，引发的"挤兑"进一步加剧其流动性危机，北岩银行轰然倒塌。

金融服务管理局自己的评估由金融服务管理局内部审计小组组长罗斯玛丽·希拉里（Rosemary Hilary）领衔。该评估指出，金融服务管理局对北岩银行的监管模式存在四处过失。

一是对公司缺少足够的监督，尤其是监督小组未能对公司因市场条件变化带来的经营模式脆弱性的管理上严格采取进一步行动。

二是金融服务管理局各级管理层对该公司监督的质量、强度和严格程度缺乏充分监督和评估。

三是直接监督公司的资源不足。

四是在确保合理使用所有掌握的风险信息并告知监管行动方面，金融服务管理局做得不够①。

创立两个监管机构基于以下理论：一家监管机构难以同时兼顾战略性金融稳定问题与在市场中面向消费者的公司行为。

审慎监管局和金融行为监管局隶属于英国财政部。金融行为监管局同时必须向客户委员会和从业者委员会汇报其既定监管目标的达成情况。审慎监管局和金融行为监管局已经将英国和欧盟法规的要求汇总为一本全面的规则和指导手册，涵盖很多主题，如：

- 商业行为
- 实施
- 集体投资
- 金融资源
- 高级管理层控制

《金融服务与市场法》、审慎监管局和金融行为监管局的手册都必须不断被修正，以便吸收欧盟法规的新要求。与金融服务相关的欧盟法规主要是《金融服务行动计划》（见专栏5）和《莱姆法路西计划》。欧盟法律中，对英国监管机构的手册影响最大的可能是《金融工具市场指令》（见专栏9）、《市场滥用指令》和资本要求指令的迭代。很遗

---

① 参见金融服务管理局于 2008 年 3 月 26 日发布的新闻稿（FSA/PN/028/2008）。

憾，《金融工具市场指令》的范围与《金融服务与市场法》的范围并不完全一致，这导致只受《金融服务与市场法》监管的活动和同时受《金融服务与市场法》与《金融工具市场指令》监管的活动适用不同的规则。第11页表格对此有更详细的介绍。

英国机制的一些其他关键要素如下：

■ 监管机构必须遵守为其设定的法律目标。

■ 未获《金融服务与市场法》授权或未获得《金融服务与市场法》豁免权从事受监管活动被视为犯罪。这被称为一般禁令。

■ 获得授权的方式很多：

　　■ 获准从事《金融服务与市场法》Ⅳ部分规定的受监管活动

　　■ 行使相关欧盟指令的牌照通行权（欧洲经济区护照权）

　　■ 行使《罗马公约的权利》（公约权）

■ 各类受监管的主体：

　　■ 受监管公司

　　■ 受监管公司雇员

　　■ 获得认可的专业团体

　　■ 交易所和清算所

　　■ 集体投资计划

■ 尽管《金融服务与市场法》的要求已经被纳入审慎监管局和金融行为监管局的手册中，但是这两个监管机构正加速采用一种更加以原则为导向的监管模式。业内尚未确定这是好事还是坏事（见专栏1"以原则为导向的监管"）。

■ 尽管《受监管活动法令》中指定的所有业务都受到金融服务管理局的监管，但是审慎监管局和金融行为监管局更进一步指定，某些类型的投资和投资业务适用特定的规则，如《商业培训、能力和行为资料汇编》中的投资和投资业务。更多信息见第11页表格。

■ 金融行为监管局是英国证券交易所上市的主管部门。

■ 金融行为监管局并不直接监管收购和兼并，虽然它认可《收购准则》并且颁布了一些与收购和兼并有关的要求。

英国监管机构常常遭到合规互助会和其他金融领域合规同仁的猛烈批评。虽然在办公室待一整天后批评监管机构可以宣泄情绪，但是和很多海外同行相比，英国监管机构还不错。其部分优点如下：

■ 拥有透明、有效的实施流程；

■ 对新要求广泛协商，制订新规程时，会考量此类协商的反馈；

■ 为其规则提供大量指导；

■ 为受监管公司创建了一个综合性网址；

■ 通过宣传册、传单及其网站的专门位置提供重要的消费指南；

■ 具有清晰的法律和监管目标，为评估其表现、设定轻重缓急提供了重要的标准；

■ 与英国和国际上很多其他监管机构合作，尽力保护我们免遭欧盟监管机构的最严重的过度影响；

■ 不像某些监管机构一样朝令夕改；

■ 通过多种机制为其活动负责，如：

　　■ 公平交易局（有权筛查审慎监管局和金融行为监管局的规则和实际操作）；

　　■ 金融服务和市场仲裁；

　　■ 消费者委员会；

　　■ 从业者委员会；

　　■ 投诉委员会。

即便如此，本书写作时，审慎监管局和金融行为监管局正实施的监管审查，其程度在英国金融服务业闻所未闻。在批准其公司如何实施关键监管计划方面，主要金融机构的董事会花的时间越来越多，在业务运作方面，花的时间却越来越少。伦敦仍是全球最重要的金融中心之一，这一点短期不会改变。在创建和维护公司喜欢的监管环境方面，英国监管机构功不可没，至少小有功劳。但是，英国作为世界最重要金融中心之一的地位能否维持，加剧的监管审查对此有益还是有害，尚待观察。

类型	来源	解释
投资服务和活动	审慎监管局、金融行为监管局、《金融工具市场指令》	与金融工具有关的服务，包括：
		执行客户指令
		操作多边交易设施
		投资组合管理
		自营账户交易
		自荐
金融工具	审慎监管局、金融行为监管局、《金融工具市场指令》	可转让证券，如股份和债券
		货币市场工具，如国库券、存单、商业票据
		集体投资中所占的部分
		针对一些金融工具的期货、期权、互换、远期利率协议，这些金融工具包括证券、货币、利率、财务指标、只要在受监管市场和/或多边交易设施交易的可以进行实物交割的商品、气候变量、运费、电信带宽
特定投资	《受监管活动法令》	特定投资是指《受监管活动法令》第三部分列出的投资，特定投资适用《金融服务与市场法》
特定活动	《受监管活动法令》	特定活动是指《受监管活动法令》第二部分列出的活动，特定活动适用《金融服务与市场法》
指定投资	审慎监管局、金融行为监管局	指定投资是特定投资的一个子类，适用具体的审慎监管局和金融行为监管局要求，如《商业行为准则》以及培训和能力中的要求
		《受监管活动法令》特定但非审慎监管局和金融行为监管局指定的投资，例如劳埃德财团会员卡、丧葬计划合同、存款和电子货币以及某些抵押合同的权利
		一些指定投资在《金融工具市场指令》中未被定义为金融工具
指定投资业务	审慎监管局、金融行为监管局	包括：（前提是他们以业务的形式开展）
		交易主体业务

续表

类型	来源	解释
指定投资业务	审慎监管局、金融行为监管局	交易经济业务
		指定投资交易安排
		管理指定投资
		操作多边交易设施
		保障和执行指定投资
		保护和管理特定投资
		设立、运作、终止集体投资计划
		为指定投资提供建议
		某些审慎监管局和金融行为监管局规则（比如培训和能力中的规则）适用于指定投资业务，但是不适用于其他活动
		《受监管活动法令》特定但非金融服务管理局指定的投资活动，例如接受存款、为加入劳埃德财团提供建议、抵押借款
《金融工具市场指令》业务	审慎监管局、金融行为监管局、《金融工具市场指令》	《金融工具市场指令》所涉投资公司进行的投资服务和活动以及相关的辅助服务
非《金融工具市场指令》业务		《金融工具市场指令》中未定义为投资服务和活动的指定投资业务，例如
		劳埃德的业务
		某些投资研究
		竞技和休闲娱乐博彩
		集体投资计划经营者；保险条款
		投资信托经理
		职业养老金计划服务条款，如基金管理
辅助服务	审慎监管局、金融行为监管局、《金融工具市场指令》	包括：
		保护和管理属于客户的金融工具
		公司金融建议
		提供保证金交易服务
		投资研究
		承销服务

续表

类型	来源	解释
《金融工具市场指令》所涉投资公司	审慎监管局、金融行为监管局、《金融工具市场指令》	提供投资服务、适用《金融工具市场指令》的投资公司和信用机构，以及提供《欧盟可转让证券集合投资计划》5（3）条款下服务的公司
第三国投资公司对等业务	审慎监管局、金融行为监管局、《金融工具市场指令》	在英国经营，但是总部位于非欧洲经济区国家的投资公司的业务，如果该公司是《金融工具市场法令》所涉公司，则其业务也是《金融工具市场法令》所涉业务
通用平台公司	审慎监管局、金融行为监管局	《金融工具市场法令》和《资本要求指令》都适用的公司

1.2.2 反洗钱监管机制

洗钱是罪犯隐藏其现金或其他资产（见专栏 13，洗钱的过程）的非法来源、并将其融入合法金融系统的过程。传统上，该术语与贩毒所得一同出现，如今它涵盖各种犯罪活动——从轻微犯罪、税务造假到人口贩卖、增值税诈骗等大规模、有组织的犯罪。

洗钱大旗下另一个主要领域是恐怖主义融资，这发生在恐怖分子利用金融市场从事以下活动时：

- 经营正当业务，但是业务利润用于资助恐怖主义；
- 为宣扬恐怖主义信仰和动机的虚假慈善机构融资；
- 购买武器；
- 资助恐怖主义行动。

鉴于该问题大面积泛滥，仍相信没有一美元赃款流经你的公司，这还现实吗？难怪金融行为监管局的四个法定目标之一就是降低金融犯罪，很多其他监管机构也将之作为首要任务。顶层设计上，反洗钱和反恐怖主义融资管控模式由联合国设定。在这方面，联合国已经在幕后推动了很多国际公约，如 1988 年《维也纳禁止毒品走私公约》和《联合国关于制止恐怖主义筹资的国际公约》。欧盟也一直积极开展反洗钱立法，其最新重要提议为《反洗钱第四指令》[①]。或许，在反洗钱领域影响力最大的国际团体是金融行动特别工作组（FATF）。金融行动特别工作组是一个代表180个行政辖区的政府间组织，其目标是建立和维护有效的法律、监管、操作措施，打击洗钱、恐怖主义融资和其他金融犯罪。很大程度上基于以上内容，英国颁布了自己的反洗钱和反恐怖主义融资法规，此外，我们还有很多行业指南。有些行业指南是自愿性质的，如巴塞尔银行监管委员会的行业指南，但是也有一些具有准监管地位。后者中最重要的是反洗钱联合指导小组发布的指引。该指引在以下两个层面提供了综合指导：

■ 金融服务公司应该执行的内部反洗钱基础架构（员工培训、识别和举报可疑洗钱活动等）

■ 关于特定类型的客户和交易，公司应该执行的"了解你的客户"审查（更多信息见第2篇B部分）

尽管像他们在表格中说的那样，反洗钱联合指导小组发布的指引仅仅是指导说明，但是，如果你没有充足的理由就无视这些指引，那就太愚蠢了。这是因为金融行为监管局明确宣布：公司是否遵守反洗钱联合指导小组制定的指引是衡量公司是否遵守金融行为监管局反洗钱要求的指标之一。[②] 反洗钱要求比《金融服务与市场法》机制应用的范围更广，这一点你也应该知晓，所以，无论你是否按规定从事投资业务，你都必须遵守这些要求（的确，法规也适用于一些其他部门，包括赌场、房产中介和高价值物品经销商）。

反洗钱联合指导小组制定的指引在英国实际上是强制性的，世界范

---

① 译者注：2013年2月，欧盟通过了新的反洗钱法案，该法案包括《有关防止犯罪团伙利用金融系统进行洗钱与恐怖主义融资的指令》和《有关跟踪资金转移活动的规定》两个指令，即《反洗钱第四指令》。2015年，欧盟发布《有关反洗钱第四指令的提案》，细化了相关要求和标准，为成员国有效预防、打击洗钱犯罪活动，加强成员之间的协作提供了法律依据和操作指南。2018年7月，欧盟《反洗钱第五指令》正式生效，新规则制定了更严格更透明度要求，旨在阻止有不法分子使用"信用卡的匿名支付"和"加密货币交换平台"洗钱或为恐怖主义融资。

② 参见《金融行为监管局手册》第SYSC 3.2.6E条例。

围内的合规官们常视其为"圣经"。该指引被看作最佳实践方案，在不被当地监管机构认可的行政辖区，也被遵守和参考。

一旦我们做错了事，繁重的法律机制就会落到我们头上（我写作时，就有报道说美国财政部拟对一名反洗钱举报官处以 500 万美元罚款）。[①] 因此，合规官真的可以被看作打击全球犯罪和恐怖主义这场战斗中不领薪水的政府步兵，这导致一些合规官抱怨：如果他们想在执法部门工作，他们早就选其他职业了。他们认为，鉴于该领域管控的重要性，将这么重的责任放在私营部门头上不合适，因为如果根本不去识别洗钱活动的话，私营部门有利可图，至少有短期利益。

试想，贯彻现今规程构想的反洗钱机制，企业要付出巨大代价，这就好比帮助政府抓罪犯反而要因此被收税。我们不得不质疑，我们被要求贯彻的管控有效性能有几何。比如，很难相信，一个具有近乎无限资金和资源的国际性犯罪财团会让自己因为不能提供电话账单被绊倒。今天的罪犯可能拥有很多不同国家的护照，每一本都经得起移民局官员的审查。这些机构精明老练，可能会雇佣熟悉了解"了解你的客户"规则和公司的律师，给自己准备一套原始的、无懈可击的"了解你的客户"文件。

但是，抛开对该机制的批评，政府认为，金融服务公司了解其客户和客户正常的活动模式，警察却不知道，所以金融服务公司带头识别可疑活动合乎逻辑。必须承认，这是真的，我们短期也无法解除在该领域的前线责任。事实上，合规官面临的挑战之一就是确保反洗钱的最佳防御措施（即"了解你的客户"）不仅受到反洗钱报告专员的重视，而且受到面向客户的前台人员的认真对待。

1.2.3　收购监管机制

英国的收购和兼并由成立于 1968 年的收购与兼并委员会监管。收购与兼并委员会的主要要求见《收购和兼并城市守则》（简称《收购守

---

① 参见 Thomson Reuters Accelus，2014 年 4 月 17 日。

则》)。尽管该守则不是法规，但是以下途径给予其法律同等地位：

■ 2006 年《公司法》，第 28 部分

■ 欧盟收购指令

■ 金融行为监管局的支持

尽管收购委员会与监管机构完全分离，三者却可以在必要时合作，尤其是面对市场滥用时。市场滥用是收购委员会与金融行为监管局职能交叉的主要领域之一。

竞争是收购和兼并时另一个必须考虑的问题。该领域由 2002 年《企业法》和一些政府机构管理。此类政府机构包括：

■ 竞争委员会

■ 公平交易局

■ 竞争上诉庭

■ 欧委会竞争总署

金融行为监管局承袭了《2012 年金融服务法》中的竞争目标：在受监管金融服务市场，促进有益于客户的有效竞争。

1.2.4　其他监管机制

除了以上总结的三种机制，还存在针对英国金融服务业不同方面的其他监管架构，其中有些与以下内容有关：

■ 消费信贷和分期付款，两者 2014 年 4 月起归入金融行为监管局；

■ 个人和商业银行；

■ 企业养老金。

第2章　合规职能

　　"合规"仍然是一个很新的词汇。如果在晚宴时，你把自己合规官的身份告诉坐在旁边的人，他或她可能会很茫然地问你，"你在'埋怨'① 什么？"当你强调是"合规"而不是"埋怨"时，他们会问你"合规"是什么？你必须很小心地去解释。如果你简单地将"合规"解释为"告诉银行家们应该有什么样的行为"，人们往往会说"你做得还不够好，对不对？"。其实，不仅仅是公众对合规的概念不了解，即使对在合规部门工作的合规官来说，相信他们很多人在阅读这篇文章后，会意识到合规其实是一个可以称之为"合规职能"的更大、更抽象的概念，它是合规文化的媒介。

　　对此，你将会了解到，很多与合规有关的术语传播是很广泛的，特别是在监管机构之间更是如此，但却很难明确地去定义它们。如"合规官"便没有一个普遍接受的定义，合规官需要做或不做什么，或者是"合规职能"由什么组成，这些都并不确定。"合规文化"在理论上的概念是很明确的，但令人沮丧的是，作为一个实践中的命题，合规文化的概念则是很模糊的。

　　本章旨在准确定义上述所有术语，并厘清它们之间的联系和区别。本章共包括五节内容，可以帮助我们了解合规官工作的主要内容，并探讨合规作为一项金融服务行为所涉及的各种因素。希望你能从中对这些专业术语有所感知，能够理解"什么是合规"以及"为什么合规"。

　　本章包含以下内容：

---

① 译者注：英文中，合规（Compliance）发音类似于埋怨（Compliants）。

2.1　合规的概念

什么是合规？

谁是合规负责人？

不同的合规管理模式

2.2　合规官

合规官的核心职责

卓越合规官的特质

2.3　合规机制

良好的合规机制有什么特点？

不好的合规机制有什么特点？

公司或业务部门的违规信号

2.4　与合规有关的争论

合规、监管及合规官存在的价值是什么？

合规成本有哪些？

2.5　合规官的职业前景

为什么合规官不受人观迎？

合规工作有哪些有趣的地方？

2.1　合规的概念

2.1.1　什么是合规？

要想掌握好合规，我们必须先能清晰地了解合规是什么，以及它在金融服务业中的作用。正如上面看到的，通过很多我们熟知的监管条款，能够大体勾勒出合规的轮廓。然而，要想获得合规的具体定义，我们还需要对这些条款进行提炼。为此，我们首先需要研究下面这些合规相关的概念：

- 合规风险
- 合规职能

- 合规部门
- 合规官
- 合规文化

如果通过官方词典查找合规这个词，一般找不到与金融服务有关的任何定义，而更可能会找到诸如"服从规则"这样的表述。当人们看到这种表述时，很容易理解为是与警察有关的词汇。但是如果查阅一些国内和国际规则，它们则描述了另外一种"合规"的内涵，更像是在说公司整体的流程和控制框架，以及商业文化。巴塞尔委员会在2005年对合规风险的表述最具代表性：

合规风险是指，银行因未能遵循法律、监管规定、规则、自律性组织制定的有关准则（以下统称"合规法律、规则和准则"）而可能遭受法律制裁或监管处罚、重大财务损失或声誉损失的风险。

从这个权威表述中，我们能够引申得出，合规作为一个职能、职责或职业，就是要找到识别、管理和缓释合规风险的方法。合规不仅是遵从规则，因为规则往往是限制金融企业经营行为的，对于银行和其他金融企业来说，仅仅遵从规则并不能确保自身生存，而是必须在寻求利润和遵守规则之间进行平衡，这也就是合规职能作用所在。

但这无法由合规部门独自实现，它依赖于公司整体的文化和组织架构。因此，在描述公司总体管控框架时，能够将合规职能和合规文化的概念融入进来是很重要的，而不是仅仅依赖合规部门。

综上所述，合规职能或合规文化目前虽然没有普遍接受的定义，但是各机构均认为有必要加以明确。我强烈建议您阅读下面的文档：

英国 8453 号标准：规范金融服务公司的合规框架

该标准于 2011 年发布，标准的制定者包含本书的共同作者。该标准定义了对合规文化的要求：

公司管理层应当通过政策、案例和适当的培训，来阐明公司的核心价值体系，以界定公司与客户、交易对手、监管机构、行业和市场的关系，明确公司对员工行为的期望，进而建立起公司的合规文化，促使公司运营的各个层面能够保持正直、诚信。价值导向的合规文化应当体现在公司、管理层和全体员工的行为、决策和沟通中。

巴塞尔银行监管委员会

2005 年该委员会发布了《合规与银行内部合规部门》的报告①。该报告提供了对合规风险定义（如前所述），以及确保合规职能有效运行的 10 项原则。

国际证监会组织（IOSCO）

2006 年 3 月该机构发布了《关于市场中介机构中合规职能问题的最终报告》。报告建议市场中介机构在评估合规职能的适当性时应考虑 8 个方面的因素（尽管其中一项与监管机构有关，而非被监管的公司）。

欧盟金融工具市场法规（MiFID）

法规的第六条要求投资公司必须建立和保持合规职能。它同时明确了合规职责，并描述了确保合规职能有效运行所必须具备的条件。

英国监管机构：金融行为监管局（FCA）和审慎监管局（PRA）

FCA 和 PRA 指南的两个部分，为英国公司提供了合规职能方面的规则和指引：

高管层设置、制度和控制手册（3.2.6－3.2.9 和第 6 部分）、监督手册（10.7.8－10.7.13 涵盖了合规监控职能，10.7.13－10.7.16 涵盖了洗钱报告职能）。

FSA② 还在 2007 年向金融机构 CEO 们发布了一封题为《主流投资银行合规风险管理最佳实践》的公开信，为如何组织开展合规管理活动才能达到监管期望提供清晰指引。

---

① 虽然该报告明确指出只适用于银行业，但它的观点与任何金融服务实体业都有关系。

② 译者注：英国金融服务管理局（FSA），是英国统一的金融监管机构，该机构于 2010 年 7 月解散并成立了 FCA 和 PRA。

令人感到沮丧的是，监管机构和行业机构似乎不太关心甚至很少提及合规人员的具体作用。合规人员是合规职能发挥作用极其关键的因素，却缺少足够的工作指引。对于合规官和合规部门并没有官方的、国际公认的定义。一般来说合规部门是指执行、操作和维护日常合规职能的团队（需要注意，合规职能和合规部门的含义并不一样），而合规官是合规部门的负责人。

对于最初我们提到的"什么是合规？"的问题，脱离字典上的概念，结合上下文，我们可以总结如下：

在金融服务公司中，合规是一项职能，旨在识别立法机构、监管部门和最佳实践要求，采取必要的措施、制度和控制，从而促进这些义务的有效落实。

实际上，英国 8453 号标准将"合规"定义为"落实监管对公司和（或）公司中特定人员，及其行为的要求"。

更简洁地定义如下：

合规官是从监管的角度审视公司的行为，并对错误的行为加以制止和解决的人。

上述定义比较灵活，每个公司都可以决定什么是"相关的要求"，以及如何落实这些要求；同时，这些定义也足够让我们理解如何实现合规。在这一章其他部分，我们会将上述定义作为阐述金融服务公司合规管理的基础。

2.1.2 谁是合规负责人？

之前我们已经研究了"合规"的定义，现在我们需要花点时间来探讨谁应对合规负责，这并没有现成的答案。如果说科技部门应对 IT 负责、人力部门应对人力资源管理负责，那是否能够确定，合规部门，或者更进一步说是合规官，应该对合规负责吗？生活没那么简单，事实上，全球监管部门通常更认为高管层才是合规的责任人。下面的这些例证会让我们看得更加清晰：

来源	具体描述
英国金融行为监管局（FCA）最佳监管原则	"公司高管层负责……确保公司经营满足监管要求。"
英国金融行为监管局（FCA）8.2 实施指南	"英国金融服务管理局（FSA）旨在使公司及其董事会和高管层能够优先确保公司的运营符合法规[①]、FCA 的规则和原则的要求。"
国际证监会组织（IOSCO）《关于市场中介机构中合规职能问题的最终报告》（2016 年 3 月）	"高管层负责建立和保持合规职能、合规政策和程序，以落实证券监管要求。"
英国 8453 号标准（2011 年 4 月）	尽管公司高管承担合规的主要责任，但治理层对高管层的合规管理工作承担监督责任。
巴塞尔银行监管委员会《合规与银行内部合规部门》（2005 年 4 月）	"银行高级管理人员应负责建立合规方面的规章制度，并确保这些规章制度得以贯彻实施，并将有关实施情况向董事会报告。"

既然没有任何地方要求合规官或合规部门要对合规承担责任，任何官方监管文件也没有关于合规官的表述或定义。但奇怪的是，合规官的从业者却很多，俨然形成了一个职业。造成这样的原因有二：

1. 以上面提到的英国监管机构为例，它们制定的规则中关于合规的表述是相当简单的，仅仅涉及对经营行为、客户资产和集合投资计划三个领域的要求，最多再加上反洗钱的要求。看起来似乎很简单，但实际做起来却很困难。要知道上述这些领域涉及的法律法规是十分冗长和复杂的，对于不具备相关知识和经验的人，是根本无法开展合规工作的。

2. 除上述几个领域外，大部分公司还会有其他各个领域的合规管理需求。并且，大多数高管层都倾向于将尽可能多的实际合规责任指派给合规官，即使有些内容看起来跟合规并不那么相关。

令人欣慰的是，高管层对合规方面的授权是很充分的，这催生了合规职业并使之在过去几年内保持较高的收入。与之相对应的，高管层和

---

① 参见《2000 年金融服务与市场法》。

合规官更多的这种关系在 2008 年金融危机后发生了转变。虽然高管层给合规官的授权仍然很充分，甚至赋予合规官更多的责任，但是监管机构始终坚持灌输高管责任的理念，并对一些存在过失的高管积极采取针对性的措施，这并不是坏事。

因此，监管机构期望的合规管理模式都是以高管层承担合规责任为前提的。然而，即使高管层知道他们的合规责任，但在实践中更多的是，他们将日常合规活动的责任给了合规部门。当同一个领域的责任由不同人承担时，就需要平衡对他们各自的具体工作要求。

虽然公司的最终合规责任是高管层，但不要想当然地认为，如果高管层做出错误决策，无须和他们争辩。恰恰相反如果管理层对合规管理现状不认可，经常抱怨流程太长、太复杂，你肯定不想任由他们推翻你的决定或是绕开你，除非你完全相信管理层的决策能力，否则你应该会更加严格。

即使你想把一些日常合规决策职责（如客户尽职调查、金融产品推介审批）移交给高管层，你很可能会发现他们并不想接手，并会尽快再授权给你。一旦你向高管层说明这是他们应承担的责任，并让他们意识到，他们应该对所有的、哪怕很小的合规决策进行审核，以确保万无一失（英国联合反洗钱协调小组（JMLSG）发布的指引，英国金融行为监管局（FCA）发布的《商业行为规则》（COBS）等），但这并不会让他们认为这些事情很重要，而往往会直接返还给你处理。（注意：这绝不意味着你要放弃向高管层的汇报，以及纠正他们理解的偏差！）

下面是合规官和高管层分工的最佳实践：

合规官	高管层
■ 具体负责日常合规活动（见第 10 章、第 2 篇 A 部分和第 2 篇 B 部分）。	■ 确保合规文化自上而下得到根植。
■ 与监管部门保持联系。	■ 很少直接参与合规管控架构的运行。
■ 建立公司合规管控架构。	■ 对合规部门工作的充分性和适当性进行评估。
■ 提供合规意见和建议。	■ 听取合规官的报告并进行问询。
■ 向高管层报告合规风险情况。	

这些安排有必要明确到合规政策中，详见第 3 章。

2.1.3　不同的合规管理模式

姑且不论合规官和高管层之间如何划分责任，即使对于具体合规工作而言，应该由谁承担也是有争议的。概括来讲，有以下两种较为普遍的合规管理模式：

■ 模式 1：集中式的——合规部门承担大多数合规任务，比如审批福利，或是处理投诉。

■ 模式 2：分散式的——合规部门运用自身权力，明确由业务部门承担大多数日常合规管控责任。合规部门人员负责对业务部门进行监督，评估其合规工作的有效性并加以纠正。

这两种模式没有绝对的好与坏，关键是要能够满足公司的实际情况。为便于理解和思考，上述两种模式的特征可以解析如下：

集中合规管理模式	分散合规管理模式
■ 对于合规部门不同意的事项，如果业务部门不断要求合规部门更改意见，会导致合规部门与业务部门频繁的冲突。	■ 从表面上看，合规官会更不积极。他虽然会发表自己的合规意见，但并不去管业务部门是否会去执行。
■ 由于合规官会严密监控公司日常运营情况，合规部门可能认为这样会比较可靠。	■ 合规官的风险会更大。举例来说，交易部门主管的决策和知识并不等同于合规官自己。
■ 很可能会认为合规部门应承担合规责任。	■ 每一名员工在自身职责范围内会更加注意保持合规。
■ 合规部门能实时掌握重要的管理信息，比如新账户的开立趋势，或者发现某一部门礼品费用激增等。	■ 业务部门主管会更关注与所在部门有关的监管要求，这驱使他们主动去关注新的可疑账户，或是有人将大把的时间用在个人交易上。
■ 合规部门需要深入介入各项管理事务，如果合规部门人员有限，这会影响到部门的战略规划能力。	■ 合规部门较少介入日常合规事务，可以把更多的时间放在合规战略规划上。

实践中，各公司采用哪种模式都有可能，这取决于一系列因素，包括特定业务领域的管控水平，以及监管对该领域的关注程度。对于采用

分散合规管理模式的公司，可能会将核心合规职能集中到合规部门，如要求合规部门来审批所有新客户账户和金融产品推介活动。

如想了解更多合规部门的职责，可以查阅本书第 3 章。

2.2　合规官

2.2.1　合规官的核心职责

在本章第一节中，我们已经了解了，合规官的职责取决于公司的合规管理模式。当然，无论采用哪种合规管理模式，一些基本职责是一样的，简单来说就是"从监管的角度审视公司的行为，并对错误的行为加以制止和解决"。这些职责可以概括为以下内容。

1. 对公司进行全面的了解。

2. 梳理适用于公司的法律法规和监管要求，并分析对公司的影响。

3. 基于法律法规和监管要求，明确落实的标准。

4. 根据上述标准和要求，结合合规部门和业务部门的现状，在公司范围内明确可行的落实措施。当然，仅仅可行还是不够的，这些落实措施还应当能够促进经营发展。

5. 记录上述落实措施，包括起草手册、政策、流程、监控程序、工作计划、表格、简报、公告、内部网站等。这些文档和它的内容构成了合规管理的基础。

6. 组织开展培训，确保所有员工了解相关合规要求，知晓落实合规要求的方法以及不落实的后果。

7. 进行合规检查，确保合规要求持续落实。

8. 对不合规的情况和其他识别出的问题进行纠正。

9. 针对日常经营中出现的合规问题，提供合规咨询。

10. 持续跟踪监管动态，以确保公司制度和程序能持续更新，并及时告知业务部门。

11. 与监管保持联系，确保能持续了解最新监管要求。

12. 落实一些特定监管规则的报告要求。

13. 识别和计量合规风险，评估特定风险发生的可能性及其影响，掌握风险的含义及应对措施。

14. 向高管层进行报告，使他们了解在当前监管环境下公司的合规现状。

关于上述职责所对应的日常工作，详见第 10 章、第 2 篇 A 部分和第 2 篇 B 部分。

2. 2. 2　卓越合规官的特质

合规官是否了解自身的特征、长处和短处，与合规部门是否有效运转一样重要，合规官据此能够知道是否需要进一步提升自身能力，以及如何才能执行好各项合规任务。毕竟，公司向合规官支付薪酬应当物有所值。那么，一个优秀的合规官是什么样呢？我们渴望什么呢？有高挑的身材、漂亮的长相、迷人的微笑当然最好啦。除此之外，"全球最佳合规官"通常还会具备如下一些特质：

1. 自信——当面临强制威胁，要求合规官歪曲规则而满足他们的目的时，合规官不能屈从。

2. 善于组织培训——使业务部门很乐意且很容易去了解合规信息，而不产生抗拒。

3. 分析能力强。

4. 能够与各级人员沟通。

5. 对所负责的业务条线足够熟悉，能够熟悉人员、培训、项目和问题等，并使合规管理模式与之匹配。

6. 能够掌握与企业经营有关的所有监管要求，包括有哪些监管规则，它们产生的背景和目标，以及对产品、服务和公司带来的影响。

7. 十分仔细，特别是在跟踪监管新规、进行监督和检查时。

8. 富有创造性，当监管新规生效时，不能仅仅对业务经营说"不"，还要提出改进的建议。

9. 对于应说"不"的事项，即使面临多重压力也能够坚持。不要害怕对前台部门说"不"。

10. 面对比你资历要深很多的人，如果会感到不适，那可能你并不适合从事合规工作。

11. 有很强的营销和公关能力，从而能向公司其他部门灌输合规理念。要像做营销一样开展合规工作。员工如果不咨询合规官就可以自行得出合规结论，这是合规官最期望达到的效果。合规官只需要向业务部门阐述合规和遵守监管要求的优点，即使这么做不能增加利润。

12. 很强的书面表达能力，以便于将合规事务简洁明了地报告给高管层。

13. 能长时间集中注意力。

14. 迅速学习和了解新情况。

15. 在作出影响业务的风险决策时，能够具有商业敏感性和实用性。

16. 能够充分运用信息系统，帮助设计培训材料、进行监控、生成异常报告以及处理其他各种与合规有关的事项。

17. 具有项目管理能力，如开展新的合规项目、推动整改计划等。

18. 即使受到众多反对，也能勇于表达自己的意见。

19. 决策果断。

20. 当需要审慎考虑时，能够不武断地做决策。

21. 能够在综合考虑各种情况，权衡客户、公司、集团整体、监管以及自身利益的基础上，深思熟虑的进行决策。

22. 高超的谈判技巧和沟通能力。这并不意味着合规官要刻意渲染监管的威胁，而是需要更有说服力、更真实的理由，比如举出同业公司的违规案例，可以突出违规行为的后果，如遭遇监管处罚、公众谴责等。

23. 敢于挑战现状和权威，即使是面对公司高层。

24. 脸皮厚一点。

25. 聚焦消费者服务——合规官在公司里扮演"警察"的角色，向业务部门提供监督服务，业务部门作为我们的内部客户，他们给我们支付薪酬，我们必须使他们高兴。但这并不意味着我们允许违规行为或者损害消费者利益的情况存在，我们必须和业务部门共同寻找解决方案，来满足各方的需要。

26. 做好被质疑的准备，合规官也可能作出错误决定。

27. 能充分跟踪当前的监管趋势，并能反映到公司合规管理工作中。这意味着要及时落实监管要求，而不是等到监管部门来检查时，那样你就没有足够的时间了。合规官的工作要紧跟监管趋势，随时进行更新。

28. 有权威性，这样业务部门会严肃对待合规官的意见并积极落实。

29. 有耐心，可以使合规信息得到持续深入的理解。

30. 对合规官的工作保持热忱（否则，有太多的不痛快的事发生，会让你觉得这个工作不值！），合规官虽然不是一个崇高的职业，但是它会给你带来乐趣和挑战。你会看到公司里一些最有趣的人和事，没有理由不喜欢这种挑战！

2.3　合规机制

2.3.1　良好的合规机制有什么特点？

　　一旦合规官清楚自身在公司中应该承担的合规职责以及需要做好哪些工作，那就需要决定合规部门如何运行，以及什么样的合规职能才能与公司相匹配。之前已经提到过一些可以参考的指南，像巴塞尔银行监管委员会、国际证监会组织（IOSCO）、欧盟金融工具市场法规（MiFID）、英国8453号标准以及各监管机构的指引，但是否采用它们需要合规官根据公司实际予以慎重考虑，因为这太重要了。是想有最好的合规部门，还是够可靠就行？选劳斯莱斯还是福特福克斯？这需要考虑成本、对员工需求等各种各样的因素。

基于监管要求、指引和观察，本节将会阐述很多成功的合规部门和职能的一些共同特质。看看你们公司能满足多少项？当然越多越好。

内部管理方面

1. 合规部门相对于业务部门，在条线管理和薪酬结构上具有独立性，从而使合规决策不受薪酬影响。

2. 充足适当的人力资源：

■ 合规部门有足够数量的合规人员；

■ 合规人员具有良好的工作经验和人际交往能力；

■ 针对关键合规岗位人员变动有恰当的预案，以减少对合规工作影响；

■ 合规人员的职责和报告路线清晰、有书面记录；

■ 能够覆盖每一名合规人员的培训和培养计划，使他们能够在必要时参加培训（关注金融服务技能委员会（FSCC）对合规和反洗钱人员的技能要求）。

3. 合规部门对公司的业务、产品、服务、制度、控制和人员有十分清楚的了解。

4. 内部部门的控制和程序是清晰的、最新的。

5. 具有恰当的业务连续性计划，且在最近进行过演练。

6. 已描绘出所有与合规有关的事项，针对所有适用的合规要求已实施相关措施（见第 7 章）。

7. 已识别出涉及公司整体的合规风险，已采取相关措施来管控和缓释风险。

8. 对上述风险管控和缓释措施进行持续评估和优化，因为金融服务的监管要求并不是一成不变的，应该尽可能地跟紧监管动态，并预测接下来的关注重点。会发现国内的各监管机构之间，以及国内外监管的发展是趋同的，这就需要从战略的高度思考问题。

9. 风险评估方法都是明确的、清晰记载的。

10. 关键的监管要求能及时地向业务部门传达。

11. 合规部门有足够的办公空间，能够安全地保管敏感的文件。

12. 合规部门有足够的设备，包括计算机、传真机、扫描仪、影印机、彭博终端、参考书、软件，能访问在线数据库等。

13. 合规部门有足够的预算，以便能前往海外机构进行合规检查和监督。

14. 能聘请独立的第三方顾问定期对合规部门进行评估。

15. 业务部门能清楚了解合规管理机制健全所带来的好处，并尽可能地在合规的基础上评估业务经营所带来的价值。

16. 合规相关的控制和制度能嵌入到现有系统中，以便节省成本。

17. 有前瞻的合规管理模式，针对评估的问题制订了很好的行动计划。

18. 通过合规监控来识别潜在的风险，以便及早加以纠正，并对控制薄弱环节和违规行为采取整改计划。

19. 建立管理报告制度，使人们清楚了解合规管理模式的有效性，包括使人们知晓最近的差错、幸免的灾难、监管的压力等，否则大家并不了解你所做的努力，而会以为合规管理一切正常。

20. 基于风险导向，大多数的工作要面向可能给公司造成最大损失的领域。

与公司其他部门（人员）的关系方面

1. 整个公司都能清楚地知晓和了解合规风险。

2. 合规事项能够不受阻拦地直接报告给首席合规官及其他高管层。合规事项还应该能够报告给具有独立性的治理层成员，比如非执行董事。

3. 合规部门负责人应该在公司有适当的地位。

4. 合规官或合规部门应与高管层之间定期召开会议，使双方能全面掌握最新情况，并及时制订或调整工作计划。

5. 公司各级员工特别是高管层能够支持合规管理工作。

6. 高管层认可自身合规责任，并能认真履行职责。

7. 高管层能理解监管的核心要义，以及对高管层自身、公司经营和愿景的影响。

8. 合规部门能够从高管层获得所有想要的支持。要知道，如果高管层加以阻碍，合规部门将举步维艰，任何合规管理模式也不可能奏效。

9. 合规部门有权自由访谈公司所有员工、查阅各种记录，有权质疑任何部门、员工或其他相关的行为。

10. 合规部门应被视为业务部门的合作伙伴，而不是阻碍。

11. 合规部门的代表应被邀请参加所有核心经营会议，这样合规部门就能够对经营计划和重点有全面的了解，并能据此加以跟踪。

12. 员工对合规的理解、价值观、以客户为中心的理念是年度绩效评价的一个组成部分。

13. 当业务部门的利益与合规部门一致时，会采纳合规部门的建议和要求。

14. 成立合规风险委员会，或者承担相应职能的风险委员会或审计委员会，来作出复杂的合规决策。委员会成员除了合规人员外，还应包括业务部门的管理人员，以便能就与其相关的合规事项发表意见。

15. 通过日常会议和简报，高管层能全面掌握合规管理活动和管理重点。

16. 合规部门应保持商业敏感性，当合规决策会对经营产生影响时，应综合考虑经营的需要。

17. 业务部门启动新项目时，应尽早进行合规评估，此时发现的合规问题会更容易解决。

18. 合规体制健全的好处尽人皆知，公司各层级都愿意积极地加大合规投入。

19. 合规部门与其他控制部门在资源和知识共享方面建立了良好的联系。在合规部门和其他部门职能有重叠的地方，各自的职责范围都有清晰的界定。

20. 合规部门要定期进行成本收益分析，以表明合规如何给公司带来价值（金融机构讨论的事情都与钱有关，所以，当你想证明自己时，也应采用相同的表达方法）。

21. 合规部门采用消费者满意度调查的方法，来了解业务部门对合规职能理解程度，以及需要改进的领域。

22. 内审部门或其他相关部门，应定期对合规部门进行评估，并指出需要强化流程和控制的领域。

23. 公司全体员工都明白，合规部门不是为了自身利益而开展合规工作，而是一个促进者。全体员工都应在公司中承担与自身职责相匹配的合规责任。

24. 定期评估合规风险，并向高管层报告。

25. 合规部门和公司其他部门（人员）的关系应在正式文件中载明，如谅解备忘录或合规章程（参见第3章）。

与第三方的关系方面

1. 与监管机构保持良好关系。

2. 与交易所和清算机构保持良好关系。

3. 与其他合规官保持紧密联系，这样当你遇到一个特殊的、必须处理的问题，但不十分确定该怎么做时，可以向其他合规官咨询。

4. 加入行业组织或行业协会，这样可以持续跟进合规管理的新进展。

5. 清楚掌握行业协会提供的信息，以便在需要时及时获得指导。

6. 通过积极回复监管征求意见，或通过利益团体游说，来影响监管规则的制定。

2.3.2　不好的合规机制有什么特点?

合规部门以及合规体制越不好，就越可能时不时遭受业务部门的批评。这种工作环境会令人不愉快，因此应该尽所能的，使业务部门不把合规工作看作一个对冲监管风险的昂贵的、累赘的保险措施。合规工作并不是在一项新项目启动前几天一个可有可无的措施，它更不能被视作阻碍业务发展、削减利润的成本。

因此，如果合规官不想每天都像打仗一样工作，那请尝试规避如下几个因素。这将会帮助你不去做蠢事，也会减少同事们的敌意。

1. 缺乏独立性。如果合规部门需要向业务部门报告，会发现合规部门很难从监管的角度作出必要的、但会另业务部门不愉快的决策。这也意味着如果合规部门不被业务部门认可，将没有任何地位。

2. 合规人员的薪酬直接与盈利状况挂钩。如果合规人员想晋升或增加薪酬需要对一桩违规交易说"是"，那么意志不坚的人可能会屈服。一个合规官曾经说过，他们公司每半年提供一次加薪的机会，他在五年内获得过 9 次，唯一的一次没得到加薪，是因为他拒绝批准一桩交易。

3. 很高的员工变动率会使合规团队不能全面掌握目前正在实施的合规模型，不了解公司和它的目标。

4. 合规部门有很多临时雇员，这些人都是过客，对团队没有忠诚度。

5. 合规团队人员不足。

6. 合规人员没有得到足够的薪酬，感觉被低估，因此对公司和工作不上心。

7. 合规人员对公司的产品和服务缺乏详细的了解。

8. 合规人员对适用于公司的法律法规和监管规则缺乏详细的了解。

9. 在经营的过程中没能与相关的监管机构进行持续沟通。

10. 合规管理缺乏前瞻性。合规部门经常为每天发生的事件忙得晕头转向，而不是按照战略计划开展工作。

11. 没能定期对程序和控制进行检查，有些程序和控制措施在多年以前是有效的，但现在已经不适用了，会带来风险。

12. 除了说明合规要求是什么外，并没能与业务部门很好地沟通。

13. 没能与业务部门很好地沟通，以便将落实合规要求给业务经营带来的影响降到最低。使业务部门与合规部门产生对峙，这样并不好。

14. 针对相关的合规要求及对公司的影响，没能对员工提供足够的培训和指导。

15. 缺乏合规信息系统和工具。

16. 当合规决策会直接影响业务经营时，缺乏商业思考。

17. 当由于合规原因需要制止业务部门的某一特定活动时，合规人员缺乏足够的信息。

18. 没能识别最新监管要求及其对公司的影响。

19. 合规部门的内部管理程序没有在文档中记录，或者即使记录了，但内容不全面、更新不及时。

20. 缺乏清晰的、书面的合规政策和手册，以供业务部门使用。

21. 没有向高管层报告合规问题和整改情况。

22. 当识别出合规问题后，并未实施整改计划。

23. 合规职责没能覆盖公司所有经营管理活动。

24. 合规团队向境外的合规负责人报告，他不了解本地监管要求，但是允许你们有一定的独立性。

25. 并没有采用风险导向的合规管理方法，或者灵活性不足。

26. 合规部门的工作很严格，不允许有任何意外。

27. 时间都被花在处理那些被认为很难但实际很小、很容易的事情上，以致不能处理一些大的问题。

28. 采用习惯性做法开展合规监督，而不是基于风险导向，使得实际上需要做的事没做。

应充分意识到上述问题的重要性，建议每年对合规部门进行自评估，对发现的上述任何特征采取措施加以解决。

2.3.3 公司或业务部门的违规信号

毫无疑问，消除上述不利因素对不同的人来说难易程度是不同的。但是，如果公司或个别部门出现下述一个或多个特征，就需要更加努力地去完善合规管理模式，并向业务部门灌输合规的好处。

1. 首席执行官（CEO）或其他高管层都不认同合规要求。

2. 高管层不接受合规责任，或不严肃对待他们的合规责任。

3. 与业务部门经常就合规问题紧张争执。

4. 公司最近没有被监管检查，业务部门已经不记得检查有多么艰难和不快（令人惊讶的是，在监管检查即将开始前，合规部门迅速成为了每个人最好的朋友）。

5. 公司拥有来自海外司法辖区的大量员工，这些地区的监管体制可能更为宽松。这样的员工不适应本地的合规管理模式。

6. 公司财务紧张，员工有绩效压力，这可能导致公司忽略长期发展，而更加重视短期收益，进而可能削减合规部门的成本。

7. 公司建立了矩阵式管理模式，这意味着一大部分员工都要向海外司法辖区的领导汇报，而这些领导对本地的监管要求和重要性并不了解。

8. 员工的薪酬结构没有考虑个人的合规偏好。

9. 合规并没有嵌入到业务策略中，而仅在事后加以考虑。合规不是被视作促进业务运营的伙伴，而是被视作新项目启动前最后需克服的障碍。

10. 合规被视作合规部门自己的责任，员工对自身行为不承担合规责任，也不用考虑自身行为带来的合规影响。

11. 业务部门经常忽略合规部门的建议、指导和要求，合规部门的电子邮件还没读就被删了。

12. 合规部门在过去一直就很弱。

13. 公司有很大一批人需要维持卓越的声誉，他们有压力保持最高的收入。

14. 在管理中并不关注合规问题，也不制定合规策略和计划。

如果公司中有上述数个特征，请参考第 10 章，来指导处理这些问题。

2.4 与合规有关的争论

2.4.1 合规、监管及合规官存在的价值是什么？

在上文中，我们讨论了业务部门和合规部门之间天然存在的紧张关系，以便在商业利益和监管必要性之间寻找正确的平衡。尽管这种紧张的感觉是合规工作中不愉快的因素之一，但我们幸运地发现，事情正在发生变化，并且已经有一段时间了，金融服务监管的好处已被发现，拥有一个结构良好、能力强的合规部门成为了一种优势。然而，为防止有人质疑在合规上花费了太多的时间和金钱，有必要列出监管和合规给金融服务业特别是自身公司都带来哪些好处。

大多数的金融中心都发生过金融丑闻，类似的丑闻会在多个金融中心发生，没有一个国家可以幸免。

下面这些丑闻你都知道哪些？

1. 巴林银行倒闭案

著名的流氓交易员尼克·里森作为运营主管，在没有受到足够监督的情况下开展交易，产生的损失最终导致巴林银行以 1 英镑的价格出售给荷兰国际集团。

2. 罗伯特·马克斯维尔与《镜报》退休金计划

罗伯特·马克斯维尔从雇员的退休金中挪用了数百万英镑，用于个人用途。

3. 国际信贷与商业银行（BCCI）倒闭案

国际信贷与商业银行（BCCI）在 1991 年因巨额债务及大规模的欺诈而倒闭，这家银行被戏称为"毒品和犯罪国际银行"[①]，针对这家银行的倒闭，欧盟还专门出台了一项指令（即欧盟 95/26/EC 号指令），以加强欧洲范围内的审慎监管。

4. 燃烧的法拉利[②]

三名交易员在 1998 年试图操纵瑞典证券交易所 OMX 指数的行为，给媒体和公众留下深刻的印象。

5. 几近倒闭的公平人寿

公平人寿运用保险精算技术的技巧确保保费规模不断上升，而成千上万的投资者根本拿不到预期数量的回报。

6. 捐赠基金不当销售

许多人使用捐赠政策作为偿还住房抵押贷款的手段，由于相关的风险没有向他们充分解释，他们的资金实际上是不够的。

7. 退休金不当销售

如果工人们能加入而不是退出他们公司的退休金计划，抑或是维

---

① 译者注：英文缩写与 BCCI 一致。

② 译者注：Flaming Ferraris，是当事人领导的交易小组的别称，得名于该小组在伦敦的聚会场所供应的一种烈性鸡尾酒。

持现状，他们的退休生活都会更好。

8. 安然倒闭案

大规模的机构诈骗和会计违规行为，加之对能源市场的操纵，使得安然破产。投资者们因为安然股价暴跌蒙受了巨大的损失，包括大规模的退休金计划损失，其中一些还是安然的员工。这起丑闻与泰科、世通等事件一并，导致了美国《萨班斯—奥克斯利法案》的实施。

9. 爱尔兰联合银行

流氓外汇交易员约翰·鲁斯纳克造成了数亿美元的损失。

10. 北岩银行

可疑的融资机构导致北岩银行成为英国有史以来第一家被挤兑的银行。

11. 长期资本管理公司

对冲基金长期资本管理计划的巨额亏损，使人们对系统性风险（对其他机构的连锁反应）和可疑套期保值技术产生担忧，并占据新闻头条，给金融界造成巨大恐慌。

12. 德意志银行欧洲成长信托基金

基金经理彼得·杨未经授权进行交易，给投资者造成数百万英镑的损失。

13. 支付保护保险（PPI）

英国各大银行已计提数亿英镑的准备，以应对不当支付保护保险（PPI）销售政策。这些支付保护保险（PPI）经常以十分昂贵的价格出售给那些没有能力索赔的消费者，更重要的是，在保险合同中还排除了可能需要进行保险赔付的几种最常见的情形。

14. 法国兴业银行和杰洛米·科维尔

兴业银行中台部门的交易员杰洛米·科维尔利用自身经验，规避该行的系统和控制措施，进行未经授权的交易，造成该行50亿欧元损失。

15. 互联网和投行

在 2000 年伊始，投行会鼓励投资者们去购买互联网公司 IPO 的股票，而实际上投行的分析师们在私下里认为这些都是垃圾股票。

16. 伯纳德·麦道夫

曾任纳斯达克证券交易所主席的麦道夫，是美国金融界响当当的人物，但他却设计了世界上最大的庞氏骗局。他给投资者的回报并非来自投资收益，而是来自后续投资者投入的新资金。据报道，受骗规模约 500 亿美元。

受这些丑闻欺骗的客户或员工，肯定不会认为合规只会浪费时间和金钱。但通过我们每天尽职的工作和高度的警惕，制止了一个类似的丑闻，当一切都在变好时，没有人会在乎你是否夜以继日地研读监管文件，因为这并没什么意思。到底有多少事件，在它们导致类似丑闻发生并登上新闻头条前，就被那些可怜的、谦逊的合规官解决了？我们永远不知道。

要想了解更多细节，请阅读下面的几节内容，进一步了解金融监管和合规职能最突出的优点，并确保合规工作受到诋毁时，能拿出这些理由来堵住他们的嘴。

给客户带来的好处

■ 很多监管规则的内容，就是为了直接确保客户得到公平交易，以及保护客户利益不受侵害。如果能遵守这些监管规则，将会有效改善客户体验，并能给公司带来竞争优势，赢得客户忠诚和信任，客户也会积极向其他客户推荐。如果客户服务做得好，就会发现诉讼风险降低，客户因为不满意而向监管投诉也会减少。

■ 报告、客户协议、通知等管理制度向以客户为中心改进，会意味着你们公司的服务更加值得信赖，从而增加客户忠诚度。

■ 竞争优势：客户期望得到公平对待，业务规则也是将客户利益摆在第一位的，就是为了防止短期的公司收益会误导投资者，而扼杀公司的长期发展。如果公司有着正直公平的形象，将会提高客户忠诚度。

■ 上述所有内容都会给业务带来增长，进而增加公司利润。

给公司治理带来的好处

■ 很多监管要求并不是直接与改善客户体验有关的，而是旨在强化内部制度和控制，以提高公司效率。这可能是所有管理大师的目标，也是他们给世界上所有监管机构的唯一建议。请把这种好处当作公司受到监管的副产品。

■ 当正式公布的监管规则要求公司采取监督控制措施，以强化公司治理机制时，将会帮助全公司形成良好的职责分工。

■ 当需要采取多种措施来确保合规管理模式运行有效时，将会改善管理信息的质量。

带来的货币利益

■ 正如上面所说，良好的合规管理安排可以改善公司运营效率，通常也会降低成本。

■ 显然，如果保持高的监管合规标准，不太可能产生诉讼和赔偿方面的损失。

■ 同样，合规管理体系越健全，被罚款可能会越少，特别是在监管处罚连年增长的当下更应该注意。

■ 合规和一般操作风险管理制度、控制措施越完善，监管对公司资本充足的要求越宽松，减少的资本费用支出可以有更多的用途。

■ 如上所述，很多监管规则就是为了确保客户获得公平对待的。从逻辑上讲，这会提升客户体验从而增加利润。

■ 有的人甚至把合规部门说成另外一种形式的利润中心。想想吧，合规工作为公司规避了多少罚款、带来了多少声誉、减少了多少资本占用、对风险控制带来多少帮助！当考虑这些事情时，就更容易理解合规工作不只是产生成本。

能在客户、媒体和监管机构面前营造良好声誉

■ 媒体：良好的合规制度和控制将会使你们公司免于成为媒体的素材。

■ 监管机构：健全的合规管理基础意味着监管不太会为难你们，即使公司陷入麻烦，当你向监管机构全面展示公司良好运行的合规制度，以及出现的问题是个别的且很容易整改时，你面临的监管罚款也可能会比较轻。同样的，保持公司与监管机构的良好关系，即使出现一些错误的事情时，监管机构也可能不采取过于严厉的措施。很多公司能够免于监管机构的全面检查，是由于不仅会向监管机构全面说明公司合规制度和控制的有效性，而且公司高管层对合规也抱有积极的态度。

■ 客户：请看前面与客户满意度有关的内容。

■ 从全球范围讲，维持国内金融服务业的良好声誉符合所有人的利益。我们不希望看到金融业落后于其他那些积极的金融中心：以英国为例，金融服务业对英国经济很重要，因此监管始终保持高标准，使我们在维护金融服务业声誉方面发挥了自己的作用。在 2012 年，金融和保险业创造了英国 7% 的总增加值，美国和加拿大 6.6% 的总增加值，日本 4.6% 以及德国 3.5% 的总增加值[①]。

---

① 参见 2014 年 4 月，英国国家统计局发布的《英国国内生产总值的国际比较》。

给所在公司和同事带来的好处

■ 我们阅读监管手册、咨询文件、监管征求意见稿等，以及参加监管论坛，这样公司的其他员工就不需要做同样的事情了。（你认为公司的首席执行官会知道你在过去一年内到底看过多少监管文件？）

■ 一旦我们了解了相关的监管要求，我们就需要分析它们，并把其转化为更为细化的、容易跟踪的合规任务。这样业务部门就只需专注于交易、咨询、融资和赚钱等工作，而不需要花时间钻研这些复杂的监管规则和要求，并找出与自身相关的内容。

■ 我们知道并且应当知道各项业务的监管规则。在一项新业务开始前，或者一项交易结束前，需要考虑一系列的监管规则。幸运的是，作为合规官，我们熟悉这些监管规则就像了解自己的手一样！我们能给业务部门画出一个监管地图，就下一步的工作方向给同事们发出预警，以及告诉他们如果进入监管红线区将会付出多少成本，以及如何有效、快速地满足各项监管要求！

■ 我们对监管规则的掌握，也意味着我们知道何时能适用豁免条款，或者何时可能得到豁免。每一个人都喜欢走捷径！

■ 我们从行业中能够获取当前的监管热点信息。据此，我们会避免公司出现与之有关的问题，因为我们知道这类问题正受到监管关注，监管会对这类问题采取非常强硬的态度。

■ 我们能比监管机构更早地发现公司的潜在问题。无论人们多么抵触内部合规检查，他们中的大多数也都知道，如果监管机构发现了什么问题，将会更令人不快。

■ 我们指导公司按计划实现经营目标，而不是因为监管机构的指责、罚款，或者牵涉诉讼、声誉损失等，走很多弯路。

■ 但是我们不仅仅保障公司免受合规风险，我们还会尽可能地使公司免于受到过度监管。在监管规则制定和经营实践中，我们通过加入行业协会、建议团体或者回复监管的征求意见文件，在塑造监管环境中发挥自身的作用，从而有助于形成对公司经营友好、可行的监管方式。

■ 我们也保护同事们免于不当的追责，特别是有些客户由于自己的原因作出错误的投资决策，却抓住一些鸡毛蒜皮的事，想把这种责任归咎于我们公司进而获得赔偿。

■ 我们是金融界的蟋蟀杰明尼[①]，遏制那些过分冲动的交易人员，例如帮助他们重新审视盈利和商业道德的关系。

为什么需要对金融服务业进行监管？

本章是在探讨合规职能，但由于大部分合规工作是监管机构要求的，因此有必要花些时间去了解下，监管机构的期望和目标到底是什么。

金融服务业是众多受监管的行业之一。比如在英国，就有环保部、食品标准部、交易标准部、交通部、公司注册局和民航局各种行业监管部门。所有主要行业都有类似的监管机构。尽管这些监管机构之间有很大差异，但有一个共同点是，他们都高度关注并监督某一特定行业或行为对公众的影响。

具体到金融服务业来讲，一般来说都对应多个监管主体，他们的管理范围在不同国家是不一样的，但都有一系列共同的高目标。

1. 监控公司是否满足要求的偿债能力或资本充足率。
2. 消费者权益保护。
3. 维护市场信心——确保市场公平、有效、透明。
4. 维护市场稳定——降低系统失灵风险。
5. 监督市场行为，防止金融犯罪和极端行为。
6. 减少金融服务中出现金融犯罪的可能性。

---

① 译者注：在科普动画片《蟋蟀杰明尼》中，杰明尼是一个无敌教员，向人们科普各种知识。

上述这些似乎都值得称赞，我们也很难争辩监管机构的意图。然而，即使都是单一监管主体，不同的司法辖区之间也存在差异。

这种各国家监管的差异性逐渐受到国际监管主体的关注，如欧盟、巴塞尔委员会和国际证监会组织，但是英国内部不时存在的差异却没有得到很多关注，让我们来看几个例子：

■ 为什么有的产品可以免受 FCA 监管？如果一家公司通过发行股票或债券融资，这类活动是受到高度管制的；但是如果一家公司通过银团贷款融资，监管规则却不适用。

■ 类似地，如果有人交易股票或债券，监管规则是适用的；但如果有人参与贷款、使用本票或汇票，则监管规则不适用。

■ 自 2014 年 4 月以来，英国在个人信贷行业的监管力度是与其他零售金融服务相当的。毫无疑问，消费者权益保护是一个关键的监管目标，尽快对一些不负责任的信用卡、工资贷等方面的广告采取行动是明智的。

■ 对于购买金边债券的行为，哪怕金额再小也会受到 FCA 监管，但是它却不监管那些同样是出于投资目的购房出租抵押贷款，哪怕这些贷款给消费者带来的风险比购买 1000 英镑的政府债券或富时 100 股票都要大得多。

看到这些，你会怎么想？

2.4.2 合规成本有哪些？

上面提到了监管和合规的好处，但是在现实生活中，我们知道，无论监管和合规有多好，仍然会经常受到各种批评。为了能够应付公司其他部门和专业的指责，了解这些抱怨的本质是很有帮助的，然后你可以有所准备。下面列出了一些最常见的批评，比如：

合规部门的成本——雇佣一定数量的合规人员而产生成本，这是直接成本

1. 薪酬——工资、奖金、退休金等。业务部门的经理通常会说，负担那些从合规部门分来的成本，不如用更少的钱雇佣一个自己的合规官。但实际上不是这样的，雇佣任何一个员工都会有额外的、隐性的成本。

2. 办公空间——即使办公室里只放一张桌子，你知道一年会花多少钱吗？如果你问下行政部门，结果会令你很惊讶。然后，将问到的数字乘以你团队的人数，那是相当多的钱。

3. 设备——我们已经知道，电脑、传真机、软件程序、文件夹、柜子和扫描仪等设备，是合规部门需要的，可以提高工作效率。

4. 培训——如果合规人员能够有效工作，他们必须了解公司的业务、产品和服务等，更不要说与之相关的法律法规和监管规则。最好的方法就是企业自己组织培训，但仍然会产生成本。

5. 出差——如果你们公司有海外机构，且在你职责范围内，那就很难不去出差拜访他们了。

机会成本——因为合规事务而产生的经营损失及为此付出的劳动，这是间接成本

1. 培训——当你的同事们参加你组织的培训时，他们不可能同时完成其他工作以获取更多收益。所以，你应该尽可能地让培训更加有用、更加相关。

2. 拒绝的交易或合作——如果合规部门因为合规理由，而拒绝批准某一特定业务或建立新的业务关系，显然这不会赚到钱。所以，拒绝任何交易需要有充分的合规理由。

3. 合规管理——业务部门在合规问题上花费的时间，比如寻求价格变动交易的批准、收集"了解你的客户"（KYC）文档、实施培训与胜任能力（T&C）评估等，这必然会占用业务部门给客户打电话或是进行营销的时间。合规官应该证明上述这些合规事务的重要性，因为前台部门会觉得这些事看起来很官僚。

4. 整改工作——如果你发现了一个严重的合规问题，可能需要花相当多的时间和金钱进行整改。使用所有必要的资源会带来明显帮助，但这可能很贵，特别是聘用外部顾问或专家时更是如此。

2.5 合规官的职业前景

2.5.1 为什么合规官不受人欢迎

到目前为止，我们提到的合规职能的内容看起来都没有什么坏处，那为什么合规官会承受那么大的压力呢？合规官很难成为公司里最受欢迎的人，虽然我们想的一直是如何帮助别人！我们仅仅是想帮助公司和同事们免于陷入监管困境，那为什么我们这么不受欢迎？

这很大程度上源于人们的认知，在 2008 年金融危机以前，合规绝对是一项印象不好的工作。在金融危机后监管机构强硬措施的影响下，人们对合规工作的印象发生改变，业务部门和高管层会把合规部门看作是合作伙伴。然而，人们一般不喜欢被别人说教，没有一个人喜欢听唠叨，特别是在金融服务业的前台部门更是如此。在金融服务业，合规官就像妈妈一样不停唠叨，"不要把你的脏袜子丢在地板上，赶紧把你用过的盘子放到洗碗机里，赶紧去修剪草坪，赶紧去修车，不要接受别人的礼物，在买那些股票前要征得我的同意，除非我同意不要带客户出去吃饭，赶紧学习不然快考试了……"

从另一个角度看，合规官也像是医生，我们关注的不是同事的身体健康，而是他们的合规健康！虽然所有人都知道应该每天吃 5 片蔬果维生素来保持身体健康，但很多人并不这么做，甚至连想都不去想。类似地，大多数金融服务业的工作人员知道，为获得盈利他们具体需要做什么，但是应该做什么跟实际想做什么是两码事，他们也不想一直被提醒。

合规官是多么可怜！为什么我们要试图让一个顽固的交易员认同我们的想法？如果去打电话认真说我们的想法，不会得到感谢，相反，如果我们做错了什么，就会成为关注的焦点。为什么我们的工作天然地会使人们反感，以致需要进行太多公关？通常来说，我们的收入不低，但始终是赶不上利润中心员工的收入，就这样每天我们还必须处理前台部门的那些令人厌烦的问题！更奇怪的还有，那些出现差错的合规官则要去面对各种各样的监管或法律处罚，更不用提个人的名誉损失（所以请确保公司给你投保了董事和高管责任险）。顺便提一下，监管部门也不容易，还记得俄罗斯前央行行长安德烈·科兹洛夫在2006年9月发表了一场反对洗钱的演讲后，不久就被谋杀了吗？

2.5.2 合规工作有哪些有趣的地方

不要沮丧，现在给你一些鼓励，在这里提示几点，让你知道合规工作其实真的很有趣：

■ 尽管你职业生涯开始时的工作可能是重复性的劳动，但如果你从事合规工作，就会发现，它的工作内容是十分多样的，也能接触到公司大部分部门（参见第9章、第2篇C部分和第2篇D部分）。也因此从事合规工作能让你更好地了解公司和整个行业，较之于仅专注一个领域工作的人，这是一个优势。比如说，债券交易员掌握很多关于债券交易的信息，在结算部门工作的人知道怎么处理结算业务，但是他们又能接触到多少金融服务业其他领域的信息呢？

■ 合规工作中的某些领域，是围绕人开展工作的，这使得你拥有独一无二的机会，能与公司中几乎所有人建立关系。如果你不善于社交，合规工作也可以给你足够的空间，能够在后台做政策工作、监督、拟定流程、评估监管最新趋势等。

■ 尽管合规工作内容很广泛，但如果你对某一特定领域感兴趣或与你专业背景很匹配，也绝对是有专门空间的，例如：

■ 律师——金融犯罪（洗钱、欺诈、内幕交易、市场操纵）；

■ 会计师——审慎报告和控制；

■ 审计师——合规监控（如果你有国际汇款，通常会涉及频繁的国外出差）；

- 培训师——合规发展项目，合规培训和能力培养；
- 程序员——计算机控制和监控系统。

■ 随着合规职业的逐渐成熟，可以说，合规工作变得越来越有趣了。很多逐项评估打钩的工作已成为历史，合规工作越来越关注战略层面。当然，逐项打钩评估仍然还有，也很有必要，但在评估新业务模式或风险投资等事项的合规影响时，合规官现在有了更多的空间去参与战略决策。

■ 希望随着时间的推移，这种合规增值工作将会转变合规官固有的形象，使合规官成为给业务部门刹车的人，而不是添油加火的人。原则导向或结果导向的监管环境，使得合规官有责任与高管层和业务部门一道，来研究监管机构的目标，以及在任何领域的最佳实践。这可能是过去十年合规工作最有趣的变化。

■ 由于金融服务业变得越来越复杂，合规职能的范围也相应拓展，这也使得合规工作变得更加有趣：新产品和交易结构持续涌现，新市场持续发展，外包变得越来越普遍，跨境工作越来越多，引渡法在修改，这意味着我们需要更加关注境外的要求。

■ 有些合规官会经常处理职业道德方面的问题，这是因为合规不仅仅是需要遵守一系列监管规则。我们经常需要去领会监管的精神实质，而不是局限于纸面上的东西。有些事情即使没有监管规则约束，做这种事情也是不对的。这意味着需要去设计一个控制框架，以确保业务部门遵从职业道德，去思考他们的行为可能会给客户带来的影响。

■ 从打击犯罪的角度看，合规工作是相当刺激的！如果你曾经向警察报告过可疑犯罪行为，或者参与秘密行动，如使嫌疑犯进入银行经营场所并秘密拍下他们的行为和谈话，以帮助警察进行逮捕，你肯定就能体会到了。

■ 从事合规工作也能帮助你提高项目管理和解决问题的能力。如果一个整改或优化项目，有你的参与或取得什么成果，会很让人满足的。

■ 有时候，你必须要有惊人的创造力，用各种各样的方法来委婉地说"不"，因为这个词肯定会引起业务部门同事的愤怒。在制定制度时，你也需要有创造性，以便能与公司的经营计划相匹配。

所以，现在你大可以放心，你并不是疯了才会选择合规工作的，它确实有吸引人的地方。即使我们是世界上最好的合规官，也会遇到合规部门与业务部门关系紧张的时候，合规工作本来就应该是这样的。如果没有这种摩擦，说明肯定是哪里有问题，要么就是前台部门被合规吓怕了，这可能会阻碍业务的发展，要么就是合规部门不知道该怎么去说"不"，导致事情难以挽回。

不管是哪种情况，这种无摩擦的状态不会一直持续，否则公司可能会因为缺乏创新和发展而倒闭，或者可能曝光一个难以修复的合规丑闻，这样你想产生摩擦都不可能！

第3章 合规理念传导

本书第4至第9章将就公司合规运行的各项要素给予指导，并就合规管理人员、合规管理团队应该具备的专业知识以及合规部门如何令合规职能在公司成功运转所应采取的积极行为提出建议。如果你能够领悟并理解这些内容，这对公司其他部门来说是个福音。地球人都知道，合规部在公司内部并不是一个受欢迎的部门（通常和人力部门差不多，略强于内部审计部门），所以在提升为其他部门提供服务的水平方面，做得越多越好。俗话说"扔够多的泥巴，总有一块能糊墙上"，虽然这通常不是什么好话，用在此处倒也在理。如果合规的好处宣扬得足够多，总有一部分内容会被员工记住。所以你最好保证宣扬的内容都是真实的。

在大多数情况下，推进合规工作有很多方法，而且最好把这些方法结合使用。帮助合规工作被公司理解的方法包括以下几点：

1. 确保董事会和高管层能够认同合规部门的职责范围和工作性质。

2. 编写一条合规宣言，并充分发挥其作用——既可将其纳入合规手册，也可以展示在公司内部网站上，也可以把这个合规宣言（或缩写）作为合规部员工的邮件签名，或者作为合规文件、报告、流程或者政策等文本的页脚。在2004年左右，一些全球大型银行均决定采用"合规，事关每一个人"作为宣传语。合规官被其管理者要求将此合规宣传语用在各种内外部交流的场合。虽然有点过度使用，但合规宣传语确实在企业内部引起了不少关注。有一次我与一位态度强硬的银行同事发生了争辩，那位银行同事想让我为他写他内部程序，仅仅因为该主题与合规相关。一位资深银行家就用这句宣传语支持了我——"合规，事关每一个人"。

3. 撰写正式的合规管理规章并获得董事会的正式批准。

4. 将合规职能的责任、活动和价值进行简要概述，放在合规手册和公司内部网站上。

5. 开展培训，让公司员工明白合规管理部门是做什么的，以及为什么需要有合规部、合规部能够如何帮助他们。

6. 开展合规主题的"宣传运动"，保证你在公司中的持续曝光率。举个例子，你可以：

■ 用海报展示合规的重要性以及合规团队的服务职责；

■ 制作一些带有合规团队联系方式的饮料杯垫；

■ 制作一些包含关键流程环节的展板，比如个人账户交易、"了解你的客户"等程序；

■ 组织"客户"满意度调查（将公司其他部门的同事作为合规部门的"客户"，而不是真的去调研公司的客户！）

■ 组织一场合规知识竞赛；

■ 用电子邮件发布合规期刊；

■ 制作并发布"合规快讯"；

■ 编写一些关于合规部门工作的传单或者小册子，放在办公室里供他人阅读；

■ 组织合规部门与其他部门进行联谊活动；

■ 邀请公司管理层与合规团队共进午餐，借机讨论合规工作现状及如何改进、管理层需要或不需要什么样的合规工作、他们（在合规领域）关心什么问题等。

毫无疑问，除以上几种方法，还可以结合公司自身情况，想出其他任何方式来推进合规工作。上述传播合规理念的方法中，这里还有两个方法需要进一步的阐述：合规任务宣言及合规章程。

3.1 合规声明

3.1.1 合规声明的作用

所谓合规声明应对合规部门最基本的工作目标给出简明的定义。它对合规部门本身及其他部门的作用略有不同。

1. 对合规部门人员的作用。对于合规部门人员来说，合规声明可以作为一个参考，身为合规团队一员的意义是什么，选择合规工作的原因以及他们想要取得的成果。合规声明还可以帮助他们确定工作任务的优先顺序以及把精力放到重要的工作事项上。

2. 对其他部门人员的作用。对于合规部门之外的人员来说，合规声明也可以作为合规部门存在意义的一个简单提示。毫无疑问你应该让它尽可能地对公司业务具有正面意义——一份仅仅让监管机构非常满意但对公司实际并无帮助的合规声明必然不会让你的工作推进得更顺利。

对于合规部门内外部人员来说，合规声明应该能够给合规部门为何而存在提供一个现成的答案。已有数量可观的文献论述合规任务宣言的概念，并基本达成了一致：合规任务宣言应该简短（最好不要超过几句）、有力、积极并易于理解。

3.1.2 合规声明的制定

结合本书第2章第2.3节、2.4节阐述的相关内容，如合规的价值、一个成功合规部门的关键特征等，合规团队编制合规声明可以参照以下例证：

■ 为 XYZ 银行提供一个既可满足监管要求，又能推动业务经营取得成功的优秀合规解决方案；

■ 通过提供可行、高效、对业务友好的合规方案，确保 EFG 公司实现高水平的合规管理；

■ 通过高水平的合规管理促进业务发展，并由此为全公司创造价值；

■ 就组织内部的合规风险提出咨询建议，并且协助高级管理层将有关合规管理标准、政策和流程的最佳实践运用到日常业务工作中；

■ 合规并不是为了拖你的后腿，而是在你即将陷入麻烦前临渊勒马。这是在近期的合规官培训班上，设计合规声明比赛中的获胜作品。合规团队可以优先参考上述例证！

3.2　合规章程

3.2.1　合规章程的作用

合规章程是对合规宣言中包含的关键概念的延展。它可以实现两个目的，促进合规部门为公司提供服务，清晰地定义合规部门职责和权利的范围及界限。在一定程度上，它也可以被看成是一种合规部门与公司其余部门之间的合规服务协议——合规部门可以借机明确对公司整体可以做什么，并提出职能运作所需的基础条件。高级管理层可以为合规章程背书，使得每个人都明确其立场。这可以为今后处理分歧争议要求增加额外资源，以及采取实质性纠正行为提供依据。

在起草合规章程时，如果你用了公司惯用的语言措辞，将帮助你获得认同。公司是否有一些专门的行话、箴言，或是公司层面的任务宣言？公司内部的业务交流是否充斥着 MBA 式的演讲风格？是否有一些特定的词汇或短语似乎经常出现？如果在写合规章程时使用公司的"内部语言"，公司同事会更容易接受。

3.2.2　合规章程的内容

下面几段为编写合规章程提供一些非常有益的建议：

合规风险的定义

在章程当中明确合规风险的定义是非常有用的——可以参考第 2 章第 2.1 节中引用的巴塞尔银行监管委员会的定义。

合规责任

根据全球主要监管机构有关规定，合规章程应该清晰地界定高级管理层的合规责任并且明确合规部门协助高级管理层履职的角色。

合规章程还应规定，全体员工应该对他们的法律行为负责，以符合相关的规则、法规和标准。合规不应被视为合规部门完成的事情，而应该是一种公司整体所信仰的道德。为了加强这种认识，公司应该将每一个员工的合规道德列为年度考评的考虑因素，这就是合规章程当中最重要的内容了。当出现问题的时候，高管层很容易将责任归咎于合规官，所以在合规章程中应该强调高层的合规责任，以确保公司顶层人员切实关注并履行职责。将合规作为一种全公司共同信仰的道德以确保实现"合规事关每一个人"，比通过邮件宣传要有用得多。

合规部门职责的范围与边界

可用以下元素定义合规相关工作：

■ 部门、业务单位、法律实体等；

■ 法律、规则、行为守则等。

有些时候，合规工作由公司中的其他部门代为履行，甚至外包。如果是这种情况下，每个相关部门或人员的职责都应明确，以避免遗漏。如果合规工作是通过外包的，公司内部应该有人对此负责，对第三方的工作效果进行监督。

如果不想因其他部门的失误而受到指责，应该在章程中明确哪些事项不应该由合规部门负责。虽然因公司而异，但是应该从工作范围当中排除的事项包括数据保护法、遵守公司法、健康和安全法、投诉处理、向监管机构报送财务报告、员工培训等。在这方面有争议的领域是反洗钱，有时由合规部门负责，有时则由单独的部门负责。我一位前任老板曾经满脸严肃地向他的管理团队建议做好被批评的准备。就好比如果地面上有积雪，由于合规部门没有及时清理而造成有人在路面上摔倒，合规部门就会相应地受到指责。综上所述，合规责任必须明确。

合规部门高层次的目标

在这一节中，我们将向公司其他部门推销合规部门的工作内容，阐明合规部门应为公司所做的事项。这部分不应太过于细致，而应该简明扼要地概括出合规部门目标。它对于多数合规部门而言应该是大体相似的，且应该包括合规部门的一份职责声明：

■ 确保已经建立并执行管理基础设施，以有能力为相关的需要提供合规管理工作；

■ 确保公司内部已经执行了道德准则，员工按照公司各项规章制度诚信行事，即使有些行为没有具体制度或者管理要求；

■ 寻求与业务部门合作以成功推进合规解决方案，而非简单地提出要求；

■ 不断寻求、提高合规流程的效率，从而为公司增加价值；

■ 需求与业务部门持续并积极地对话，以了解其需求和目标。

合规部门的日常工作

本书第10章和第2篇A部分、第2篇B部分为合规部门的日常工作提供了大量的指导，从中你可选择适用于本公司的部分，并且可以结合公司自身情况有所增加。

由于篇幅所限，这里就不再对合规部门常规工作任务进行详细展开。那么编写这部分时，应该站在一个更高的视角，对合规部门应持续开展的工作进行简要概括。

要注意不要将这一部分内容写得规定过细，以致在风险导向的方法下降低合规部门的灵活性。

合规部门的权力

合规章程的大部分内容都是关于合规部门应如何支持其他部门工作的概括——业务部门有权从合规人员及合规团队获得预期的服务。但和所有事情一样，业务部门应该明白权利伴随着义务。业务部门应该知道，如果想从合规部门获得优质服务，就应该赋予合规部门相应的权威和手段。

对于合规部门来说可以借机提出恰当履行工作职责所需要的条件。同样，这一点因公司而异，但对于合规部门来说这里列明了一些共识，代表了合规部门成功履职所需的最低条件。这些事项大概或者应该包括以下内容：

■ 应聘任在公司具有一定地位的高级人员负责合规部门的运转；

■ 合规部门应有独立履行职责的能力。它不应该向业务部门报告工作，而应在董事会层面有所代表。

合规部门还应该有如下条件：

■ 如果公司的合规情况出现严重问题，应该具有足够的权威性通过直接渠道与相关人士进行接触，如首席执行官、董事会、审计委员会、非执行董事等，从而对此问题进行干预。公司内不应有任何事物阻碍合规官将其认为重大关切的问题汇报给公司高层。

■ 与公司人力部门进行合作，获得许可，对于各类违反规章制度、违反劳动合同、恶劣的不道德行为进行处罚并作出内部制裁决定。如果对于这些违规行为没有明确的处罚措施，合规部门的工作将会很无力。

■ 在合规管理所必需的合理范畴内，获取公司的任何文件、记录，包括个人文件。

■ 充足的各类资源，包括人员、计算机设备、办公场所、培训、差旅预算等。

■ 与公司的其他部门配合开展合规工作的权利。

公司其他部门的合规责任

公司其他部门的同事对于成功的合规管理同样应该作出相应的贡献。他们的职责包括以下方面：

■ 确保新业务和产品研发的合规；

■ 开展相应的合规培训；

■ 不断更新合规政策与流程；

■ 通告合规投诉和违规行为；

■ 通过合规部门协调，与监管机构进行讨论及会务；

■ 当有合规需求或关注事项时，及时寻求指导；

■ 就涉嫌洗钱、滥用市场行为或其他重大违规行为向合规部门报告（如果报告制度有相应规定的话）。

业绩评价

■ 当合规部门和其他部门的工作职责都明确后，如何在合规章程之下建立合规部门和业务部门双方业绩评价标准，以及其中任何一方不能履行职责将会承担何种后果非常重要。如何证明合规部门出色履行工作职责？如何证明业务部门不够配合？

■ 建议公司内部审计部门至少每年审计一次公司合规基础设施是否充分以及合规章程的执行情况。

向高级管理层报告

在这部分需要规定用来量化考核合规管理情况的管理信息类型。高级管理人员想要或需要由合规部门提供哪些事项？如何报告这些信息？频率如何？这在本书第 2 篇 A 部分"管理资讯"表格中，就该问题提供进一步指导。

争议升级程序

需要在合规部门和业务部门间建立争议升级程序。当业务部门没有及时告知重大业务进展的情况下，合规部门应该采取何种行动？当业务部门对所采取的合规工作措施有所不满时，应如何处理？最理想的当然是永远不需要参考合规章程的这部分内容，但是一旦有问题它可以未雨绸缪。作为合规部门不想遇到完全得不到业务部门配合的情况，业务部门也不希望合规部门每隔五分钟就跑到监管机构去解决双方之间的分歧。（监管机构和公司管理层同样不希望！）

合规章程的批准

合规章程并不是在合规部门内部编制完成，并提交给管理层就万事大吉了。如果仅仅是这样做，那是无法从业务部门得到真正认同的，因为业务部门会将合规章程仅仅视作合规部门内部文件而与自己无关。为了让合规章程真正发挥其价值，你需要让业务部门对其形成概念。

要以一种能够看得到的形式呈现出章程的价值；要让业务部门提出诉求；让高级管理层审查并讨论章程，以更适合他们的方式对其进行调整，如果有必要，合规部门在讨论时应予以回避。如果合规章程在达到双方满意之前经历了几个版本的修改，这是一个好的信号——在文件制定过程中，管理层参与的程度越深，他们就越会像合规部门一样把文件视为自己的文件，双方之间的配合程度也就会更好。因此，合规章程应该由更高层面来批准，无论是董事会、风险管理委员会或是公司内部其他高层决策实体，批准它的管理层级别越高越好。

另外一个要让业务部门认同的原因是，不要留给业务部门以口实，令其今后对合规部门做了哪些没有做哪些进行抱怨。如果业务部门已经签署了合规章程并在董事会层级批准了它，当其出现指责声音的时候，他们应该意识到，这其实是在指责自己的合规工作，而非合规部门的工作。即使业务部门的个别员工对于合规章程并不了解，或对其中的内容并不认可，有这么一份文件就非常有意义。诸如"你可能不想干这个，但是你的上司想让你干""这个别跟我说，去和首席执行官说，这是他上个月批准的"此类的话是非常有说服力的，尤其是快到发奖金的时候。

修订合规章程

合规章程可能不会长时间保持不变，最好按年进行审查修订，以便各方（如合规部门、高管层和业务部门）可根据业务发展、监管变化、市场情况、管理及流程需要等对其进行修订。任何变化，以及在下一个年份维持不变都需要董事会层面作出决定。

总结提示

合规章程不宜规定得太过细节，特别是在制度流程和合规部门职责方面；不要让其他部门负担过重，同时避免自讨苦吃。要注意合规工作杀伤力过度的问题。

第4章　合规信息收集

现在进入了这样一个时代，对于那些长期在合规领域兢兢业业工作的人来说，要掌握如何将公司及其业务投入到一个更广泛的法律与监管体系当中去。在此之前，我们先讨论一下这个观点的合理性。如果仅是满足于生活在合规的象牙塔中，每天朝九晚五、照本宣科，直到下班回家。那么不得不承认，确实没有必要了解公司在监管环境中是如何运作的。对于这种人来说，也就不必再读下面的内容了。

4.1　合规信息包含哪些内容

从另一方面说，如果想要引领公司在纷繁复杂的合规宇宙中游刃有余，那么了解公司在整个领域的定位就显得尤为重要。如果一位合规官决定按照本书第3章"合规理念传导"中所描述的高标准工作，那就需要关注环境中的诸多细节。要想取得这样的成功，需要获取大量的信息，这些信息构成了公司合规机制的基石。信息内容包括以下方面：

- 集团内的经营实体。
- 每个经营实体中的业务单位和支持保障部门。
- 外部服务提供商。
- 经营所处的监管环境：
    - 监管机构及其他行业标准制定机构；
    - 法律、法规、最佳实践等。
- 产品、服务和经营活动。

■ 与交易、监管事宜和其他相关领域的常用文件资料。

虽然从职务名称上看是合规官，但上面列出的几个领域已经超出了狭义的监管范畴。除了本能的好奇之外，这里还有一个更深层次的原因来解释这个问题。作为一位合规官，可能觉得不需要掌握银团贷款的工作方式或人力资源部门是如何运作的。然而这些合规领域之外的知识，即便是略懂一二，也能在一定的业务环境中为开展合规工作提供帮助，因此需要拓展对工作领域的了解。

例如，仅仅深谙金融业务规则，但如果不清楚自己的公司正在宣传或推广什么，公司的产品和服务如何运作，目标客户以及选择缘由，那么即使能把合规条款倒背如流，也只不过是纸上谈兵而已。

此外，对公司的运转了解得越多，自己获得的可信度就越高，可信度越高，认可度也就越高。这一行的特点就是"大拿"往往都是大忙人，很少有时间。如果有人向合规官咨询问题，能第一时间理解他们的问题关键点并给予意见，而无须依靠提问者进一步的解释，那么就能成为合规领域的佼佼者。大家都知道，企业随时都有可能向合规官提出任何要求，如果不能在他们认为合理的时间给出意见（通常是立即），就会失去他们的信任。大多数情况下，前台部门可能分不清一个表格的要求是来自人力部门还是合规部门，或者发给客户的一份协议是基于税务要求还是监管要求。这些事情对许多前台人员来说无关紧要。如果遇到此类问题，也不用沮丧，不积跬步无以至千里。

这里并不建议合规官去学习公司每一个工作领域的细枝末节——从前台如何整理文件到如何在清算系统中簿记一笔业务结构复杂的交易。重要的是培养自己能以一种业内权威的姿态与交易员交涉，以及掌握例如国际掉期与衍生工具协会（ISDA）是什么，为什么有这些要求，以及公司中哪些人能更好地帮助交易员等诸如此类的知识。这无疑能够支持合规官在公司站稳脚跟，能够避免遇到业务问题时，对其流程或者缘由无从下手；或者陷入对公司是否展开互换交易等情况一无所知的尴尬境地。

4.2 如何获取公司合规信息

在这一点上，毫无疑问并不可能有一本通用宝典可以帮助合规官获得与公司相关的所有知识。不过，好在有两件事情可以对如何获得这些知识给出一些思路。

1. 第5章中所包含的获得知识的基本方法对于合规官在面对公司所属集团以及具体部门进行实际工作时，对其所需要获得的数据类型给予了指导。这个方法是普适性的，需要根据自身条件完善调整并实时更新。这成为了一种关键工具，定义了工作职责范围。

当完成实际工作任务时，可能会发现在获取一些信息过程中遇到特定的问题。有三种情况会导致此类问题的出现：

（a）信息与自己的工作领域不相关，比如——在这个领域内没有固定的经纪人。这种情况下，显然不能收集这方面的任何信息。

（b）比如公司面临一个问题——没有固定的经纪人可以负责联系相关第三方，或者能对第三方的信息了如指掌。这就是为什么要做实地调查工作，把情况处于自己的掌控之中。

（c）信息掌握在少数人手里，而这些人吝啬于与别人分享信息，因为对某些人来说知识就是权力。他们以一种晦涩难懂的方式来交流这些信息（这是行业大拿惯用的伎俩）又或是他们并不知道有人想要了解这些信息（如果没人问，他们不会说）。

2. 本书对合规管理中关键组成部分提供了基本的总结概括，用于帮助信息采集。

这些信息可以从公司的产品、文件、监管机构、法律法规或公司其他部门中找到。

本书中的实际调查模型并不能覆盖所有的情形，使用者需要对那些未覆盖的领域自行增加要点，但如果在特定情况下需要涵盖此处未涉及的一些其他要点（比如一些海外监管机构的信息），需要根据自身面临的情形来完善调查模型。

在正式开启实际调查工作之前，还有一点建议。在这个阶段只需要收集信息，充分适应和熟悉自己的工作领域。通过这一阶段后，才需要进行分析工作：如监管规则 Y 如何影响产品 X，某部门的工作流程是否符合监管法规；是否有监管机构对该流程和流程的相关文档有监管要求，如果有，要求是什么？

以下章节将对"合规信息收集"如何从理论描述转向在实际业务中落实：把它分解成公司业务活动中的若干组成部分和这些部分所运转的环境。

具体来讲，以下章节会涉及这些领域：

■ 第 5 章：合规责任主体
■ 第 6 章：监管机构与行业组织
■ 第 7 章：法律环境与监管规则
■ 第 8 章：金融产品、服务及相关文档

第5章 合规责任主体

本章主要针对在你职责范围内的营运企业、公司部门和外部服务提供商等，在你需要掌握的基本且长期有效的数据类型方面，为你提供一些指导。

5.1 经营实体

首先，我们设定了一个非常简单的任务：列出你所在集团里你负有履职责任的营运实体。然后再列出你所在集团里你不负有履职责任的营运实体。对一些人来说，这个任务很简单明了，然而对另一些人来说，可能这个任务就没那么容易了。举个例子，如果你是一家公司的合规官，这是一家位于英国且受当地监管的独立公司，它并没有母公司，子公司或是其他附属机构，那么相对于那些在有多个分支机构的国际金融集团公司里供职的人来说，你管理领域内的合规职责履职难度就没那么大。下面来看看你的职责范围：

- 英国分支机构
- 海外分支机构
- 海外集团公司的英国代表处
- 英国公司的海外代表处
- 你的集团旗下多家受英国监管的公司
- 你的集团里不受监管的公司（注意：这些公司可能并不受制于 PRA 或 FCA 的监管要求，但是它们可能受制于其他的管理要求，如本企业的最优行为准则和规定、数据保护法、海外的领头监管者制定的规则等。你还需要留心，那些聪明的荷兰人为什么要蓄谋已久和这样一家不受监管的企业进行生意往来，因为这些企业可能利用交易资金从事不受监管的投资活动）。

- 特殊目的实体
- 投资基金
- 委托公司
  - 其他公司部分控股的合资企业
- 歇业企业——存在跟不受监管的公司同样需要注意的事项

对你承担着关键履职责任的每一个企业，你应当保持一个包含以下所列信息的信息日志，并经常地对这个信息日志进行更新。

那么，怎么处理其他你并不负有履职责任的企业呢？这需要具体情况具体分析。如果在世界的另外一头有一个已经歇业多年的集团所属海外部门，而且这个企业跟你的公司已经没有任何往来，那么你需要知道这个部门是存在着的以及它的主要联系人是谁就可以了。对其他的企业来说，你就应该多掌握一些信息，因为你永远不知道事情什么时候会发生变化，而这时掌握的信息越多越好。

需要的信息	要点
全称	■ 请留意任何一个缩写字母所指代的全称。 ■ 同时也要确认你使用了正确的公司名称，例如上市公司、股份有限公司、AG、SA 等①。
■ 曾用名称	■ 曾用名称可能与企业如影随形到令人惊讶的程度。如果你负有履职责任的企业先前因为曾用名而为人所熟知，那你最好了解一下这个曾用名。 ■ 人们可能仍旧用曾用名来指代这个企业，而你需要在谈论的时候知道他们的这种指代。另外，当你阅读旧的文案时，你需要知道哪个名字指代的是你负有履职责任的企业，而现在这个企业是由另外一个名字所指代的。

---

① AG 是德语词汇里面的缩写 Aktien Gesellschaft，意为"股份公司"；SA 系法语 Societe Anonym、意大利语 Societa Anonima 和西班牙语 Sociedad Anonima 的简称，均译为"股份公司"。

续表

需要的信息	要点
注册地址	你需要知道在正式的具有法律效力的协议、合同或其他文件里，应该填写哪个地址。
办公地址	■ 你需要知道当进行公事访问的时候，应该去哪里。 ■ 即使是一个独立的企业，它也有可能拥有好几个运营场所，如果这个企业的经营活动遍布很多个驻点的话，甚至在同一个城市，它都可能成立好几个运营场所。
主要的联系人姓名 联系电话 邮件地址 传真号码	当你需要与企业取得联系的时候，你找不到理由为无法取得联系开脱。
网站地址	能够对一个企业进行了解并且不断加深认识是很重要的，而且由于网站都被视为公布财务状况的渠道，其必须符合相关规定。
法人注册地 注册日期 法人注册编号 税务注册编号	对企业的基本信息做到了然于胸有益无害。
法人类型	这个法人到底是股份有限公司、上市公司、合伙企业、有限合伙企业、基金公司、特殊目的实体、代表处，还是分支单位呢？
当地监管者的名字	请记住很有可能不止一个监管者，所以请务必确认你尽可能记录了他们的详细信息。
当地监管部门的 批准日期	—
当地监管部门的审批 编号/登记编号	—
资本量	这会影响以下四个方面： ■ 受监管要求的资本量。 ■ 企业可以进行债务融资的数量。 ■ 企业可以进行债务融资的条件。 ■ 企业可以从事的交易类型以及相应的监管资本要求。 以上这些也会对监管者要求报告的频率和强度产生影响。

续表

需要的信息	要点
财务年度的完结	这会影响监管要求的财务报告日期。
实际控制人和其他附属机构	▇ 了解这些信息大有裨益——你需要知道谁是这个企业的"实际控制人"以及谁和这个企业存在"关联关系",这些都旨在满足监管的要求及向监管报告。 ▇ 你还要知道应该向谁发送与企业合规状况有关的管理资讯报告。 ▇ 另外,如果企业有一个受海外司法管辖区监管的母公司的话,那么可能企业需要进一步遵守海外的法律和规定。
上市情况	这个企业是否在交易所上市?如果已经在交易所上市的话,那么这个企业必须遵守上市规则。
子公司代表处分支公司	▇ 针对与受 PRA 和 FCA 监管的企业有密切关联关系的企业,PRA 和 FCA 都出台了一系列相应的规定,其中一个规定的基本要求就是一个企业的关联关系不能逃避监管者对其的监管。 ▇ 如果你负有履职责任的企业旗下有任何的子公司、代表处、分支公司或是特殊目的实体等,那么你最好尽可能地去了解这些公司,就跟你了解这个企业本身一样。
代理人的权利	你需要知道谁有合法的授权代表企业去签订合同,谁能指挥这个企业去进行交易,谁能够签发对监管者的回函,谁能够指定服务合作商等。
首席执行官和指挥官	▇ 指挥官和高级管理层需要得到 PRA 和 FCA 的批准,而如果这个企业是属于另一个司法管辖区,则其指挥官和高级管理层需要到海外的监管者那里进行备案。 ▇ 关于合规要求如何对高级管理层和董事会产生影响的指导意见详见第 2 篇 D 部分。
公司秘书	▇ 有用的公司信息源。 ▇ 关于合规要求如何对公司的秘书处产生影响的指导意见请详见第 2 篇 D 部分。
委员会	真正的权利掌握在委员们的手里,而你需要知道他们是如何工作的以及你最有可能和谁接触。例如,你可能不得不和委员们处理涵盖培训、争议、新业务、合规风险等领域的问题。你需要取得每个相关委员相应的权责范围的条款说明,并且弄清楚委员会的成员是谁。
合规官洗钱报告官	这些人都是你的同僚,你需要和他们好好相处,做到能够在临时通知的时候联系上他们——他们可能会提供有用的建议、指导和支持。

续表

需要的信息	要点
其他主要雇员	■ 知道谁是首席运营官、首席财务官、内审局领导、首席操作风险官、人力资源部领导、法律部领导、运营部领导，是很重要的。
	■ 毫无疑问，你还需要知道公司每个部门的领导的名字。
	■ 如果你手头上还有以上人物的详细联系信息，那就再好不过了。
审计师	■ 你需要和这个企业的审计师建立良好的工作伙伴关系，因为他们负责对企业进行财务审计，并且代表监管者行使其他权利。
	■ 如果你和你的审计师关系处得不错，你可能从他们那里得到一些关于合规问题的非官方的免费建议。你的审计师可能已经审计过许多受监管的企业，比如接触过与你所在企业类似的其他企业正在实施的控制措施，那么他也许就可能在这方面提供给你一些直观的感受。
法律咨询师	如果一个企业和某个法律公司有些紧密的关系，那么在企业获取为其正在从事的商业活动量身定制的监管建议时，这种关系就显得特别有价值。
企业或商业服务提供商	■ 每个企业可能有多个服务提供商——涵盖从保洁到搬运机密文件碎纸的承包商。
	■ 很显然，一些服务提供商和合规有着一些关系。
	■ 如果将任何服务外包给第三方，那么必须遵守 PRA 和 FCA 的管理规定——关于一般性的外包计划指导意见请参阅第 2 篇 A 部分。
业务部门	■ 请列出企业所有相关的业务部门，包括前台部门和后台部门。（详见第 5.2 节）
	■ 列出所有其他的部门，例如法律部、人力资源部、财务报告部。
	■ 关于企业里其他部门的行为及其如何对合规安排产生影响的指导意见，请参阅第 9 章、第 2 篇 C 部分和第 2 篇 D 部分。

5.2 业务部门

一旦你确定了你负有履职责任的运营实体，并且掌握了它的基本资料，你就需要开始熟悉企业的业务部门及其他部门了。你主要需要熟悉每个业务部门的以下几类信息，并且要经常对你掌握的信息进行更新。关于金融服务企业里各个业务部门行为的指导意见，请参阅第 9 章、第 2 篇 C 部分和第 2 篇 D 部分。

需要的信息	要点
全称 曾用名称	和每一个独立的法人企业一样，知道部门名称里每一个缩写指代的全称以及这个部门之前使用过的相关的其他名称，都是很有用的。
处室	■ 在大型的集团或公司里，每个独立的部门可能是由许多处室组成的，这些处室都有各自的目标、规程、业务模式等。 ■ 你需要知道你的部门涵盖了哪些处室。
跨国办事处	■ 有一些部门是跨国运营的，它们的员工分布在各个不同的地理位置，但是却作为一个团队一起协作。 ■ 这增加了合规官履职的复杂性，因为这就要求了解海外的雇员以及应付外国监管者其他的监管要求。
主要的内部业务 关系网	■ 了解一下与你负有履职责任的业务部门协作的有哪些服务部门，这是很有用的。 ■ 这些部门的雇员可以给你提供有用的信息，而且还可以与你在一些日常事务上进行协作，例如，你可以和人力资源部协作一次培训计划，又或者，你可以和法律部门协作如何拟定客户的协议。 ■ 如果你把整个企业上上下下的关系捋顺了，处理这些事情就会相对更加容易。
主要联系人的名字、 电话号码、邮件地址	你需要和他们保持联系。
被授权签章人	知道谁是被授权签章人可以让人觉察到一份文件是不是被并没有得到内部授权的人签章。
法律顾问 业务顾问 其他外部服务提供商	■ 掌握谁是首选的法律顾问和业务顾问至少是有用的背景资料。 ■ 然而，你很可能是为了解决各种监管问题的时候才有与这些人接触的机会，例如，需要拟定某份法律合同里的条款，所以预先知道你将和谁协作也是有用的。 ■ 你要能够认出那些将代表你所在的企业从事被外包的业务的服务提供商，从而更好地在外包业务上遵守 PRA 和 FCA 的相关规定。 ■ 关于外包安排的指导意见，请参阅第 2 篇 A 部分的内容。
内网的使用	企业的内部网站有助于收集到这个企业更多的相关信息，也可以用来张贴合规告示、表格、检查表、规程手册等。
高级管理层	■ 你不仅需要知道你负有履职责任的每个业务部门的总经理，还需要和他们打理好关系。

续表

需要的信息	要点
高级管理层	■ 这些高级管理层是沟通你和基层业务工作之间的桥梁。如果你能让这些经理们与你同心协力，那么你的工作将会事半功倍，因为他们会协助你浸透合规理念。他们还会想方设法保证他们的雇员遵守相关的规定，从而整体上形成一个"从上至下"的积极的合规氛围。
	■ 请记住 PRA 和 FCA 规定高级管理层负有合规履职责任，因此你需要认识他们从而方便提醒或者简要告知他们在合规领域负有的责任。
	■ 关于高级管理层更深层次的指导意见请参阅第 2 篇 D 部分的内容。
其他雇员	■ 你需要你所负有履职责任的每个部门的员工花名册，这样你就可以记录下来谁需要监管批准，谁受到 FCA 培训和资格认证规定的约束，谁受到了处罚，谁转换了部门，谁离职了需要进行监管指导等。
	■ 力所能及地去认识尽可能多的部门员工，因为如果你要是与某人关系处得不错，当需要向这个人传达一条可能感受上并不那么受欢迎的合规资讯的时候，这种友好的关系有助于化解种种尴尬。
	■ 确认是否存在"明星员工"，他们可能会迫于增加或维持佣金的压力而漠于履行合规的职责，或供职于管理更加宽松的部门以便于他们僭越红线。
	■ 确定是否有指定代表。
管理层的主要合规关注点	这条信息的重要性显而易见，因为你不得不和管理层共同协作来解决相应的问题。
产品、服务和活动	你需要熟悉每个部门提供的所有的产品，例如债券、组合贷款等，以及提供的所有服务，例如托管。
是否涉及交易所	如果你负有履职责任的业务是在交易所完成的，那么交易所的交易规则自然成为你必须熟悉的规则之一。
独特的卖点	作为背景知识，了解你负有履职责任的业务或是公司所拥有的独特之处是有用的。例如，它是否居于同业之首？如果事实真的如此，那么持续保持这样的地位需要承受相当大的压力。
收入是如何产生的?	■ 了解这些信息可以让你验证被收取的费用是否是合理的以及是否已经向顾客进行合适的信息披露。不仅如此，这些信息还可以让你发现那些产生全部收入的"明星产品"。
	■ 费用结构还可能导致利益冲突，例如某个咨询师有可能倾向于向某个客户推荐某个交易从而产生更多的佣金而不是因为这个交易符合客户自身的利益。

续表

需要的信息	要点
收入是如何产生的？	■ 了解一下薪酬政策也是有必要的。理想化地来说，雇员的薪酬应该以某种方式和他们的监管履职表现联系起来。因为如果一个雇员仅仅因为他（她）冒着违反监管的风险赚取了高额利润而获得一大笔资金，这就是不合适的。
用到的交易相关文档和客户相关文档	■ 列出部门使用到的所有交易文档，例如运行数据采集系统（ISDAs）。
	■ 列出部门使用到的所有客户文档，例如客户类型划分文件。
	■ 列出部门使用到的所有监管协议，例如顾客资金委托书。
	■ 列出其他在用的相关文件，例如服务层次协议、灵活佣金协议等。
	■ 关于文档的更多相关信息，请参阅第 8 章。
本年度的财务目标	■ 这不仅仅是有用的背景知识，知道收入目标的设定可以让你事先警觉在什么情况下员工可能会走捷径、冒风险及忽视监管要求。我敢妄言一句，当临近绩效季度的时候，这种情况尤其容易出现。
	■ 例如，如果某个雇员或某个部门远远达不到所定目标，而他们又认为通过和某个"可疑的"客户进行交易可以帮助他们达成目标的话，那么他们就很可能与之交易。
广告和营销	■ 部门派发的营销资料是对其进行了解的很好的背景资料来源。
	■ 而且你还需要知道正在筹备的市场营销资料是什么，从而你可以提前对其进行预览确保其符合相关的监管规定。
目标客户群	■ 了解你公司锁定的目标客户类型很重要，因为了解这些你可以明白 PRA 和 FCA 手册的哪些部分可以适用。
	■ 作为重要的背景知识，了解目标辖区和目标企业类型也是很有用的。
最有价值客户（现在的和潜在的）	■ 通过对与部门的高端客户群相关的诉求加急处理来赢得他们的信任。
	■ 你还应该考虑一下，和这个部门的高端客户群维持的良好关系是否会产生损害其他客户利益的行为倾向。
相关的贸易协会	■ 这也是了解你的部门所提供的产品和服务相关的背景知识的有用渠道。
	■ 这些协会可能也制定了你部门决定予以遵守的一系列的行为准则。
信息系统	■ 作为背景知识对其加以了解是很有用的。
	■ 你也可能会用到业务系统来准备推动合规履职责任落实的报告，并对其落实情况进行跟踪。尤其是在新的信息系统开发阶段，当完成了对新信息系统的购买，或是完成了和其他企业的并购重组而且需要选择一个更优质的信息方案时，对企业的信息系统进行了解就变得尤为重要。

续表

需要的信息	要点
前 12 个月的最优交易	这些都是有用的背景知识。
前 12 个月的最差交易	—
竞争	■ 这是有用的背景知识，特别是当你发现媒体曝光你的主要竞争者存在某些监管问题时，这可能意味着你的业务模式将会有所变化，因为客户群可能抛弃你的竞争者而投向你的企业，或者因为客户群认为你所在的市场领域风险太大，普遍都离开了，从而你的业务剧减。
	■ 无论这对整个行业的影响如何，很显然，值得一做的是去调查到底你的竞争对手在哪里出了错，从而确保你的企业不会重蹈覆辙。
挑战	■ 了解你的部门所面临的挑战可以帮助你更好地和部门的计划携手并进。
	■ 这也可能预示出在哪些领域员工可能更倾向于承担最大的风险，从而你应该对这些领域保持高度的关注。
监管环境（法规视图）	你需要识别出所有可能对你的业务产生影响的立法、规定和最佳行为规则。关于制度图例的更多信息，请参阅第 7 章和第 2 篇 A 部分。
手册、规程和规则文件	■ 这也是有用的背景知识。
	■ 你需要浏览这些文件以确保它们没有包含那些不符合相关规定对合规要求的行为规程。
	■ 你还可能需要对这些文件增加一些相关的监管要求。
风险	■ 你需要意识到那些会对部门造成影响的主要风险，以及它们是怎样被管理的或是否需要采取任何的补救措施。
	■ 很显然，并不是所有的风险都与合规直接相关，但是意识到在其他领域的风险可以为你提供关于一些事件有用的背景知识，这些事件可能会影响到部门的行为活动。
	■ 参考其他职能部门度量的业务一般性风险，可以为你在识别和管理合规风险时提供有用的提示。
	■ 如果需要的话，决定需要合规部门采取什么应对措施。
利益冲突	■ 你需要进行一个全面的检查，标注出所有可能影响部门的利益冲突，以及这些冲突是如何被管理和弱化的。
	■ 你还需要识别出可能的分歧，并尽可能快地制订计划采取补救措施。
	■ 利益的冲突是全世界的监管者面临的核心课题，如果这个问题处理不好，你将为之付出惨痛的代价。
	■ 更多的信息，请参阅第 2 篇 A 部分。

续表

需要的信息	要点
近期的监管问题	■ 你绝对需要了解这个部门的监管历史。
	■ 如果这个部门最近没有监管问题，那么这很好，努力维持这种状况。
	■ 然而，如果这个部门最近发生了监管问题，那么你需要全面对这些问题进行了解，例如，这些问题是怎么产生的以及为什么会产生，谁是履职失职的人，这些人是否还在本公司工作，监管者是否还在持续跟踪这个问题，补救措施是否已经到位，这个问题是否存在屡犯的风险。
监管的热门话题	■ 确认最近是否存在与部门相关的监管处罚。
	■ 确认最近市场上是否存在下述监管问题，即会对你负有履职责任的部门所从事的业务普遍产生影响，例如，通过阅读财经刊物并且浏览监管网站来确认最近是否颁布了新的政策文件。
	■ 是否存在会对部门所提供的产品或服务类型产生影响的任何问题。
在前 12 个月的变化	把你当前的情况放进发展背景里来看，会更有用。
准备在未来 12 个月产生的变化	■ 这是非常重要的信息。你需要了解业务计划是如何进行发展的，从而你才能在适宜的时间点提出届时可能产生的合规问题。
	■ 确认各个处室在未来 12 个月的计划，并且评估其对合规性、产品、结构、服务等产生的影响。

5.3　外部服务提供商

一些非集团所有的公司，也是整个监管体系的一部分，同样会影响你负有履职责任的企业是否达到监管要求。因此第三部分包括的内容有：

■ 英国经纪商、海外经纪商和中介经纪商；

■ 业务咨询师、经纪人和顾问；

■ 指定的代理人；

■ 关系密切的代理商；

■ 在英国和海外都拥有分支机构的公司，并将其一部分的监管履职外包或者在内包的基础上提供服务；

■ 投资基金的经理、分销商、托管人和发起人。

随着合作的性质不同，你需要了解的这些非集团所有企业的信息就会有差别。至少你需要了解以下信息：

需要的信息	要点
联系信息	地址、联系电话、网站。
公关经理	第三方企业的关键联系人。
内部公关经理	你公司的哪个业务处室和哪个员工具体负责与这个第三方企业进行沟通？
关键日期	■ 什么时候开始开展的合作？
	■ 如果是初次合作的话，计划的合作开始日期是哪天？
	■ 当合作即将到期或将接受评估时，是否设置了具体的日期执行下一步安排？
客户身份识别（KYC）	■ 这个企业是否有必要满足 KYC 的监管要求？
	■ 如果有必要的话，KYC 的相关要求是否已达到，且相关的文档记录是否及时更新？
合作的本质	这个第三方企业主要为你的企业提供什么服务或产品？
受监管的情况	■ 这个企业是受英国监管还是受海外监管？
	■ 如果受监管，那它受监管的情况如何？
	■ 它受监管的历史记录怎么样？
背景	从合作开始迄今为止，合作关系怎么样？是融洽的合作关系吗？如果不是的话，那么存在的主要问题是什么？为改善这种关系采取了哪些措施？
计划	在近期，这种合作关系会发生变化吗？
外包	■ 这种合作关系达到了在 PRA 和 FCA 监管框架定义下的主要外包的情形了吗？
	■ 如果符合的话，那么是否达到了相关的监管要求？（请参阅第 2 篇 A 部分）
监察和监督	■ 是否需要对由第三方提供的服务质量进行实地监督检查？如果需要的话，上一次是什么时候进行实地监督检查？如果不需要的话，为什么不需要？确保存在这些监督检查是很重要的，尤其是当外包的业务对你公司的平稳运营至关重要的时候。
	■ 另外，第三方企业是否有权对你的公司进行实地监督检查？
合同条款	■ 浏览你公司和第三方签订的合同，从而加深对合作关系的认识。
	■ 如果合同条款涉及业务外包，那么这些条款必须满足相关监管要求。

续表

需要的信息	要点
费用	■ 向这个第三方企业提供的服务进行付费的基础是什么？
	■ 如果必要的话，这种付费是否已经向公司客户进行了披露？
	■ 这种费用结构是否包含了非金钱佣金？
内部要求	你公司是否存在内部的政策或规程以规范和第三方的合作？

关于和第三方的合作，更多的指导意见请参阅第 2 篇 A 部分。

第6章　监管机构与行业组织

6.1　监管机构与行业组织概述

当你勾勒你负有履职责任的管理脉络时，你需要识别出你企业的监管机构和其他构成你企业运营环境的组织和机构。显而易见的是，掌握那些拥有制定规则权利或是当出问题时能让你陷入麻烦的机构的详细信息，是至关重要的。但是优秀的合规官并不会满足于此，他们深深地懂得，了解所有与他们所从事的业务相关的行业组织有多么的重要。他们会去了解以下内容：

- 本国的和国际的相关政府部门；
- 中央银行；
- 贸易协会；
- 国际组织；
- 交易所和清算所（关于这两者更多的指导意见请详见下文）；
- 执法机构；
- 在某个领域内有共同立场的金融服务公司的非官方组织；
- 消费者团体。

同时，不要忘记媒体，当媒体在感兴趣的领域里发声表明立场及影响大众想法和决策的时候显得特别有号召力。上面我们已经列举了几类非监管的行业组织，以下是之所以要关注它们的原因：

- 他们有可能通过游说监管者或政府当局从而促成相关监管规则的制定（很可能这时候你正在为某个问题焦思苦虑并且想参与到相关规

则的制定中去）。

■ 他们可能提供了你的同业争相采取的最佳操作标准（你当然也不想落后于人）。随着英国近来转向以原则为导向的监管（请参阅专栏1 "以原则为导向的监督" 和专栏 7 "行业实践标准"），前述情况变得越发重要了，我们也可以预见到，我们将更多地受到以行业为基础的行为准则的指导，而并非我们通常遵循的描述性规定。而且，即使美国还维持着大量以规定为基础的监管模式，世界上很多国家已经逐步在实现向更多地以规则为基础的监管模式转变了。

■ 他们可能对监管的某些特定领域或是对监管的发展提供指导意见。

■ 他们可能提供培训。

■ 他们可能提供交流的机会。一些组织会开展经常性的会面，从而你有机会见到行业里的其他从业人员，并了解其他同业公司的发展状况，以及他们正面临什么类型的问题，他们怎样制定某些特定的规定。而且你认识的人越多，当你碰到棘手的问题时可以寻求指导的人就越多。

对于每一个你视为相关的监管者、标准制定主体或行业协会，了解他们如何对你的企业产生影响，你团队里具体由谁负责与他们进行关系维护，这些都是很明智的行为。

如果你还承担国际化的履职责任，你还应该知道与你履行特定职责相关的辖属区内的监管主体。

6.2　交易所

交易所与监管者、中央银行和政府一道在监管领域内发挥着非常重要的作用。交易所的监管者要求交易所制定健全的制度，用来规范在交易所上市的公司和在交易所进行交易的企业。交易所的成立史可以追溯到几百年前，但是它在近二十年发生的变化之大足以赶上之前所有的变化。对合规官而言，如果想要对从事的行业有一个全面深入的认识，那么了解交易所的这些发展变化就显得很重要。

交易所通常是由占有一定市场份额的成员公司控制和运营的，而且交易所很可能在某种程度上被视为国家实力的象征，因为它们构成了一个国家的行业生产力、经济发展潜力和整体的金融实力。但是现今这种爱国主义情怀已经被淡化了，很多交易所都完成了股份制改革从而简化为一类特殊的公司，这些机构国际化地运作，有时自己报价买卖公司证券，试图赚取利润并且面临着竞争（正如我们将要在下文里谈到的那样），与别的公司无异。然而，尽管发生了这些变化，交易所的传统功能还是或多或少地保持着，总结如下。

公司的资金募集

证券交易所为即将公开发行股票或是即将上市的公司提供帮助，发挥其发行股票的中介服务功能，扩大有意愿、并且能够对这些公司进行投资的人群范围，如果这些公司能够如愿上市，那么交易所的服务也会增加其用于发展业务的募资总额。首次公开发行股票之后，这些公司可以持续通过证券交易所进行资金募集，一方面它们可以采取发行新一轮的股票（第二轮公开发行）的方式，另一方面它们也可以采取公开发行公司债券的方式。在公司以扩张为目的的募集资金过程中，交易所发挥的作用对一国经济的发展至关重要。需要注意的是并非所有的交易所都具有上市的功能。

交易和流动性

一旦某个公司在交易所上市，那么交易所将为这个公司的证券交易提供集中交易的场所。交易所具备有组织的市场交易席位形式，这使得投资者得以找到他们想卖掉资产的对应买家和他们想购买资产的对应卖家。因为交易所采取做市商制度来维持某些股票类型的流动性，所以投资者知道他们如果在规定的交易数量内买卖总能够找到交易对手。

价格发现和标杆

集中交易市场的另一个重要作用是它有助于加速确定已在交易所上市的证券的公平市场价格——任何人如果要价过高都需要调整他们的定价，或者只能转向市场外进行交易。因此，交易所树立了对金融市场的信心，因为在交易所里进行的交易都能够让投资者感到踏实——他们既不会为所买的支付溢价，也不会为所卖的承担折价。定价是金融市场的核心，而由交易所确定的价格水平可以用作他用，包括：

- 股票估值，例如：市盈率，速动比率等；
- 构成市场指数，其被用于：
    - 判断整体经济形势的标杆；
    - 判断某个市场经济形势的标杆，例如：贱金属市场和石油市场；
    - 评估个别产品或集合基金的市场表现；
    - 其他产品的基础，例如差价合约；
    - 衍生品和结构性产品的基础。
- 评估集合投资的计划单元；
- 资产组合估值；
- 决定何时需要增加补充保证金。

有组织的市场

交易所提供了一个有组织有结构的市场，从而为在此进行的交易提供了一个可控可测的交易环境。给市场参与者这种保障对于维持整个金融市场的信心是很重要的，而且当交易所与某个共同对手方或是清算所共同协作的时候，这种保障就进一步得以加强，因为这些组织可以提供足够的交易安全。

投资策略

衍生品交易所为市场参与者提供了采取一系列的投资策略的机会，例如通过锁定未来某日的价格（对冲）的投机或转移风险方式来最大化他们的收益。

企业重组

股票交易所为进行要约收购提供了便利。

监管

由于交易所具有的所有上述核心功能，它们在发挥这些功能时保持公正、公平、公开对于维持市场参与者对市场的信心来说是至关重要的。事实上，正是由于交易所对金融市场的正常运营如此重要，所以要求它们必须对市场参与者施加严格的规定，同时它们本身也受到监管。它们制定的规定涵盖了相当广泛的市场行为，包括：

- 上市（在英国，这个规定是由 FCA 制定的）；
- 设定会员标准；
- 交易时间和交易数量；
- 透明度；
  - 上市公司必须尽可能快地披露重要实质性信息，这是打击市场滥用的重要手段。
  - 交易后价格和情况报告。
  - 交易前指令公开的要求。
- 对新的交易所交易产品的审批；
- 加速市场参与者之间的争议处理；
- 监督以识别市场滥用和其他不适宜的市场行为；
- 惩罚安排。

除了上述传统的市场行为之外，交易所也逐渐开始发挥营销的作用，在面临其他交易所以及一系列具有替代性的交易机制和会所带来的竞争压力时，交易所也开始着重推销它们的服务。事实上，在资本市场运营的较大公司已经建立了它们的大户交易室，从而有时避开了使用交易所；资本水平和风险体系如此，从而交易所致力于争取客户订单。另外，全球化的加剧意味着国际化的公司上市不再只受限于法人所在国。

这还意味着一国的交易所可能在另一国成立。交易所之间日益激烈的竞争导致其商业追求和监管责任之间的冲突，引发了广泛的关注，其中大部分的争议集中在以下领域：

■降低标准——交易所之间的竞争可能导致会员公司准入标准的降低，从而损害市场的完整性。这当然也是某些作为竞争对手的交易所对 AIM 提出的异议（也有可能这只是其他交易所的酸葡萄心理，毕竟 AIM 的发展如此成功）。

■监管投资——交易所可能倾向于在它们的监管基础设施上投入更少的资金从而释放资金用于那些对它们的盈利更能产生直接影响的活动。

■监管筹款——交易所是否会把它们对市场参与者的金融罚款作为收入的一个渠道？长期来看，这不太可能，如果交易所这样做肯定会让其会员公司望而却步，但是短期来看，为了度过财务的困境，交易所很有可能这么做。

■对竞争者的监管——如果某些公司能够提供与交易所存在竞争性的交易执行会所，那么当交易所对其（要么作为市场参与者，要么作为上市公司）进行监管时，这些公司就很可能不公平地遭受到更严苛的监管监督。

■公共服务——由于交易所发挥着稳定一国经济的基础性公共作用。当交易所不再提供这些重要的基础性服务而转向充满不确定性的商业领域，追求利润而不是提供公共服务，一些人认为这样的改变风险太大。

为了防范这些可预见到的风险，交易所必须遵守相关国家监管当局制定的规定。一些交易所的监管职能也逐步被剥离，例如，在英国，伦敦证券交易所（LSE）不再担任上市公司的主管机构。

尽管交易所普遍具有上述的特征，但是就交易所如何运营以及它们提供什么服务还是存在相当大的差异。一些核心的区别罗列如下：

■ 提供的产品——一些交易所为公司提供募集资金和上市的渠道，而另一些交易所并不提供上市服务。某些交易所并不交易上市证券，它们只交易衍生工具。某些交易所还提供现金交易和商品交易的服务。

■ 交易形式——交易可以通过在交易所面对面地进行（称为"公开喊价"），也可以通过电脑和电话进行，还可以通过交易所自有的电子交易系统进行，或结合以上这些方式。

■ 交易方式——最简单的形式是交易所仅仅是某项资产的潜在买者和卖者的集合地点，并不具有把这两者的利益联系起来的特定机制。这种机制（或者缺乏交易一方）在现代交易所里并不存在，因为它并不符合现在人们对其提出的核心要求，即能够提供一定程度上的流动性的预期，例如，即时存在的买方和卖方，反之亦然。

现代的交易所通过运用两个主要的机制来达成这个目标，第一个需要长期建立但是技术上并不复杂：

■ "做市商体系"直接为市场中的股票交易或是其他产品交易提供流动性，特别是对那些股票发行量比较小缺乏"自然"流动性的公司。在这种情况下，经纪人以某个交易数额对某种产品承担做市的角色（报出一个买价和卖价），并换取一定的收益。

■ 另外一个机制，主要适用于具有更多"自然"流动性的公司证券，例如，交易顶级指数股票，如 FTSE100 指数，使用的是电子交易委托账本。在这个交易里，在一系列可能的限制条件下，可以匿名地报出任何数额的买卖指令，而且当存在和给出的交易指令匹配的买卖指令时，这个交易就可以达成。

对合规官而言，可能存在的最大区别就是地位的不同。上述的交易所功能里，只有极少数的功能（例如，上市和形成市场指数）仅能由"传统"交易所提供，还存在很多其他的公司可以募集资金的机制，通过这些机制可以达成交易并且评估价格，这些就是传统交易所的竞争对手。

直到几年前，交易所进行交易的主要替代方式变成了直接与交易对手进行交易，称为"柜台交易"或场外交易。但是随着信息科技的发展，尤其是互联网的发展，产生了一系列的混合交易便利，它们既不属于传统交易所，也不属于场外交易的模式，即现今的"非官方"或是虚假交易所。

监管者们对他们认为的真正的交易所进行了定义。例如，在英国，从监管视角来看，交易所要能够达到并遵守2001年版监管条例中《金融服务和市场法》（FSMA）和《2000年金融服务和市场法》（FSMA 2000）（交易所和清算所的认可要求）提出的相关要求。任何组织可以看上去像是交易所或者从事类似交易所的活动，但是如果它们不能得到FCA的批准印章并且被允许使用"交易所"的商标的话，那么它们就不能提供给投资者其已受到监管的认证。指代各种不同类型交易会所的专业术语容易让人迷惑不清，以下是一些指导意见：

会所类型	要点
受认可的投资交易所	这是指那些在英国成立的并且符合 FCA 的许可标准的交易所，它们将持续受到 FCA 的监督。
指定的投资交易所	这是指那些在英国并不活跃但是被 FCA 视为能为消费者提供足够资金安全保障的交易所。
受监管的市场	受认可的投资交易所可能包含不止一个市场，并不是其每个市场都符合"受监管"的标准。例如，伦敦证券交易所的国内市场是"受监管"的，但是全国性的二板市场（AIM）并不是（而是受交易所监管的市场）。
受交易所监管的市场	对想获得社会融资的新成立的和规模较小的公司设立了一套相对宽松的监管体系。这个市场上的证券也被视为是上市的，但是适用于"受监管的市场"的上市规定在此却不适用。在《金融工具市场指令》MiFID 规定下，这里必须严格符合交易前和交易后透明度的要求。
多边交易便利[①]	多边交易便利（由 MiFID 创造的术语）提供与交易所相同类型的交易便利，但是并不需要满足监管的要求（尽管还是需要获得从事投资业务的授权）。交易是通过电子渠道直接在交易对手间进行的。

续表

会所类型	要点
系统性内部管理者①	系统性内部管理者（由 MiFID 创造的另一个术语）通常是投资公司，因为它们持有大量的证券储备，它们能够在内部执行客户的指令。
电子交叉网络或电子通讯网络①	多边交易便利的别名。
另类交易系统①	多边交易便利的别名。
（网络）公告牌①	公告牌可以方便卖方公告他们想要卖出的商品，从而买方可以查看有什么可买的商品。公告牌并不是一个提供执行买卖交易的平台。

注：① 场外交易。

这些非官方的交易所受到的监管审查力度不大（如果受到审查的话），从而在某种程度上使投资者处于始料不及的未知领域。既然如此，那么为什么投资者会愿意承担这么大的风险去使用这些非官方的交易所呢？主要是基于这些非官方交易所的灵活性和低费用性：

■ 灵活性——如果投资者直接聚集在一起，只要他们能够找到交易对手，他们在选择以自己喜欢的方式进行投资时多多少少拥有自主性，而并不受制于交易所所允许的那些投资品种或投资合同。

■ 低费用性——因为这些虚假的交易所通常只有一个小型的物理驻点而并不需要对拥有一整套规定和要求的基础设施进行维护，因此具有价格优势。

这些非官方的交易所对整个金融服务行业有什么影响呢？可能会导致相当大的社会舆论焦虑和经济环境变化，因为随着交易所试图捍卫它们的地位而不被替代，它们正在形成跨境的联盟，而这将导致一些国家失去对本国交易所的控制能力。正如我们之前所说的那样，虽然交易所实际上是拥有特殊功能的公司法人，但是它们还是通常被视为国家地位的象征，甚至是国家的一面旗帜，那么国人一旦想到他们国家的交易所正落入外国控股人之手就近乎抓狂。

不久之前，随着八九个重要的交易所的合并，推进过形成一个"大型"欧洲交易所的计划，但意料之中的是这些交易所的管理层并没有达成一致意见。然而，从那时起，一系列小范围的联盟逐渐形成了，例如，伦敦证券交易所和意大利证券交易所的联盟，欧洲交易所和伦敦国际金融期货交易所（LIFFE）的联盟，接着2007年欧洲交易所与纽约交易所合并成立了纽约泛欧交易所。全球的跨境交易所并购者不断进行新陈代谢。

合规官对这些变化不能视而不见，因为交易所的国际联盟将对监管产生深远的影响。例如，2006年，纳斯达克市场有意并购伦敦证券交易所从而引发公众的担忧，作为美国企业的附属机构之后伦敦证券交易所是否需要遵守《萨班斯—奥克斯利法案》，如果一旦遵守，那么将有大量新上市的公司从纽约转移到伦敦，因为后者的上市体制相对而言更加灵活更加实用。

英国政府当即作出回应并且通过了2006年版《投资交易所和清算所法案》，从而确保无论交易所的持有者属于哪个辖区，必须遵守交易所所在国的规定。最终这个并购交易并没有成行。

不少人担心，大量的交易会所会导致市场流动性的分割，从而总体上从商业角度来看，组建一个"大型"欧洲交易所的观点似乎是明智的：我们拼凑式的工作方式以及缺乏流水线的工作效率产生的高额费用有可能使我们在与美国同业竞争时处于劣势。但是美国建立了必要的全国一体化监管体系，而欧洲并没有。尽管我们已经和《金融工具市场指令》（MiFID）达成了某些一致意见（请参阅专栏9），但我们的监管蓝图还不统一，在我们准备好迎接一个完整的欧洲交易所之前，其路漫漫。

与此同时，我们的金融市场上存在着多样性的交易会所及其对流动性的竞争。这对合规官会产生以下几方面的影响：

■ 众多的执行交易会所意味着需要跟进更多的规定和要求；

■ 因为可以执行交易的会所众多，更难发现最佳的交易执行；

■ 需要维护更多的监管关系，从而可能有更多的监管查访，更多的监督检查，更多的惩罚措施等；

■ 了解不同类型交易执行会所的差别变得更为重要，因为市场滥用指引仅适用于被监管的市场，但并不是所有的交易便利机构都属于被监管的市场；

■ 因为在交易所里和共同对手方进行的交易正在减少，这将产生更大的结算风险或交易对手风险。

6.3　清算所

清算所之于交易所就如同金融服务公司里的后台部门之于前台部门，它们的作用是便利它们所支持的金融市场上进行的交易的结算。尽管清算所也能被用作未在交易所达成的交易的结算（场外交易），它们通常还是和某个投资交易所协作的。事实上，清算所匹配买卖双方，确保买者得其货、卖者得其资。清算所还便利了初始保证金和追加保证金的收支。

在很大程度上，清算所采用两种结算模式：一种模式使用一个不断更新的系统作为共同对手方，而另一种模式是允许买卖双方面对面地直接进行结算。第一种模式大大降低了市场参与者的结算风险/信用风险，因为清算所自动成为每个交易的交易对手方（也就是说，于卖者充当买者，于买者充当卖者）。清算所拥有很多的方式从财务上为自己及其会员提供保护保障，例如实施初始保证金和追加保证金的要求，对会员设置最低的资本充足要求。第一种模式也便利了净结算，应收和应支的部分数量相互抵销，每天进行一次净的资金收付和证券交付，而不是需要与无数交易方逐笔进行资金的收付。最后，第一种模式也允许公司匿名交易，因为公司通常是和清算所进行结算的，它们并不需要知道与它们进行交易的到底是谁。

如果不是采用第一种模式，进行交易的一方就得承担结算风险/信用风险，因为如果买方无法支付所买资产的对价，已经进行资产交付的卖方就要承受信用风险引发的损失。

在英国，金融行为监管局有权利和义务对清算所的活跃程度进行认定和监督。清算所需要遵守 2000 年版《金融服务与市场法》和 2001 年版投资交易所和清算所认可的相关要求，才能取得金融行为监管局给予的认可。在 2000 年版《金融服务与市场法》的规定下取得被认可的地位可以免于得到从事投资业务需要的授权。因为只有最值得信赖和经营良好的组织才能被授予，才能得以维持被认可的地位，这也起着保护盾的作用。关于金融行为监管局对被认可的清算所进行监督的更多信息可以参阅其编著的被认可的投资交易所和被认可的清算所资料集。

第 7 章 法律环境与监管规则

作为一名成功的合规官，你应该已经或者今后需要，罗列出适用于你公司活动的所有法规。如果想把工作做到极致，知晓哪些法规适用之后，你还需要能够设法绕过这些法规，因为总有些时候你会不确定某条规则意欲何为，来自哪里，若你或你的同事不遵守，你公司可能会被罚款（或更糟）。

有时，满足某要求的唯一途径是寻根溯源，即找到该要求诞生的相关法规条文。在定义术语和概念方面，法规自然也有用。举个例子，读者要理解金融行为监管局（FCA）的术语常常需要参考《金融服务与市场法》的相关部分或者欧盟指令等其他更费解的文档，如果你手头没有相关法规或者你不知道去哪里找它们，就会很麻烦。

显然，对于在英国从业的大多数金融服务公司而言，《金融服务与市场法》是最重要的法规，然而这并不代表你可以无视其他法规。能直接影响金融服务活动的其他法规也很多，你都需要了解，如果违反某些法规则会遭受重罚。

最后一个重点是，别心存侥幸，指望管理层在合规方面打马虎眼。如果你非常了解相关法规之下你公司高层需要承担的个人责任，如果你能给管理层讲几个其他公司管理层违规被问责的生动案例，如果你在讨论为什么需要引入某种管控（不论成本多少，不论可能造成多少不便）而意见相持不下时透露点类似的信息，那么老板再如何不情愿也会惊人地积极配合，按照你说的去做。适用的监管法规可分为三个大类：

1. 专门针对金融服务业的法规，如英国 2000 年出台的《金融服务和市场法》。

2. 仅仅适用于某些类型金融服务活动的法规，如《汇票法》。

3. 与金融服务多少有些普遍相关但对金融服务影响甚大的法规，如《犯罪所得法》。

也应该记住，存在大量与英国金融服务公司有关的海外法规。为何如此？专栏 6（全球化经营的合规问题）给出了一个例子。

一旦辨明了与你公司相关的重要法规，你就应该确定哪些法规主要由合规部门负责，哪些法规由其他部门负责。然后可以把其记录在《合规章程》（见第 3 章）中，免得分工不明。

针对公司里由你负责的法规，制订风险管理和缓释方案，也是一个好主意。需要涵盖的事项总结如下。

问题	点评
责任	如果你们部门很大，并且/或者需要注意的法规很多，你可能希望责任到人，将法规分解到每个团队成员。
适用性	明确法规的适用程度，列出其相关业务部门、活动和产品。
风险	针对每部法规，确立公司的关键风险。
控制措施	记录针对已辨明风险实施的控制措施。
不足	识别与已辨明风险相关的控制架构中存在的不足之处。
行动计划	制订行动计划，纠正以上不足之处。确保定期记录并跟踪进度。
评估频率	根据法规带给你公司的整体风险水平，决定你该多久监督一次合规情况。评估频率因法规而异。
风险	某法规的整体风险评级为何？你的风险评级可以基于如下一些因素。
	该法规处罚的严重程度。
	处罚的频率。
	该法规对你公司的适用程度——适用所有业务还是仅仅适用于一部分业务？
	合规部门是否对遵守该法规负有主要责任？还是说，其他部门对此负有主要责任，合规部门只是略有涉及？

如果你有国际业务，那么你还要调查与之相对应的行政辖区内的法规。

很容易就能在网上找到英国规范文本，以下网站尤其有用——www. legislation. gov. uk。该网站成立于 1991 年，该年份之前的法规你可能要费劲找找，但是多数相关的英国法规在该网站都能找到，特别是因为网站包含了后续对法规做的修订。

7. 1　监管规则梳理与视图绘制

作为一名合规官，一旦你找到影响你公司的各项要求的不同源头（法规、监管、行业最佳实践等），你就要着手处理合规官应该关心的三个最根本的问题了：

■ 公司现在需要遵守的要求；

■ 对于公司活动的计划调整，当前监管有何影响；

■ 监管体系的计划调整对公司有何影响。

处理这三个根本问题的唯一途径是，"撸起袖子"绘制可靠的规则视图。目前，绘制规则视图可能是人类已知的最无趣的活动之一——没有人对此提出过异议。但是，想做成功的合规官就避不开它（除非你能说服一个可靠的同事替你做）。

需要从两个层面绘制规则视图：

1. 宏观层面——了解你所在行政辖区的监管架构。

2. 细节层面——了解该监管架构会如何影响你的公司。

第 1 章简要总结了英国金融服务业监管环境的宏观层面。对于你负责的实体所在的海外辖区，你可以参照此章收集相关监管环境信息。

7. 2　单一管辖区监管规则视图

首先，对同一行政辖区的公司而言，宏观层面的规则视图相当相似。一旦你建立起了监管架构，你就需要填充细节，因为不同公司从事不同类型的活动，意味着一个行政辖区在宏观层面的安排会以不同的方式影响该辖区内的不同公司。比如说，不是每部法规的内容都适用于每家公司。

在绘制规则视图的细节层面，你需要确定鉴于你公司提供的产品和服务，特定行政辖区监管机制的各个组成部分对你公司有何影响。此外，不要忘了你公司已经实施的所有内部政策和流程也是你监管体系的组成部分。

如果你的公司较小，只有一种业务，那么一份监管视图可能就够了。但是，对于很多合规官来说，故事没有这么简单：抛开适用于一家公司所有业务活动的宏观层面要求，不同的业务活动适用于不同要求。比如，如果你细究规则手册，你会发现，并不是任何情况下都要用上所有细节。举个例子，如果你没有资产管理业务，那么你不太需要留意《集体投资计划资料汇编》。

绘制规则视图的细节层面有两种方式——自下而上式和自上而下式。

■ 自下而上式——立足某部门、产品、活动等，找出所有适用的条例、法规等（第 2 篇 C 部分和第 2 篇 D 部分给出了一些指导，可以之作为出发点）。

■ 自上而下式——到目前为止，规则视图绘制过程中最精细、最耗时间的部分。立足一组条例或一部法规，明确每一条要求如何适用于你公司相关的所有部门、产品、活动等。这个过程需要深入很多细节，如果是某个你不熟悉的领域，那更值得尽可能细化。假设某公司有机构销售、自营交易、投资研究、公司金融四个部门，如何以自上而下式为其绘制规则视图？以下的图表给出了一种模式。适用性评价可能因公司而异，这取决于公司的具体活动（例如，如果某公司有机构销售部门，但是不从事远距离销售，那么《商业行为准则 5》就与之无关）。其他关于适用性的评价所有公司应该都是一致的（例如，没有公司会需要一个处理长期保险理赔的机构销售团队，所以永远不会与《商业行为准则 17》扯上关系）。

注意：尽管该图表的标题是细节层面的规则视图，但是图表的某些方面还可以继续细化。理想情况是，明确适用于某个部门的一系列要求后，应该针对这些要求再绘制一份图表。举例来说，图表中《商业行为准则2：商业责任行为》适用于机构销售部门，但是《商业行为准则2》其实有四个组成部分，也都可以绘制图表增加适用性。

这个过程极为枯燥，但是真的值得下功夫。将一组要求分解到最基本层面，明确要求的具体内容，明确其如何适用于你公司，明确你公司如何遵守该要求——神奇的是这个过程会暴露出合规基础构架中你从来未曾留意的不足之处。就算没有暴露任何缺点，这也是真正掌握规则或要求具体细节的一个很好的学习工具。

关于绘制规则视图，第2篇A部分提供了更多信息。

规则视图样本：该图表展示的规则视图是针对一家假想的公司，该公司有四个不同的前台部门：销售与交易、自营交易、研究、公司金融。

法规名称	法规内容	部门适用性			
		股票交易	自营买卖	研究	公司金融
《商业行为准则1》	使用范围	适用，但是只用作参考：解释了《商业行为准则》各项要求的范围	适用，但是只用作参考：解释了《商业行为准则》各项要求的范围	适用，但是只用作参考：解释了《商业行为准则》各项要求的范围	适用，但是只用作参考：解释了《商业行为准则》各项要求的范围
《商业行为准则2》	营业行为责任	适用	适用	适用	适用
《商业行为准则3》	客户分类	适用	适用	适用	适用
《商业行为准则4》	与客户交流，包括金融推广	适用	适用	适用	适用
《商业行为准则5》	远程通讯	适用：广泛开展远程销售活动	不适用，因为本法规仅适用于《金融服务法》所定义的客户	不适用：研究部门不从事远程销售	不适用，因为本法规仅适用于《金融服务法》所定义的客户
《商业行为准则6》	公司、公司服务和报酬情况	适用	适用	适用	适用

续表

法规名称	法规内容	部门适用性			
		股票交易	自营买卖	研究	公司金融
《商业行为准则 7》	保险调解	不适用：不从事保险业务	不适用：不从事保险业务	不适用：不从事保险业务	不适用：不从事保险业务
《商业行为准则 8》	客户协议	适用	不适用：不从事客户业务	不适用：不从事特定投资业务	适用
《商业行为准则 9》	合适度（包括基本建议）	适用	不适用，不做个性化推荐	不适用，不做个性化推荐	仅适用于提供个性化服务的情况
《商业行为准则 10》	适当性（针对非建议服务）	适用	不适用：不从事相关活动	不适用：不从事相关活动	不适用：不从事相关活动
《商业行为准则 11》	交易与管理	适用	适用	不适用：不从事相关活动	不适用：不从事相关活动
《商业行为准则 12》	投资研究	不适用：不编制或分销投资研究	不适用：不编制或分销投资研究	适用	不适用：不编制或分销投资研究
《商业行为准则 13》	准备产品信息	不适用：不从事相关活动	不适用：不从事相关活动	不适用：不从事相关活动	不适用：不从事相关活动
《商业行为准则 14》	向客户提供产品信息	不适用：不从事相关活动	不适用：不从事相关活动	不适用：不从事相关活动	不适用：不从事相关活动
《商业行为准则 15》	取消	不适用：不从事相关活动	不适用：不从事相关活动	不适用：不从事相关活动	不适用：不从事相关活动
《商业行为准则 16》	向客户告知信息	非直接相关：可报告交易，但是报告由后勤部门发送	非直接相关：可报告交易，但是报告由后勤部门发送	不适用：不从事相关活动	不适用：不从事相关活动
《商业行为准则 17》	长期护理保险理赔	不适用：不从事保险业务	不适用：不从事保险业务	不适用：不从事保险业务	不适用：不从事保险业务
《商业行为准则 18》	专家机制	只适用股票借出规则	不适用：不从事相关业务	不适用：不从事相关业务	仅公司融资规则适用

续表

法规名称	法规内容	部门适用性			
		股票交易	自营买卖	研究	公司金融
《商业行为准则19》	养老金补充条款	不适用：不从事养老金工作	不适用：不从事养老金工作	不适用：不从事养老金工作	不适用：不从事养老金工作
《商业行为准则20》	分红产品	不适用：不从事保险业务	不适用：不从事保险业务	不适用：不从事保险业务	不适用：不从事保险业务
《商业行为准则21》	许可的链接	不适用：不从事保险业务	不适用：不从事保险业务	不适用：不从事保险业务	不适用：不从事保险业务

7.3 境外机构属地监管规则视图

第 1 章对英国监管机制做了介绍。对于你负有责任的每一个辖区，你对其监管机制至少要了解到这个程度。做到这一点以后，你可能发现，要求来源清单比你为英国做的那份长得多：在海外，通常你会发现，金融服务活动的每个不同领域都有各自的监管机构——比如有针对银行业的监管机构，有针对保险业的监管机构，有针对破产的监管机构。

自然，一旦你了解了所有适用的法律、监管机构、规则等，你就可以按本章所述开始绘制规则视图的细节层面。

第8章　金融产品、服务及相关文档

8.1　金融产品和服务

如果对贵公司提供的产品和服务没有全面了解，你将很难成为一名成功的合规官。因为如果你连工作环境中的一些基本要素都不了解的话，很有可能会给出错误或者不恰当的建议，从而给自己、公司和同事带来麻烦，你也很容易被别人忽悠。比如在处理合规问题的时候，因为你不懂双限期权就无从了解互换协议，交易员或者基金经理会"用科学蒙蔽你"，你很可能会发现自己被"设计"成了在该回答"不，在任何情况下都不行"的时候只会说"是"。

信誉和声誉也同样重要，前台同事们希望能感觉到他们正在和一个懂得自己在说什么、特别是真正懂业务的人打交道，如果你对所辖业务部门相关的关键产品能进行准确合理的阐释，别人会对你更加买账。

试想一下，如果有人问你关于他们正在进行的信用违约掉期合约可能涉及的合规问题，你却根本不知道那是什么，那他们在等你给出合规意见前还必须向你解释，便会让你丧失信誉（并且浪费时间）。

当然金融产品和服务复杂多样而且不断更新，你显然不可能成为熟知所有产品和服务的专家，不然你也不会在合规部门工作，但你至少应该：

■ 知道你的公司允许提供哪些产品和服务，这取决于贵公司持有的监管许可证范围（每家受监管公司的许可详情都公布在金融行为监管局网站，但一些监管机构也会单独签发许可证）。

■ 知道哪些产品和服务得到了内部批准（这可能和贵公司持有的监管许可不完全一致）。

■ 知道贵公司实际正在提供或涉及的产品和服务（例如你可能已经获得了监管和管理许可，为商品期货交易提供相关的合规意见，但目前却并没有部门正在开展这项业务）。

■ 知道贵公司所涉产品的基本内容（详见下页表格）。

一旦你如前所述建立起你所负责的各个单位或部门相关的认知（这其实是最容易的部分），这时候才真正开始进入工作。你必须至少基本了解贵公司所提供的产品和服务：它们是如何运作的？它们是用来干什么的？它们是如何受到你所管理的监管环境影响的？

基本服务内容	描述
执行交易	客户直接给出交易指令，无须你的建议。
顾问服务	客户为你提供的建议付费，但无须听取或执行。
全权委托	你在约定的范围内代表一个或一群顾客做出投资决策，无须在执行每一笔交易前取得同意。
自营交易	不涉及任何客户，完全遵循你自己认为能够为公司带来收益的交易策略用公司自有资金进行交易。

8.2　特定环境下的金融产品和服务

很多金融产品初看之下会觉得异常复杂，然而请放心，无论看起来再怎么高大上，大部分产品和服务的基本原理都非常简单明了：

■ 一个人买，另一个人卖；

■ 一个人贷，另一个人借。

从另一种角度来看，一边有金融产品和服务的消费者，另一边有这些产品和服务的提供者。

下次如果有人拿给你看你确实不熟悉的东西，试着用上面提到的概念去分解，看看是不是能帮助你增强理解。一个老办法就是"跟着钱走"，如果你明白钱在哪里易手、盈亏从哪里产生，就是一个很好的分析出发点。

金融服务的客户需求和期望千差万别，提供的产品也各不相同，但还是可以把它们分成几种基本类型（包括但不限于），总结如下。

客户需求	注释/示例	产品/服务样例
增资	■ 企业需要资金扩张或者购置新设备。 ■ 个人需要资金买房或者到街上血拼。	■ 发行股份 ■ 私募股权 ■ 发行债券 ■ 贸易融资 ■ 贷款 ■ 以房养老
锁定财务风险	■ 如果一家公司将在一年内出售一批金属，现在就约定价格可以帮助该公司避免出售时面临金属价格暴跌的风险。 ■ 如果一个人可以"买到"即便没有工作时对收入水平的保障，能够帮助他减少对失业的担忧。	■ 银行保函 ■ 期货和期权 ■ 收入保障保险 ■ 信用证
货币兑换	■ 如果一家英国零售商从意大利进口鞋子，需要把英镑兑换成欧元来支付货款。 ■ 如果你去纽约度假，需要兑换一些美元。	■ 外汇服务
安全	公司和个人都希望他们今天持有的 100 万英镑明天至少还值 100 万英镑（除非他们愿意承担风险去赌他们的钱是不是能翻倍）。	■ 存款账户 ■ 货币基金 ■ 存单 ■ 对冲策略
财富积累	公司和个人都乐于找到既能够保证明天还有 100 万英镑，又能有一点点盈余的方法。	■ 国债 ■ 定期账户 ■ 财富管理服务
税务规划	公司和个人都希望减少交税金额。	■ 税务建议 ■ 个人储蓄账户 ■ 节税计划，例如信托
建议和专业知识	很多公司和个人有财务规划但不知道怎么实现。例如一家矿业公司知道从地下开采黄金的最佳办法，却不一定知道筹资买新矿的最佳方式。同样，你可能知道怎么去开一辆法拉利，却苦于找买车钱。	■ 财务建议 ■ 委托投资管理

续表

客户需求	注释/示例	产品/服务样例
乐趣	许多人养成了观察市场变化的喜好，并从中获得巨大乐趣，无论是通过"战胜市场"，还是通过蓝筹股投资组合价值上涨，抑或是涉足一些更特别的投资。	■ 证券经纪业务 ■ 点差交易

8.3 文档管理

与贵公司的产品、服务和活动密不可分的是把所有这些东西都集中在一起的文档，这些文档确定了一方对另一方的期望以及如何实现，基本上可以分成四种类型，作为合规官需要熟悉：

协议类型	注释
交易协议	■ 协议描述了特定金融服务提供者和消费者之间的关系。 ■ 这些协议不是监管文件，即既不是由监管机构编制的内容，也没有监管要求要使用（尽管可能影响监管资本的计算）。 ■ 合规官一般不需要对交易单证有详细了解，但至少对协议内容具备一些背景知识是至关重要的，例如交易员跟你讲国际互换与衍生品协会的时候，你表现茫然，你就不要指望别人往后会信任你了。不要给别人一个不把你当回事的借口。 ■ 在没有独立的法律部门或单证部门的小公司里，确保交易单证管理得当的工作往往落在了合规官身上。 ■ 对于不同类型的交易，行业协会针对特定业务种类制定格式协议。 ■ 如果没有格式协议，公司的法律部门或者外部顾问需要特别制定此类文件。
客户文档 （开户和操作）	■ 开户文件是用来确定公司管理客户关系的基础。 ■ 归属客户文件类别的其他文件，应不断提醒客户账户活动情况，或者反映公司与现有客户的关系变更情况。 ■ 一些文件是监管要求的，而其他文件只是为了操作更好、更方便。 ■ 合规部门有时负责发送这些文件，并应始终参与起草工作，以确保符合相应的监管要求。 ■ 合规官应当对本公司所使用的此类文件有充分了解。

续表

协议类型	注释
税务文件	■ 税务机关关注金融服务消费者的活动、身份以及所涉资产受益人的所在地，因此要求公司让客户填写一套表格和声明，以确保收集到正确的税务信息。 ■ 税务文件不涉及任何特定的合规要求，但至少要对这一领域有粗略的了解。 ■ 和交易协议一样，在小公司里确保税务文件管理得当的工作也常常落在合规官身上。
监管文件	■ 最后一类文件涉及金融行为监管局、审慎监管局或其他监管机构规定的各方面要求。 ■ 合规官应当充分了解此类文件。

第 9 章　其他部门的合规管理活动

公司里哪些人应当知晓合规监管要求？合规部门？投资经理？法务部门？运营部门？人力资源？前台接待？答案很简单，在受监管机构工作的每一个人都应当了解合规工作。"合规人人有责"这一说法已经被全球很多金融机构的高级管理人员采纳，目的是确保每个人都知晓合规的重要性，公司也可以由此证明建立健全合规文化的必要性。每个人所需的认知水平显然根据他们在公司里的角色和位置不尽相同，但所有人都至少应该意识到合规要求对他们的影响，比如即便是司机、通讯员或临时秘书也应该知道不能利用价格敏感信息进行内幕交易，或者不能把文件随手乱放以免泄露客户信息。另外，按理说前台和后台职能部门的负责人应当像你一样熟知他们所属专业领域的合规要求，帮助他们做到这一点是你的工作，所以你要了解他们的工作，首先要确定哪些条例对他们有影响，然后站在他们自己的立场达成这些要求，而不是被欺骗。

因此合规官应当知道在公司里由什么部门来确定每个部门员工需要对监管知晓的类型和程度，然后通过提供培训、编写手册、编写简报或者如第 2 篇 A 部分中所描述的其他各种方法确保他们都知其然并知其所以然。

如果你不这样做，那你根本没有履行你的职责，金融从业人员应当意识到他们需要服从各种规章制度，一旦违反，可能会受到严厉的惩罚。你应该告诉你的同事他们的责任和义务是什么，这样才能充分保障他们避免无意的违规行为。如果你不这样做，没有确保每个人都清楚公司对他们的期望是什么，也就辜负了公司对你的期望。此外，全世界的监管机构都认识到，如果他们想知道一家公司的实际运营状况，就不会仅限于跟高级管理层和内控部门的负责人打交道，他们越来越提倡除到现场与交易员、销售人员、投资顾问、基金经理以及业务人员，还有律师和人力资源专家进行访谈，所有这些人都应该对那些直截了当的监管问题做出正确的回答。金融服务企业的部门一般分为两大类，第一类是前台部门，第二类是后台、控制和支持部门。此外，高级管理层和董事会可以说是凌驾于这两类部门之上的独立部门，本章的最后一节对前台和后台部门作了简要介绍，更加详细的指导意见请参考第 2 篇 C 部分（前台部门）和第 2 篇 D 部分（后台、控制、支持部门和高级管理层），对典型的前台和后台部门会进行更深入的介绍，包括以下内容：

- 设立各部门主要活动的一般背景资料；
- 监管和立法要求，因此：
  - 你知道每个部门可能出现问题的关键领域；
  - 可以让相关部门的员工知道适用于他们要求，并将这些因素纳入日常活动中。
- 当合规部门和另外一个部门（特别是后台、控制和其他支持部门）之间存在职能交叉时，你可以知道：
  - 谁可能有对你有用的信息；
  - 谁能在处理监管问题方面提供帮助；
  - 你把信息传递给谁有用；
  - 谁来检验你的工作成效。

显然每个公司的组织架构不同，各部门的名称会有差异，每个部门的职责范围不会全部统一，但总的来说，第 2 篇 C 部分和第 2 篇 D 部分列出的各项职能的相关合规要求本质上都是相互关联的。

9.1　前台部门

"前台"一词是指公司面向客户并创造收入的部门，第 2 篇 C 部分简要介绍了公司里常见的四类前台部门的职责：

■ 客户销售和交易

■ 投资管理

■ 公司金融和投资银行

■ 研究

由于前台部门从事的活动范围广泛，第2篇C部分所列的合规要求和控制活动并不统一适用：

■ 有些不是所有活动都适用；

■ 有些适用于所有活动，但由于涉及产品和服务的性质不同，影响也不同；

■ 其他活动的适用性取决于相关客户类型。

由于上述差异性，同时鉴于很多规定的复杂性，第2篇C部分旨在强调合规部门和前台部门都应当知道的条款或要求所涵盖的主要概念和一般概念，而不是巨细无遗地囊括所有的监管条款。

9.2 后台、控制和其他支持部门

后台和控制部门为前台部门员工的创收活动提供支持，例如：确保交易正确结算，向客户提供信息，监控风险，确保系统和控制运行良好。这些领域适用的详细的合规要求较少，但即便如此，仍有一些相关的重要规定（重要的是，在制订培训计划的时候不能忘了这一点）。

然而并不是所有活动都是单向的，合规部门和后台、控制和支持部门的职责可能存在一定程度的重叠，要利用这一点尽可能地与相关工作人员合作，依靠他们保持警惕、获取信息和意见并且完成共同目标。

第2篇D部分中后台部门的材料简要解释了每个领域的活动，强调了与合规部门可能有协同作用的方法，并简要描述了相关监管要求。最后，请记住，即使是外包的职能（许多公司选择将诸如结算和客户报告等活动外包），确保达成合规标准仍然是贵公司的责任，你可以外包职能，而不是责任。

第 10 章 合规部门的核心管理活动

本章讨论合规官的工作。大致可以分为：

■ 日常合规管理活动；

■ 合规咨询，当面对不确定的、新的或不熟悉的情况时，需要向合规官寻求帮助。

10.1 日常合规管理活动

金融服务公司的业务种类很广泛，即使是业务线很相似的两家公司，管控模式和组织架构也存在很多差异。然而，无论公司之间有多少差异，它们合规部门却很相似，会包含一系列类似的日常管理活动（第2章我们讨论过，合规部门的目标具有相似性）。

这些日常合规管理活动构成了公司合规体系的基础，它们虽然不需要像导弹技术那么精确，但必须保证它们正常运行，因为这与监管期望和公司声誉紧密相关。只要了解了监管要求和公司的内部程序后，就会很容易明确这些管理职能。

尽管这些管理活动并不有趣，但应该把它们看作合规人员的朋友，因为这能保障自身的职业安全，比如报告可疑交易、处理个人账户交易、处理从客户那收到的礼物等。对于一个合规新人来说，这是一个好的开始。

第2篇A部分和第2篇B部分列出了大多数合规部门都会开展的关键活动（有的公司的合规部门还可能承担运营、法律等其他部门的职责），以及实施这些活动的关键要求和实践步骤。

最后再说一下，第2篇A部分和第2篇B部分中提供的指导在很大程度上是基于当前的监管体制。不同监管部门、司法辖区甚至每一年的监管要求都不同，因此，一定程度上讲，细节并不是那么重要，把事情做好的关键是要理解相关的原则和概念，以及清楚地掌握监管要求或意图。事实上，随着结果导向和原则监管的兴起（参见第3篇专栏1），监管规则细节的重要性在未来会越来越低。

10.2 特定合规管理活动：合规咨询

本书很大一部分内容致力于全景描绘合规部门的工作视图，以帮助合规官更快更容易地找到工作方法，比如本章的前一节，提供了如何完成几个关键任务的建议。当然，并非所有的事情都可以按图索骥，有时需要处理不确定的事情。如涉及未知领域的合规咨询就是合规工作的另一种情形，合规官需要像处理日常工作一样去适应它们。这就像是在坐过山车一样，沿途会很刺激，令人畏惧也令人兴奋。处理这种不确定的工作会让人保持警觉，每天都会遇到挑战，这些挑战将会迫使你不断思考，并找出解决方案来保障合规。但同时，这种工作对于一个合规官来说也是最危险的，一旦做错就会带来很大麻烦。当然，如果做对的话，就能向首席执行官展示合规部门的价值：能够在保障合规的同时，提高内部管理和客户服务效率。

当然，本书还无法指导合规官如何解决可能遇到的问题，也不能教会做好合规咨询的关键技能。本书同时也没有考虑到不同合规官背景和经验的差异，比如有的问题对某一合规官来说是常见的，而另一个合规官可能就不了解。那写这节文章的目的是什么呢？通过阅读这节文章，当业务部门经理提出刁钻复杂的疑问，或者提出一些虽然简单但以前并没有遇到过的问题时，就能知道该去考虑哪些方面。

值得欣慰的是，即使会遇到千奇百怪的各种问题，但至少有一种相对标准的方法。可以用相同的方式去处理日常业务经营中一些不常见的问题。例如客户想把蟒蛇作为礼物送给员工，是否能接受？以及去处理一些相对公司现有业务来说新的事物，比如公司想在智利设立分支机构，该怎么做？上述处理方法包括三个步骤：

1. 尽可能去了解这个新情况或新问题。

2. 当对新情况有足够了解后，或知道新问题都与哪些因素相关后，分析带来的合规影响。

3. 找出最佳处理措施，制订计划并有序实施。

下面一节将帮助你把上述三个步骤应用到实践中去。

10.2.1　充分了解咨询的问题

无论经验多么丰富的人，都不可能了解金融服务业的方方面面、监管的每一项要求以及两者之间的相互影响。合规官会不可避免地被问到一些不了解的问题。显然，如果一个问题需要思考很长时间，那这个问题不是新的，就是老问题出现在新环境里。

在我们详细讨论如何解决上述新问题时，需要特别注意的是，绝对不能在弄清问题前，匆忙地得出结论。在考虑周全各种因素之前，合规官不能因为压力而做出解答。如果这样做了，并不会对自身或所在公司有任何好处。有人可能会认为一个成功的合规官能够迅速解答任何问题，但前提是已经花费了足够的时间研究过这个问题，并且确切知道自己在说什么时，才会是正确的。否则，这可能会带来很多麻烦。简单来说，如果合规官批准了并不熟悉的事项，可能会纵容那些严重违规的人，相反，如果合规官否决了并不熟悉的事项，可能会阻碍那些完全合规、盈利的经营活动。这样的话，合规官的声誉和薪酬同样会受到影响。

下表我们列举了一些例子，帮助合规官学习如何深入了解那些不熟悉的问题。

主题	内容
谁	■ 公司中有谁与这个问题有关？ ■ 哪些部门与这个问题有关？ ■ 哪些单位与这个问题有关？ ■ 这个问题是否涉及第三方机构，比如咨询公司、委托人、律师等？ ■ 这个问题涉及什么类型的客户？ ■ 这个问题与哪些监管机构有关？

续表

主题	内容
什么	这个问题是否与新业务、交易结构创新、某些产品以及某项法律有关?
为什么	为什么会产生这个问题? 为什么不能像以前那样去处理?
什么时间	■ 这个问题需要什么时间解决? ■ 相关变化何时会发生还是已经发生了? ■ 是否有任何你不知道的进展?
在哪里	■ 这个问题会影响哪些司法辖区? ■ 这个问题会涉及哪些分支机构? ■ 这个问题涉及哪些客户、合伙人或第三方服务商?

在了解了上述基本事项后，如下一些建议，可帮助合规官更好地理解这个问题。

■ 如果这个问题很复杂，请让提出这个问题的人书面写下来。这不仅给合规官更多时间去思考，也能因此了解到一些具体信息，并能完整掌握这个问题的背景。

■ 为了获得更多的背景信息，索取与这个新情况或问题有关的各种材料，包括商业计划、历史相似事项的授权、信贷申请、业务建议等。

■ 在掌握所有信息前，要不停地去和以下这些人交流：

　　■ 提出咨询的人。

　　■ 这个人的领导。他会更有经验，更能表述清楚。

　　■ 提出这个问题的部门里较年轻的同事。他们会乐意花时间，这会让他们感觉受到重视，也避免了因为找老员工交流，而让自己感觉很无知。

　　■ 合规部门的同事。三人行必有我师，这往往能得到一些有价值的信息，特别是那些掌握特定业务领域专业知识的人。

　　■ 与其他公司进行合规交流，当然只是大概交流下。

　　■ 与该问题有关的行业协会进行交流。

　　■ 据你了解，这个问题可能影响到其他部门的同事。根据情况，可考虑咨询公司法律、风险、办公室、运营、财务、内审、人力和信息安全等部门。

　　■ 当讨论问题时，把它分成几个阶段或画出一个时间表，通常会有帮助。

　　■ 将一个复杂的交易结构画成图表也是很有帮助的，会更加直观。

　　■ 查找这个问题相关领域的所有概念、监管规则和要求。即使合规官认为自己已经足够了解监管规则，也要自上而下重新审视一下，去阅读监管手册、学习术语表、查看相关立法。

　　■ 在谷歌进行关键词搜索。

　　■ 查找与该问题有关的教材或参考书。

　　■ 查看与该问题有关的内部程序手册和制度文件。

　　■ 在金融专业词典中查找相关的概念。

10.2.2　对咨询问题的合规影响分析

　　当对新情况或问题有了充分了解后，接下来就需要分析相关的合规影响。再次强调，对所有问题不能一刀切，因为它们的范围太广，不可能有一个清单列出各种可能的因素。下表我们按照哪些情况已经发生以及需要采取哪些新措施两个维度，列出了一些因素，帮助合规官分析问题的合规影响。

考虑下列这些已经发生的因素

领域	因素
监管许可	是否已得到适当的监管许可？
适用的监管规则和要求	是否违反下列任何一项内容？ ■ 法律 ■ 监管规则（监管机构、交易所和清算所） ■ 最佳实践 ■ 合同 ■ 行为准则 ■ 内部制度

续表

领域	因素
员工授权	与该问题相关的人员在如下方面是否得到必要的授权？ ■ 是否符合公司的内部分工和安排？ ■ 是否满足培训和胜任能力要求？ ■ 是否具备相应资格？
数据安全	是否有违反保密、数据保护或信息安全的情况？
对交易对手的影响	■ 客户是否被要求做一些他们不该做的事情？ ■ 该问题是否会导致对客户的不利影响？ ■ 哪一类客户会受到影响？ ■ 是否可能导致赔偿？
限额条件	这个问题是否会影响到公司继续遵守授权的限额？
适当性	这个问题是否会对有权人或相关管理人员的任职条件产生影响？
合规资源	处理这个问题是否有足够的合规资源，若这个非常严重，是否需要额外人员来参与解决这个问题？
违规和投诉	■ 是否有人建议采取补救措施？ ■ 是否需要对问题进一步调查？ ■ 这个问题是否折射出更广泛更大的问题？ ■ 这个问题是如何产生的？ ■ 这个问题是否可能在其他部门或分支机构、客户或司法辖区再次发生？ ■ 有没有需要立即采取的预防措施？ ■ 这个问题是否已转化成案例并自查？ ■ 是否发生相关的投诉？如果已经发生了，是否有恰当的投诉处理机制？
洗钱	■ 是否存在发生洗钱行为的可能性？ ■ 是否已经按要求完成了向洗钱报告负责人（MLRO）[①] 或向英国国家打击犯罪局（NCA）提交的报告？ ■ 是否可能已经发生了泄密？
市场滥用行为	■ 是否存在市场滥用行为？ ■ 是否需要向英国金融行为监管局（FCA）报告可疑的市场滥用行为？

① 译者注：在英国《2003 年洗钱防范规则》中，要求企业在内部指定洗钱报告负责人（MLRO），负责接受内部洗钱相关报告。

续表

领域	因素
欺诈	■ 是否表明存在欺诈行为？ ■ 公司反欺诈部门是否知道发生了什么？客户的资金和资产是否存在潜在风险？ ■ 公司反欺诈部门是否正在开展相关调查？
外包	■ 该问题是否因外包服务商而产生？ ■ 是否存在违反服务协议的情况？ ■ 能否确信这样的问题不会重复发生？
操作风险损失	■ 是否发生了操作风险损失？ ■ 如果发生了，操作风险管理部门人员是否知晓这个事情，或者是否应该通知他们一下？
报告和通知	■ 需要向监管机构报告这个问题吗？ ■ 是否需要向高管层或总行报告？ ■ 是否需要提交可疑行为报告？ ■ 是否需要通知其他部门？ ■ 是否需要寻求法律指导？
获取更多信息	■ 如果需要了解更多信息，能够找谁？ ■ 有权查看哪些文件？ ■ 是否有关键对话的录音？

考虑下列这些需要采取的措施

领域	因素
监管许可	■ 公司相关行为是否得到监管许可，或者需要申请一个新的许可？ ■ 是否需要获得境外监管机构的许可？
法律法规和监管要求	■ 哪一些法律适用该问题？ ■ 哪些监管规则适用于该问题？ ■ 是否需要考虑境外监管机构的某些要求？ ■ 公司员工是否熟悉与上述法律法规和监管要求有关的工作流程？ ■ 是否有监管或法律上的原因明确指出不能出现这种问题？ ■ 是否有道德或者声誉上的原因明确指出不能出现这种问题？

续表

领域	因素
交易所	■ 是否需要申请一个新的交易所会员资格？ ■ 如果需要，新的会员资格多久能够获批？ ■ 公司是否有人知晓交易所相关规则？ ■ 由谁来负责准备相关申请？ ■ 都有什么初始成本和后续成本？
清算所	■ 是否需要申请新的清算所会员资格？ ■ 如果需要，新的会员资格多久能够获批？ ■ 公司是否有人了解清算所相关规则？ ■ 由谁来负责准备相关申请？ ■ 都有什么初始成本和后续成本？
监管资本和流动性	■ 该问题对监管资本和流动性有什么影响？ ■ 交易定价中是否考虑了对资本和流动性的影响？ ■ 公司的财务部门或负责监管报送的部门人员是否知道相关计划，或者是否应该通知他们一下？
培训和胜任能力	■ 前台部门和操作人员是否具备相应的胜任能力？ ■ 如果涉及新员工，都需要他们具备哪些能力？ ■ 需要组织开展哪些培训？
人员资格	■ 相关人员是否获得恰当的资格？ ■ 新员工需要具备什么样的资格？
内部审批	■ 该事项是否经相关高管人员批准？ ■ 相关支持保障部门是否知晓情况？可能包括 IT、法律、风险、运营、税务、财务、人力和市场营销部门（见第 2 篇 D 部分）。
员工授权	■ 相关人员是否获得适当层级的内部授权？ ■ 如果没有，他们的计划是否经管理层批准？ ■ 如果允许这种授权缺失的情况存在，是否合理恰当？
信息系统	■ 科技部门人员是否知道相关计划，或者是否需要告知他们？是否有相关的信息系统支持？现有系统是否能满足各种新的需求？ ■ 是否需要额外的合规系统，或对现有系统进行改造？例如，需要安装交易监控软件来覆盖某一特定新产品。
职责	■ 是否有清晰的报告路线，从中能体现出高管层对该事项的最终责任。 ■ 相关高管责任人是否有处理与该事项有关合规问题的经验？

领域	因素
对交易对手的影响	■ 该事项是否会对公司的客户基础产生影响？是否会产生新类型的客户，比如零售客户、专业客户、合格交易对手？ ■ 是否需要新的服务？比如咨询、个性化服务、自己执行还是需要代理商？ ■ 公司是否有与上述新客户或服务相关的经验？
人力资源	公司下列部门是否有相应的员工参与支持该事项？ ■ 前台部门； ■ 运营； ■ 合规； ■ 信贷； ■ 法律； ■ 市场营销； ■ 信息科技； ■ 财务； ■ 人力资源； ■ 风险管理。
投诉	■ 按照英国金融行为监管局（FCA）对投诉的定义，该事项是否会导致投诉发生？ ■ 如果会，是否有适用的制度和控制措施？ ■ 公司过去是否出现过类似领域的投诉？ ■ 如果出现过，是否采取了适当措施以防止类似投诉再次发生？
文件	■ 该事项是否会额外要求某些文件？ ■ 如果会，公司中是否有起草类似文件的经验，或是否需要外部的帮助？
客户资产	该事项是否会导致客户资产服务发生任何变化，比如客户资金、保管、担保、对第三方银行账户的授权等。
合规资源	■ 是否有足够的合规资源处理该事项？ ■ 是否需要临时人员加入项目？或是否需要固定人员来持续负责整个新业务？
业务连续性计划	■ 在考虑该事项后，业务连续性计划是否需要更新？ ■ 是否可以在计划开始前完成更新？
洗钱	■ 在考虑新产品或服务后，是否需要更新公司的反洗钱策略？ ■ 是否知晓与新产品或服务有关的所有洗钱风险？

续表

领域	因素
时事话题	■ 当前是否有任何与该事项有关的监管热点需要加以考虑？如大额罚款、丑闻、一封开头为"尊敬的首席执行官"的信[①]等。 ■ 如果存在上述情况，则需要额外加以关注，因为相关领域的监管检查很可能会加强。
利益冲突	■ 该事项是否涉及潜在的利益冲突？ ■ 确保列出所有潜在的利益冲突，以及如何管理或降低这些冲突的措施。 ■ 是否存在无法处理的实质性冲突？ ■ 是否只能通过向客户披露信息来解决冲突？
内部程序	■ 该事项是否违反任何内部程序？ ■ 是否需要修订合规手册？ ■ 是否需要一个新的操作手册？ ■ 是否需要新的制度文件？
录音	■ 该事项是否需要进行录音？ ■ 如果需要，公司是否拥有足够的录音系统，或需要对 IT 设备进行改造？
外包	■ 该事项是否涉及新的外包安排？ ■ 如果是，该外包是否构成英国金融行为监管局（FCA）定义的重要外包？ ■ 该事项是否涉及第三方采购？ ■ 是否需要服务水平协议？
记录保存	■ 该事项是否涉及记录保存要求？ ■ 是否需要改变现有程序？
监管处罚	■ 如果在新领域出现问题，公司是否会面临监管处罚？ ■ 是否值得冒这种风险？
金融营销	■ 对新产品或服务是否会进行金融营销？ ■ 金融营销的材料都会在哪些司法辖区发放？是否知道相应的广告规则要求？ ■ 金融营销材料的目标客户是谁？

---

① 译者注：英国金融行为监管局（FCA）在向某公司发起调查或出具意见时，经常会以"尊敬的首席执行官"作为信件的开头。

续表

领域	因素
一般情形	■ 如果批准了一个新项目，可能发生的最糟糕的事情是什么？会有什么样的后果？ ■ 如果上述事情发生了，监管机构是否会十分在意？还是它们根本就无所谓？

10.2.3　制订应对措施和计划

梳理已经发生的事情和常规补救措施

如果有人告诉你可能有什么问题。你调查了一下，发现确实有些不太满意的事情。你现在该怎么办？显然，你必须去制止相关人员的行为，以及要求他们做些其他的事。除非问题很简单，否则事情不会就此结束，你可能需要经常采取一些补救措施，下表提供了一些你应考虑到的因素。

问题	说明
政策和程序	为应对这种情况或避免其再次发生，是否需要制定新的政策和程序？
培训	■ 这种情况是否特别需要进行某些培训？ ■ 合规人员是否也需要进行培训？
纪律处分	■ 是否有适当的内部纪律处分措施？ ■ 是否与人力部门合作，决定纪律处分？
胜任能力	■ 是否违规行为可能损害相关人员的胜任能力？ ■ 是否可以就此认为相关人员不具备胜任能力？或者可以通过额外的培训加以补救？
人员资格	■ 是否违规行为影响到相关人员的资质？ ■ 如果是，是否已经向金融行为监管局（FCA）报告？
通知	是否需要通知高管层、审慎监管局（PRA）和金融行为监管局（FCA）、总行、其他监管机构、警察和客户？
业务连续性计划	■ 是否需要启动业务连续性计划？ ■ 考虑到已发生的事情，是否需要更新业务连续性计划？
外包	■ 是否能够向第三方索赔？ ■ 是否需要找一个更可靠的服务提供商？

需要进一步采取的措施

合规官可能有下列选择：

■ 说"不"，如果相关行为显然是违法或不道德的，无论如何都不能同意，事情就此打住。

■ 稍微调整一下提议的计划，使之可行，然后说"继续"。

■ 直接表示"同意"，如果不涉及任何合规问题的话。

■ 因为高管层应对合规负责，所以合规官可以写一份简报，让高管们去决定是否承担风险。这种方法适用于相关事项不太清晰，可能导致很严重的违规风险，但目前并没有实质性违规的情况。通过这种方式，高管层能知晓可能会发生什么以及他们将承担什么样的责任，并与商业利益进行权衡，毕竟，公司的本质是盈利而不是合规。如果使用这种方法，最好向高管层提供最近相关领域出现的违规情况，比如监管处罚，这会很有帮助。

■ 如果发现碰到的是新的和复杂的提议，并且会定期出现，组建一个委员会或论坛来对此类事项进行讨论，可能会有帮助。委员会的名称可以叫作新产品委员会或新业务委员会。可以组织公司各个部门中最可能受到影响的同事加入，通过这些会议也能帮助他们识别潜在问题，以及如何处理。这能避免合规官花费大量无谓的时间去研究新业务计划的合规影响，可能法律部门已经做过相关的研究。这同时能确保将这些计划或事项，告知给所有风险控制和支持保障部门并加以研究。

■ 如果合规官定期会碰到复杂的新计划，可以安排业务部门提前做一些基础工作，这会让事情变得更为顺利。例如，可以建立一个工作流程，要求业务部门提供与新提议有关的基本信息，在此之前可以不接收和处理该提议。你可以基于本章前面的列表拟一个模板，来告诉业务部门你想要哪些信息。

■ 做个计划。有些项目可能不需要太多工作，但有些项目则不然。拿组建新的分支机构来说，你绝不是仅仅说"是"就可以，你肯定能够想象到后续还有很多工作要做。要从监管机构的视角来梳理到底还有哪些事儿需要做，以及由谁来做。让业务部门知道你制定的计划，并且让他们弄明白，直到所有事情都处理完。

寻求帮助

还不知道该做什么？那你可以暂时忽略上面提到的所有内容，然后想想你本能的反映：

- 该提议是否通过"嗅觉测试"？
- 该提议是否通过"《金融时报》头版测试"？
- 对于你正考虑的事情，你是否觉得大部分人都羞于承认？
- 你是否不愿意让监管机构知道该事项？
- 你是否不愿意让公司同事知道该事项？
- 如果某个部门、公司的任何人都想做这个项目，这是否会对英国金融服务业在总体上产生积极或消极的影响？

有时候上述这些简单的问题能帮你找到正确的方向。如果这样你还不知道该做什么，那你就认命吧，因为有些事情不是合规部门或公司内部能处理的。当然，对有些事情你应当知道做什么，你不知道的原因可能是需要做的工作太多，以致不可避免地会出现错误。此时，可以寻求专业建议，以及加强学习，下次你就知道该怎么做了。

10.3　合规工作难点

正如上面看到的，尽管在英国我们依据监管规则手册开展工作，该手册包含几千页的详细监管规则和指引，但在有的时期，合规也被看作是一个黑箱。现实生活中，对某一事项，能迅速找到适用的监管规则并且可以只回答是或否，这种情况是很少的。大部分的合规问题都是棘手的，这是合规工作最令人困扰且最有价值的地方。

第2篇E部分提供了一些现实工作中的例子，以及能表明合规真实工作状态的混乱场景，其中对有些例子进行了大幅简化以突出核心的合规问题，这些问题你可能在工作中都会遇到。第 2 篇 E 部分的"评价和解决方案"部分，给你提供了一些策略，来解决进退两难的情况，并引导你去了解并尊重监管规则，从实用角度进行权衡，提高对商业经营的理解。

本章剩下的内容将讨论对合规人员来讲最大的难题：如何应对业务部门不配合的情况。有些业务部门较为审慎，具备责任心和合规意识，能主动处理合规事务，合规部门能与他们建立一种开放的、建设性的关系，但这往往很少见。而大多数的业务部门不时会与合规部门产生紧张关系，更不用说抵制合规部门的建议。不要太把业务部门放在心上，否则你的工作将无法开展，实际上第 2 篇 E 部分中的很多场景并不会出现。

10.4　如何应对业务部门不配合的情况？

10.4.1　业务部门的阻挠方式

应对业务部门不配合的情况，是合规官面临最困难的挑战之一。其他很多事都可控得多，比如通过查阅监管规则手册来学习一个监管新规，通过编写手册来记录管理程序，通过检查来识别不合规的情况。但你该做什么来使人配合你？精神控制、催眠，还是组建自己的合规力量？

如果你们公司存在第 2 章第 2.3.3 小节中提到的任何危险信号，你可能经常会碰到阻力。即使是上述危险信号没有出现，你仍然会碰到一些问题，那些位高权重的人会给你施压，让你按他们想听的去说，而无论你和你同事的理由有多么充分，他们常采用的方式包括：

- 告诉你，你什么都不懂；
- 告诉你，你弄错了一些关键点；
- 抱怨合规部门提供的服务太差，根本不值；
- 威胁向你的领导投诉你的态度（碰到这种情况，应首先去找你的领导，如果他们是正直的，会支持你）；

■ 提醒你的工资是他们赚来的；

■ 大喊大叫；

■ 侮辱你。

如果你通晓合规、监管和你们公司的一切，你可能会编制出世界上最漂亮、最精美的合规手册。但是，如果你不能让任何人关注你所说的，或让他们去阅读你编制的合规手册，那么即使你抱有最美好的期许，你的工作也不会有太好的效果。

10.4.2　合规官的应对策略

下面提供给你一些策略，以应对公司内存在不配合的情况，或是合规环境存在不健康的问题：

1. 不要一开始就不配合，通过培训和解释，使业务部门一开始不做错事。

2. 认真思考你说的话是否正确的，毕竟你可能也会出错。回过头来思考自己可能存在的错误，并不会导致世界末日，这比有错误不承认好得多。

3. 简短地去制止人们的行为，并告诉他们你希望他们做什么。有时候，简单的反而经常会更高效。

4. 请人们重新阅读合规或流程手册中，涉及你想让他们做的那部分的内容。

5. 连哄带骗，然后过一会回来看看他们是否按你说的纠正了行为。

6. 提醒他们，如果他们不按你说的做，将会受到什么样的内部处罚。

7. 提醒他们，如果他们不按你说的做，将会受到什么样的法律、监管处罚和名誉损失。

8. 告诉他们的领导他们该做或不该做什么，然后鼓励领导给他们施压。

9. 找出一个对业务部门更友好的、更可行的解决方案。

10. 向同事咨询过去类似情况下的做法。

11. 咨询同业的合规人员，也许你会发现你太谨慎了。

12. 扪心自问你希望业务部门做的事是否真的很重要，也许为此与业务部门产生摩擦并不值得，你需要为更重要的事情积蓄能量。

13. 请业务部门人员解释他们抵触的原因，可能你最初并没真正理解他们，从而让他们做一些无关紧要甚至是不对的事情。

14. 搁置这个事情并将其放到团队会议中进行讨论。

15. 搁置这个事情并确保其能体现在下一次合规或内审检查中。

16. 如果其他人做的事情会影响另一个部门，比如人力部门、负责监管报送和培训的部门等，从这个部门找一个适当的能支持你的人。

17. 告诉你的老板，以便他能给不合作的部门施加压力。或者在他的职权范围按你的期望进行审批。

18. 如果你的直属领导不支持你，那就告诉你的老板。如果你真的被困住了，事情进展困难，那就尽可能地向上级汇报。要知道，你的工资里并不包含处理这些没有意义的事情。

19. 告知内审、总部合规部门或外审，他们可能会纳入下一次相关领域检查中。

20. 你也可以同意业务部门违背你的决定而承担额外的风险，毕竟，监管部门十分清楚，高管层是承担合规责任的。

21. 如果上述措施仍不奏效，且你坚信你的决定是正确的，涉及的问题很严重，那就告诉监管部门。大多数情况下，这种方法是最后的选择。

最后提醒一下，如果你发现不恰当的事情，且无法获得应有的支持，那么你应该形成会议纪要，记录你的决定和其他人的答复，以及你做出这些决定的思路。你最不想看到的就是，你发现了一个问题，但却无可奈何。

第 11 章　面对监管红线，
要么合规！要么出局！

当读到"要么合规，要么出局"这句话时，许多人会想到 2008 年英国利物浦的安特里国家赛马大赛。当时有匹赛马名叫"要么合规，要么出局"，正因如此它备受众多合规官们的青睐。而其他人则不然，就像专家所说的那样，不要单纯因为名字而去支持一匹赛马。可以想象一下当时的情景，这匹马胜利归来后的一周时间，胜利者们以请大家吃甜品的方式来炫耀自己抉择的正确。"要么合规，要么出局"这句话对于在合规领域工作的人来说，有着更为重要的含义。在一家金融公司里，没有任何事情会平白无故地令监管者产生警觉。因而能够判断哪些事情会出错以及接下来还会发生些什么，将会起到至关重要的作用（对此，监管者要时刻关注正在发生的情况以及由此导致的结果，当然，这种警觉不是为了满足偷窥的低级乐趣）。

有两个原因来解释为什么要掌握这种判断能力：

■ 在安排处理重大合规问题和监管监测范围中的一个小麻烦时，这种判断能力将会成为安排工作任务和资源优先顺序的有力工具。当公司已经发生了耸人听闻的合规问题时，谁还有时间去理会交易柜台运行中产生的那些微不足道的小事情？

■ 通过法律或合规制裁来使那些员工中的顽固分子落实合规要求是一个有效的工作策略——对于那些不服从合规安排的特立独行的人来说，发生在那些不遵守规则的人身上的教训往往具有更大的警示作用。尽管成为一名合规标兵并不能令人够获得更多的乐趣，但是比起那些不守规矩作奸犯科，最终锒铛入狱的金融从业者要幸福很多。在一个以市场滥用为主题的培训课上，就讲述了一个在能源产品中操纵市场的人的下场。有位学员谈起他恰巧有个经商的朋友，正是因为从事不当交易，他的职业乃至家庭都因为对此事的调查以及随后的监管制裁受到了严重的影响，故事令人唏嘘不已。这引起了在场每个人的注意（对于这些身为交易员的听众来说，这样的事情也是非比寻常的），并且比起任何合规官的说教来得更加有效。

然而需要注意的是，使用此类"警示手段"只能作为最后的招数。要做到合规，通过形成一个做正确事情的愿景，要比对于锒铛入狱的恐惧好得多。从长远来看，这种效果将更加牢固、持久。虽然这可能不是达到"合规"的最好方式，但如果其他方法没有奏效的话，这无疑是一个非常有用的办法。

本章主要探讨英国《金融服务和市场法》执行的情况，在此需要先明确三个前提条件：

■ 正如第 1 章所指出的那样，在英国除了《金融服务和市场法》还存在其他的监管机制，对于不当行为都有各自的监测手段和惩罚措施。

■ 当然，《金融服务和市场法》并不是英国唯一适用于金融服务领域的法规。在此范围以外的其他制裁，也是必须考虑的。

■ 在每个司法管辖区内，都有自己的法律执行机制，要对这些机制有个清晰的认识。以下是针对英国的相关监管知识。

从英国监管机构的角度来看，需要建立惩罚和纠正不良做法的机制，以促进实现其法定目标（建立市场信心，维护金融稳定，保护消费者，减少金融犯罪，以及促进公平竞争），所有这些目标都受到那些挑战合规底线的不当行为的负面影响。因此，它们的执法机制旨在：

■ 防范不当行为

■ 提高市场行为监管标准

- 提供赔偿和恢复原状的机制
- 满足纠正和补救措施的诉求
- 惩罚不良行为

该规制和执法程序是基于《金融服务和市场管理法》赋予 PRA 和 FCA 在这一领域的权力为框架下的延伸和复合。《金融服务和市场管理法》授予它们广泛的权力，以对公司和个人的民事、刑事行为进行执法及惩戒，而不论它（他）们是否在《金融服务和市场管理法》的监管框架下。这些监管机构还享有其他一系列法律规定下的执法权力。

但万幸的是，PRA 和 FCA 并没有在执法方式上不受限制，必须遵守严格的程序要求。此外，PRA 和 FCA 还必须遵照《1998 年人权保护法》[①] 行事。采取的执法行动必须是适当和公平的，并受到严格的审查。审查不仅通过官方渠道，还有包括公共媒体，在表达对监管机构如何处理案件的看法时，媒体是非常直言不讳的。

但是，绝大多数人并不太在意监管机构权力和行为背后的理论，他们真正想关心的是"这会对他们产生什么样的影响？"更重要的是，"如何才能避免陷入困境？"因此，本章重点关注以下方面：

1. 监管机构是如何探查公司合规方面的秘密。

2. 识别监管机构所关注的敏感问题——什么是监管者真正不希望在贵公司看到的关键事项？

3. 罗列监管机构在察觉某些事情出现差错时，为进一步了解事情动态可采取的手段。

4. 公司或员工受到监管审查，有哪些解决途径。

5. 总结公司或雇员的不端行为可能会导致的后果。

---

① 译者注：英国于 1998 年通过人权法（Human Rights Act），将欧洲人权公约转化为国内法。该法到 2000 年才生效，目的在以两年时间检视法规是否符合公约的规定，并对中央与地方之官方、半官方及民间组织机构的人员进行全面的人权训练。

11.1　监管机构的监督检查机制

这就像有个正处于叛逆期孩子的母亲一样，监管机构有着不可思议的洞察能力，来发现公司的不法行为，不论其自诩有多么的聪明。但与母亲的千里眼和分身术不同，监管机构的洞察能力并不是什么深不可测的天赋，而是源于一套完善的制度安排和要求，确保了 PRA 和 FCA 在职责范围内对公司进行监管。

监管机构要求公司定期向其提供特定信息，在必要情况下，它们有权要求获得更多信息。除此之外，监管机构还有很多令人意想不到的捕捉手段，使公司的不当行为完全暴露在监管机构面前。

下面描述了监管机构发现公司动态的主要方式。在考虑这方面内容时应该牢记，根据原则 11，所有与 PRA 和 FCA 的监管接触都应遵循开放并合作的要求。

关于定期报告和通知的要求

审计报告

■ 受监管公司必须聘请适当的审计机构，并且确保审计机构有充分的渠道获取公司相关资料。

■ PRA 和 FCA 非常重视审计机构的角色，根据 FSMA 第 344 条的规定，向审计人员提供虚假或误导性的信息属于犯罪。

■ 审计机构的主要职责是向 PRA 和 FCA 提交三份重要文件：

　■ 审计报告，包括报告期间监管机构要求公司报告的活动事项；

　■ 审计机构对公司的内部控制情况出具有意见确认函，或无意见确认函；

　■ 客户资产报告，涵盖客户资产合规情况。

■ 审计报告不仅向监管机构提供了大量的信息，以便它们可以进一步跟进，而且报告本身也会对被审计公司提出要求。

精算报告

精算报告的规则与审计报告大致相似，但只限于特定的公司，如长期保险公司和友好互助社①。

申请变更第四类许可②

如果申请变更许可权，监管机构在审批过程中可能会察觉公司以前存在不当行为。比如公司开办了未经授权的投资业务。

请求豁免或调整适用的规则

如果公司向监管机构提出要求豁免或修改适用规则的请求，可能请求不仅不被批准，反而无意中提醒监管机构公司存在的一些问题。

寻求 PRA 或 FCA 指导

对于申请变更第四类许可或请求豁免及调整适用的规则，公司可以联系监管机构就此类事项提供指导，但这可能会导致监管机构嗅到不喜欢的气味，并进一步开展调查。

"批准人"③ 报告

FCA 可以从"批准人"提交的报告中发现很多信息（并非所有信息都是有利的）。PRA 也承担此职能。有两个很好的例证：

■ 公司不小心提出批准开展某项活动的请求，而这些活动是之前没有获得许可的。

■ 监管机构获知有人因为严重的不当行为而遭到解雇——PRA 或 FCA 可能会对此进行调查，了解这种严重的不当行为发生的背景，以

---

① 译者注：友好互助社是一种以保险、退休金、储蓄以及合作银行为目的的互助协会。这些组织由有着共同的财务或社会目标的人员组成。在现代保险制度和福利国家产生之前，友好互助社根据人们的宗教、政治信仰、贸易从属关系，提供财务或社会服务。

② 译者注：任何个体（不论为法人或自然人）欲在英国从事一种或一种以上受监理业务，必须向 FSA 申请第四类许可，即设立许可。

③ 译者注：批准人制度，即 FCA 从业资格准入制度（Approved Persons Regime）。《金融服务和市场法》规定，受监管公司（authorised firms，包括基金管理人公司和托管人公司）中可视为履行控制职能（controlled functions）的人士，只有经 FCA 批准认可符合条件，才能履职。他们也必须遵守 FCA 制定的获批准人士原则声明和执业守则。

及是否存在控制程度或程序上的缺陷。

控制方和其他密切联系方的报告

PRA 或 FCA 需要获知与公司控制方或其他密切联系方有关的特定事项，监管机构对此类报告很感兴趣。当公司控制方或密切联系方声誉不佳，报告此类信息将有助于向监管机构证明公司正在努力达到获取批准的条件。

"委任代表"报告①

与上文谈到的"批准人"报告类似，但以委任代表提交报告。

其他通报要求

监管机构需要知悉与受监管公司有关的信息还有很多。这样的通报要求包括但不限于：

■ 疑似市场滥用；

■ 有意设立新的分支机构；

■ 实质性违规；

■ 实施重要的外包安排；

■ 针对该公司舞弊的证据。

报告要求

PRA 和 FCA 对受监管公司提出的一些定期和持续性的报告要求，以帮助它们了解公司活动并识别违规情形。这些定期报告要求涵盖以下事项：

■ 资本充足率；

■ 委任代表；

■ 公司集团内任何受监管实体的海外监管机构名单。

---

① 译者注：Appointed Representative（AR）是英国受监管公司的一种牌照，AR 授权代表可以是个人或企业，代表获得受 FCA 监管或欧盟监管的公司的授权许可，进行投资服务。由授权公司对授权代表的商业行为负责。

交易报告

FCA 要求受监管公司就多种交易类型进行报告，以便监督和评估公司相关情形，如公司是否超出其受权范围开展业务，并协助监管机构监测市场滥用行为和不良交易情况。

源自于其他公司的报告

目前行业出现了一个新的趋势，互为竞争对手的公司之间会向监管机构揭发检举对方的不当行为。这种情况在以前是很少有出现的。这就好比过去男孩子们之间约架，是无须老师出面的。也许这是一种时代标志，在当今市场条件下公司想要获得利润变得难度更大。然而似乎有些公司对于向竞争对手身上泼脏水是一种天然动力。

PRA 和 FCA 通过上述日常报告收集信息的职权

定期检查

■ 监管机构有权对公司进行监督。

■ 这些检查可能是计划内，也可能是计划外的。监管机构对希望访谈的人员以及希望查看的资料，会因为公司的不同而有所区别。

■ 当涉及重要业务外包时，FSA 也有类似职权了解公司供应商。

风险评估

监管机构以风险为导向的方法实施监管，并将其作为对特定公司以及整个金融市场风险评估过程的一部分。监管机构可以实施定期风险评估和专题检查。参见专栏 2 "高级风险响应操作框架" （AR-ROW）。

神秘人

FCA 可能通过打电话或登门拜访的方式，对于销售建议和推荐标准的适当性进行评估。零售公司最能有幸赶上这种神秘购物的经历。

与其他监管机构的沟通

■ PRA 和 FCA 相互之间以及它们与英国与其他国家监管机构定期

沟通与合作。

■ 如果有监管机构因为调查一家公司而与 PRA 或 FCA 联系，要求获取更多信息，这也提醒了英国监管机构这家公司发生了一些事情值得调查。

■ 涉及与其他国家监管机构沟通的公司主要是那些隶属于国际集团或提供跨境服务的公司。

■ 如果公司违反了证券交易规则，证券交易所将会就此事情反映给 FCA。

PRA 或 FCA 了解公司情况所采取的有效途径

金融服务推广

■ 就像普通消费者一样，FCA 的员工也是大众媒体的受众群体。事实上，有些员工的工作内容就是监测金融公司发布的促销广告和金融资料。这意味着如果他们听到或看到不适当的金融推广资料，就会要求金融公司对广告内容做出解释，以及发布这些资料的原因。

■ 这还不是全部，FCA 积极鼓励社会公众举报误导性金融推广，并设有专门的电话热线。

报纸或新闻

当公司出现在新闻文章或广播电视节目中，监管机构就会有所警觉，他们会就未掌握的信息展开调查，发现更多信息，以及此前没有察觉的原因。

对另一家公司的调查

如果监管机构对一家公司的调查过程中发现另外一家公司与之有所瓜葛，从而产生了对该公司的调查兴趣，对后者来说将是十分不幸的。事实上，越注重于对特定行业的专题检查越有可能反映整个行业好与不好两方面的实践。

客户向 PRA、FCA 或金融服务监察员（FOS）的投诉

客户可以就自己受到的金融服务的不满向 PRA、FCA 或 FOS 电话投诉。而无论投诉是否合理，是否空话连篇，只要指控足够严重，并有一定的可信度。监管机构都会予以重视，并向公司了解更多的信息。

揭发

■ 根据《1998 年公众利益披露法》（PIDA），如果员工揭发他们认为自己所在公司发生了某些行为，应该受到保护。

■ 这种做法包括刑事犯罪和不履行法律义务。

■ PRA 和 FCA 要求公司实施内部举报程序，包括需要有一个独立的人来处理这些报告。此外，根据 PIDA 的规定，监管机构本身也正式授权承担处理此类信息的角色。

■ 例如，一个心存不满的员工就所在公司的犯罪行为或不履行法律要求的情况，向监管机构提交了一份可信度很高的报告，该公司将离接到监管机构的调查电话为时不远。

如果发现所在公司存在监管机构未曾注意的问题，要根据情况严重程度是否需要向监管机构报告。这是合规官面临最难抉择的问题：不会因为坦白而被从宽处理。但是如果不这样做，一旦监管机构发现的话，事情会变得更糟。如果发现问题并决定不向监管机构报告，需要做的最重要的事情就是记录该决定的原因并留存档案。这将有助于为决定提供依据。同样重要的是，要尽可能使管理层参与到此项决策过程中。如果向他们报告根据原则 11，即公司有义务向监管机构公开相关信息，这将非常有帮助。并且从个人角度上来说，提醒他们根据关于核准人员的原则声明第 5 点要求，所有批准人员需向监管机构公开。毫无疑问，这将适用于公司的首席执行官和所有董事会成员（以及合规官）。

11.2 监管机构关注的重点问题

不是所有的监管违规行为都同等处理。毫无疑问，任何违反规则的行为都应尽可能地避免，但显然有些违规行为不会引起监管机构太多的兴趣。负责客户订单的员工弄错了客户的名字，与在富时 100 指数收购中反复市场滥用的行为是不能等同的。

幸运的是，在基于风险为导向的监管方法的背景下，PRA 和 FCA 已经清晰地表明它们所关注的问题：在这方面，监管机构没有隐藏任何目标，它们所采取的方法是受上述法定监管目标所影响的。从广义层面上看，监管机构主要考虑以下问题：

■特定事项对市场信心的影响；

■ 被检查事项是否有损金融服务业的稳定性；

■ 被调查的问题是否涉及金融犯罪；

■ 该问题是否对金融服务行业竞争产生影响？

对于法定的监管目标全世界的监管机构都非常相似，因此可以说是普遍适用的。

从微观层面说，以下内容就监管机构在认定违规程度方面给予了指导，比如认定违规、疑似违规，或是倾向于事故。

> ■ 是否要认定为违规？注意，这里所指的"规"范围很大，例如：
> ■《不公平合约条款法令》①
> ■《英国联合反洗钱协调小组（JMLSG）指导说明》
> ■《收购与合并城市准则》②

---

① 译者注：英国《1977 年不公平合约条款法令》（*Unfair Contract Terms Act* 1977）旨在限制使用合约的免责条款。

② 译者注：制定于 1968 年的《伦敦城市收购与兼并守则》是由英格兰银行牵头成立的会员式自律组织城市工作委员会制定的自律性规范，对上市公司收购的基本原则、收购的程序和实体问题作了详实的规定。

- 是否违反相关法规？
- 是否有违反法规的意图？
- 是否有金融犯罪的证据，如洗钱或市场滥用？
- 是否有证据表明该事项经常发生？
- 违规问题是否被认为性质严重，以致公司不再符合相关准入条件？
- 是否违反《批准人原则声明》？
- 事情再次发生的可能性有多大？
- 违规事项发生多久了？
- 是否涉及零售客户？
- 公司或员工的行为是否导致客户财产损失？
- 如果公司就如何避免某种违规行为提供了培训？培训是否充分？
- 是否采取了适当的补救措施？
- 公司或个人对于已发生事项的影响的了解程度？
- 公司或个人与监管机构的合作程度如何？
- 这个问题是由内部制度和控制不足导致的，还是"偶发的"？
- 企业或个人能够在多大程度上采取行动来避免事件发生？
- 通过追究这个问题，消费者的利益在多大程度上得到了保护？
- 是否有证据表明正在调查的事项缺少相关的管理控制？
- 事项是否会导致违反监管审批内容？
- 批准人是否超出批准范围行事？
- 公司或个人以前的履历如何？是否有过纪律处分？
- 针对事件或活动的事前审查介入程度如何？
- 从事该活动的人是否知道是违规的或者不适当的？
- 公司或个人是否肆意行事？
- 公司知道该事件后是否立即向监管机构报告？

- 该问题是否与公司或个人的其他"不当行为"有关？
- 该行为是否会受到另一个监管机构的处罚？
- 是否违反英国《经营行为原则》[1]？
- 是否有公司管理层失职的证据？
- 是否违反监管机构对企业的个别要求？
- 是否违反公司的内部政策和程序？
- 是否违反《市场行为准则》[2]？
- 该行为是否违背监管指引，无论是规则手册还是单独颁布的？
- 公司是否就解决正在被检查的问题寻求指导？
- 是否违反了禁止令[3]？
- 监管机构是否已经要求公司解决这个问题，而这个问题没有引起公司足够的重视？这个问题是否已被公司内部的风险管理、内部控制或审计部门强调，而没有引起高级管理层重视？

最后一个问题至关重要，一些监管处罚是在公司内部控制职能部门甚至监管机构已经就问题严重性作出提示的情况下，高级管理层不能或不愿意采取补救措施导致的！

11.3　监管机构的信息获取渠道

一旦监管机构认为它们不太清楚在公司内部所发生的事情，它们会采取更多的手段来收集信息。其中大部分会超出与你处理日常往来所采

---

① 译者注：FCA 的监管框架分为高水平标准（High Level Standards）、审慎标准（Prudential Standards）和商业标准（Business Standards）三类，其中在高水平标准中提出了 11 条原则（Principles for Businesses）。但 PRA 在 2014 年 6 月发布实施的监管手册中声称，根据社会建议将这 11 条原则替换为 8 条基本规则（the Fundamental Rules），并表示与 11 条原则相比，8 条规则可以更清晰地反映 PRA 的期望，也能更准确地反映 PRA 的基础监管规则。

② 译者注：《市场行为准则》由 FCA 制定，明确了市场滥用核心概念等细节，辨识了滥用行为的类型，并对包括不属于市场滥用在内的行为进行了举例。

③ 译者注：即根据《金融服务和市场法》第 56 条作出的命令，禁止个人从事特定行为，包括特定描述内的行为或任何行为。

取的常规手段范围。

监管机构如何获取更多信息

要求提供进一步信息

■ 在调查的初期阶段，监管者会通过电话、举行非正式讨论或者查阅相关档案的形式来要求获取更多的信息。提供信息的时限会有明确规定。

■ 在相关事项被制止的同时，监管机构还可能采取更为强硬的措施：如果与公司的正常监管沟通中，监管机构认为出现了不予配合的情况，如合作态度或提供信息的配合程度，那么监管机构有权选择加重措施：PRA 和 FCA 有权要求其在指定的时间范围内提供特定信息，即使公司并不想向监管机构披露。

强制性和自愿性访谈

除了可以要求相关人员自愿参加访谈，PRA 和 FCA 也可以进行强制性访谈。访谈情况通常会被记录下来，如果当事人涉嫌犯罪，会被予以警告。在这一领域存在 PACE[①] 准则，以确保监管机构和被访谈者权利和自由之间达到适当的平衡。

正式调查

如果监管机构对某个公司或个人看不顺眼，就可以启动正式调查。包括自行调查，以及委托他人代为调查。

专家报告（避免触发《金融服务和市场法》第 166 条）

如果监管机构不亲自进行调查，也可委派公司或相关人员指定有资质背景的专家来编写公司活动报告。在过去几年里，这种方法在正式和非正式的调查形式中都得到了相当广泛的应用。所谓"非正式"，有两种含义：针对有些情况，监管机构明确表态希望获得独立的报告，并且不打算正式诉之于第 166 条款的规定。而在另一些情况下，则通过公司自愿委任外部专家来报告问题，避免触发第 166 条款规定

---

① 即 1984 年《警察与犯罪证据法》。

的报告途径。

搜查和扣押权力

PRA 和 FCA 可以获得搜查令，来查阅文件和其他资料，并采取措施防止这些材料被篡改或销毁。搜查方式通常只有在它们认为无法通过其他方式获得文件或记录时才会使用。

联系金融服务督导专员（FOS）

如果有"适格的投诉"，FOS 可以启动调查程序。这样的调查可能要求公司提交相关的资料，该资料随后会传递给 FCA。

联系其他监管机构

英国监管机构已经与其他一些机构就调查合作制定了指导意见，可以获取以前未曾共享的信息。这些机构包括：

■ 英国反欺诈办公室①

■ 皇家检控署②

■ 英国高等法院的刑事部、公诉署

英国监管机构已与多家海外监管机构签署谅解备忘录，其中涉及重要的监管合作，如信息交流等。

11.4　如何应对监管检查及其他监管措施

如果发现已经处于监管调查之中，根据原则 11 最需要做的事情是保持开放与合作的态度。不管能带来多大的帮助，都不要试图销毁证据。不要逃离国家，也不要删除计算机中存储的信息。让 PRA 或 FCA 知道它们想知道的，看到它们想看到的。不要试图耍小聪明，认为可以获取胜利——不管能赢多少，事实上监管机构将更加强大，不要试图与

---

① 译者注：英国反欺诈办公室是隶属英国政府的一个非部长政府机构，主要职责是调查和起诉发生在英格兰、威尔士及北爱尔兰的严重或复杂的欺诈和腐败。

② 译者注：皇家检控署（简写 CPS）是英格兰和威尔士的检察机关，主要职责为对可能的违法行为提出检控。皇家检控署是隶属英国政府的一个非部长政府机构，首领为检察总长（DPP）。

它们为敌。这不意味着屈服：正如下文所谈到的，调查结果和案件执行并不是最终结局。但是反过来说，掩饰不会带来帮助。越不配合，越有可能失去赢得上诉的机会，如果事情已经糟到如此程度的话。下列事项为应对监管调查提供了主要选择。

面对调查和受规制时可以做出的选择

寻求专业帮助

■ 如果监管机构已经明确表示不满，最先做的事也是最重要的事就是寻求专业帮助。可以向以下人员求助：

- ■ 律师；
- ■ 会计师；
- ■ 合规顾问；
- ■ 以上全部。

■ 这些专业人士更了解监管机构的执法流程，并且在处理调查和帮助公司通过调查等方面更有经验。

■ 这些服务可能会花费不菲，但是比起锒铛入狱来要好很多！

向监管机构陈述

在收到监管机构将采取规制行动的通知后，收件人可以以自己的名义就案件（以书面形式或口头形式）进行陈述。陈述应该在规定的时间内完成。

独立投诉委员

根据《金融服务和市场法》，PRA 和 FCA 建立了针对其调查活动的投诉机制，任命了独立投诉委员。如果对监管机构行为不满，则可以向独立投诉委员申请启动投诉调查。

金融服务和市场特别法庭

■ 英国已经设立了金融服务和市场特别法庭，确保了监管机构的某些处罚决定可以受到审查。

■ 虽然这种机制是根据《金融服务和市场法》建立的，但又独立于监管机构，可以向特别法庭提交的事项包括：

■ 撤销批准人资格；

■ 对受监管公司采取的规制措施；

■ FCA 关于变更受监管公司监管审批范围的决定；

■ 对市场滥用采取的规制措施。

■ 从历史上看，特别法庭已有针对监管机构进行裁决的著名案例。这些案件包括英国法通保险公司（L&G）不当销售案（见专栏8）和保罗·戴维森（绰号"水暖工"）涉嫌被控市场滥用案。

■ 然而，如果你决定申请这个流程的话，那么要非常谨慎——以前经纪人蒂姆·鲍德温的案件为例。2006 年法庭洗清了对他参与市场滥用的指控。但是，他仍然要为与 FCA 的诉讼支付可观的法律费用，而这些费用远高于原来的罚款。在这种情况下，法庭无法补偿鲍德温先生的法律费用，尽管声誉得到了恢复，但也为此付出了巨大的代价才得以从整个事件中脱身。

调解

FCA 建立了独立调解机制用于促进各方达成和解。根据该机制，由指派的调解员居中协助各方谈判。大多数案件执行中都适用这一机制，但不适用于 FCA 提起刑事诉讼的情形。

求诸于新闻媒介

如果认为监管机构处理不公正，还有一种非正式的选择就是求诸于新闻界，寄希望于他们能够代为发声。这并不能保证成功，也可能会适得其反。这是在绝境中的一种冒险选择，这样做也没有任何损失。

依据《1998 年人权法》起诉

《人权法》禁止公共机构（如 FCA）以违反《欧洲人权公约》的方式采取行动。如果认为 FCA 的行为侵犯了自己的权利，可以在法庭上挑战这些行为。

在行业协会的支持下上诉

如果认为监管机构没有给予公正的待遇，可以尝试联系所属行业协会，以保护会员利益为由寻求它们对案件的支持。

《1998 年民事诉讼规则司法审查程序》①（第 54 部分）

■ 如果想挑战监管决定或行动的合法性，也可以依据《1998 年民事诉讼规则（第 54 部分）》的规定，通过司法审查来辩驳监管机构（或 FOS）的决定。

■ 如果法院裁决 PRA、FCA 或 FOS 行为非法，则有权力发出撤销命令或禁止令作为补救措施。需要注意的是，司法审查不是一种上诉，而仅仅是对作出决定的方式是否遵循适当的程序而提出质疑。

11.5　违规行为带来的后果

合乎于规定，不是一件有意思的事情。然而比起违规所引起的监管机构的严刑峻法，甚至令自己身陷囹圄，还是幸福很多。如果按照前面所说的做，那么公司就不会出现问题！但最好还是要知道，如果那些公司（包括这些公司的员工与合规官）自以为是，认为没有必要遵守监管法规，由此可能产生严重后果。

如果 PRA 或 FCA 决定采取更为严格的监管措施，则必须严格遵循执法程序。这在《决策程序和处罚模式》中已经明确规定，简单地说，监管机构必须先就准备采取的惩戒行动下发《监管通知书》，而后再采

---

① 译者注：1998 年，以民事司法制度改革中期报告和最终报告为基础的新《民事诉讼规则》（*Civil Procedure Rules* 1998）颁布，并于 1999 年 4 月 26 日生效实施。英国司法审查之诉是指对如下事项合法性进行复审的诉讼：（1）法规；或者（2）与履行公共职能相关的裁决、作为或不作为。如原告寻求义务令（mandatory ordere）、禁止令（prohibiting order）、撤销令（quashing order）或者根据《1981 年最高法院法》第 30 条（限制某人担任其无权出任的任何职位）的禁令，则须运用司法审查程序；如原告寻求宣告性裁决（a declaration）或者禁令，则可运用司法审查程序。此外，司法审查之诉还可包括但不限于损害赔偿诉讼（参见徐昕译《英国民事诉讼规则》（第 54 章第 54.1 条），中国法制出版社 2001 年版，第 278 页、279 页。）

取相应的行动，且需明确监管决定的生效日期（见专栏 12 "英国监管机构执法程序"）。

潜在的后果

不采取行动

监管机构认定公司没有出现问题是最好的，不需要采取任何行动。或者，监管机构一度拟采取惩戒措施，但后来认为问题有所好转。在这种情况下，监管机构将下达中止通知，说明先前给予的警告或决定通知中提出的行动计划现在无须执行了。

以非正式的形式要求公司有所改观，或保持监管机构知情

■ 如果事实证明监管机构对于公司的情况并非十分关切，则会仅就如何改观给予非正式的建议。或者要求其随时报告监管机构所关注领域的未来变化情况。在实践中，大多数公司都会执行监管机构制定的风险缓解计划（RMP）。在风险缓解计划中概述了公司存在的问题，及监管机构的要求。

■ 如果是这种情况，有必要开展一次全面的检查，并定期对"问题领域"进行监督，以确保全部达到公司基本要求，并且要未雨绸缪，准备下一次例行检查。

个别指导

■ 相较于"非正式形式的要求"，再严重一级的措施就是监管机构开展个别指导，要求公司以特定方式管理其事务。指导意见一般会以书面形式下达，并且会事先与公司进行沟通。

■ 个别指导适用于多种情况，例如，详细说明就特定公司来说如何适用监管规则给予详尽的指导。或者针对公司的经营活动性质给予现有监管规则之外的指导。

变更 PRA 或 FCA 已批准的第四类许可（个别要求）

如果监管机构对公司业务提出了具体的关切事项，则可能会变更已对公司做出的监管审批决定。

■ 这可能是很多原因引起的，例如监管机构担心由于公司机制或控制不足而导致不再满足授权的准入条件，或者公司投产的新产品尚未被已有的管理机制覆盖。

■ 变更第四类许可可以通过书面的限制或要求来实施。

■ 个别限制涉及公司的业务类型，接触的客户类型，以及公司提供的投资类型。

■ 个别要求可能与资本充足情况或所提交的具体报告有关。

■ 为了支持其他境外监管机构，PRA 或 FCA 也可能改变第四类许可内容。

■ 如果监管机构认为可以通过与公司的正常监管关系实现同样的效果，监管机构不会决定变更公司的第四类许可。

取消第四类许可

如果监管机构对公司情况有非常严重的疑虑，则有权取消其第四类的许可。也可能因为支持其他境外监管机构，而取消公司的第四类许可。

禁令

■ 如果一个人的行为与法定义务相冲突，PRA 和 FCA 有权依据《金融服务和市场法》以及《不公平消费者合同条款规范》[①] 向法院申请禁令。

■ 禁令可以用于：

■ 防止在合同中使用不公平的条款；

---

① 译者注：英国是最早对不公平格式合同条款进行立法和监管的国家之一。英国当代对免责条款的立法始于《1938 年租买法》，它规定了租买合同中商品适销性和符合购买目的等默示条款不能免除。《1973 年商品供应（默示条款）法》规定了在消费者销售、租买交易中一些默示条款不能免除。《1977 年不公平合同条款法》是英国现行规范不公平合同条款的专门性成文法，该法同时适用于消费者合同和经营者间的合同，主要对不合理的免责条款进行了规定。1994 年英国根据欧共体《不公平消费者合同条款指令》（1993OJL95/29），制定了《1994 年不公平消费者合同条款规范》。随后，为了加大与欧共体指令的一致性，解决法律执行中的问题，英国对原规范进行了修改，出台了《1999 年不公平消费者合同条款规范》。

■ 冻结资产；

■ 制止行为；

■ 纠正行为。

撤销批准人资格

如果监管机构认为批准人不再符合《适当人选准则》，就有权撤销其资格，或阻止其特定的行为。监管行动通常伴随着禁令（见下文）。

对个人行为的禁令

■ 禁令可以针对任何个人，可以是批准人，也可是其他人员。禁止的情形包括：

　　■ 禁止从事与相关监管相违背的行为；

　　■ 禁止为特定的受监管公司服务；

　　■ 禁止为特定类型的公司服务；

　　■ 禁止从事特定行为。

■ 当监管机构认为相关人员不符合《适当人选准则》时，将会下发禁令。

■ 监管机构可以在一段时间后撤销禁令。在实践中也有一些预设时间段的禁令，例如两年时间，此后禁令会自动失效。相关个人也可以向 FCA 申请撤销或更改禁令。

恢复原状，赔偿和补偿

■ 根据《金融服务和市场法》，监管机构有权要求支付赔偿金，或向法院申请恢复原状。

■ 当决定是否赔偿时，监管机构会考虑以下几个因素：

■ 受影响的人数；

■ 追讨赔偿的成本；

■ 其他监管机构是否可以追讨赔偿？

■ 个人是否可以自行提起诉讼。

■ 此外，FOS 可能要求公司支付赔偿或采取适当的行动。

破产令

如果 PRA 和 FCA 确认符合公众利益的话，可以向法院申请破产令。监管机构申请破产令的情况包括有关实体不能或不太可能偿还债务。监管机构本身不得是该笔债务的债权人。

公开谴责

PRA 或 FCA 可以对公司或个人发出公开谴责，情况包括：

■ 违反法规或商业原则。

■ 违反批准人原则声明。

■ 市场滥用。

罚款

■ PRA 或 FCA 可以对公司和个人施加罚款。

■ 以 PRA 或 FCA 罚款为保险对象的合同是不被允许的。

■ PRA 和 FCA 制定了罚款金额裁量的标准。

■ 在某些情况下，提前支付罚款有可能打折。但要注意的是，如下表所示，PRA 或 FCA 的罚款水平正在呈上升趋势。

年份	罚款总额
2012	311 569 256 英镑
2011	66 144 839 英镑
2010	89 121 281 英镑
2009	35 005 522 英镑
2008	22 706 526 英镑
2007	5 341 500 英镑

资料来源：英国国家档案馆（The National Archives）网站，2014 年 5 月 25 日。

FCA 起诉

■《金融服务和市场法》赋予英国监管机构起诉某些刑事犯罪的权力，包含：

■ 市场滥用；

■ 内幕交易；

■ 违反《反洗钱条例》。

■ 在决定起诉之前，监管机构会考虑犯罪的严重程度。涉及洗钱犯罪的，FCA 还会考虑是否违反了《联合反洗钱协调小组（JMLSG）指导说明》。

■ 令人欣慰的是，监管机构的立场是能够提供帮助就不进行处罚。毕竟，监管机构有败诉的可能性，继而需要继续上诉，这将对其在行业内外的信誉造成严重影响。

不公开警告

■ 如果监管机构对公司或批准人的行为不满，但又不希望启动正式的行政处分程序，可以先签发不公开警告。

■ 此类案例涉及的违规行为往往较轻微，或已经采取适当补救措施。

■ 不公开警告作为正式书面文件，构成监管记录的一部分。

向 PRA 或 FCA 以外的其他监管机构通告和提供协助

监管机构可以将有关不法行为的信息传递给其他监管机构，如并购委员会①或其他海外监管机构等。也可以根据海外监管机构的要求指定人员开展调查。最严重的情形是引渡（见第 3 篇—合规热点与前沿问题专栏 4 "引渡"，所涉及的 "国民西敏寺银行三员工案"。)

PRA 或 FCA 以外监管机构的行动

如果 PRA 或 FCA 没有采取规制措施，这可能因为相关问题正由其他监管机构调查处理，例如：

■ 公认的投资交易所；

■ 海外监管机构或执法机构；

---

① 译者注：英国上市公司的并购由英国 "并购委员会"（Takeover Panel）监理。该组织由金融和法律专家组成，负责《并购条例》（Takeover Code）的制定和执行。

■ 英国反欺诈办公室；

■ 皇家检控署；

■ 英格兰、威尔士及北爱尔兰警长协会；

■ 英国高等法院的刑事部、公诉署。

其他机构采取的监管行动不能妨碍 PRA 或 FCA 采取行动。

针对损害采取的行动

针对某些规定和法律要求的行为，可以由遭受损害的个人提起诉讼（有些情况下可以由他人代为诉讼）。这些权利适用的规则已在 FCA《手册》每一部分结尾做出了规定。

协议不可执行

在很多情况下，如果协议与《金融服务和市场法》的某些关键要求不符，则不能被执行。这些情况包括：

■ 涉及违反普遍性禁止规定的受监管活动的协议；

■ 涉及非法通信的协议。

损害公司和个人的声誉

如果公司或个人的名字出现在负面新闻中，那么对于赢得优质客户，或新的工作机会，都会大受影响。请记住，当申请批准人资格时，受到的 PRA、FCA 或其他监管机构的处罚都需要披露；由于 PRA 和 FCA 将参考此类记录进行审批，因而不能对此视而不见。

违反劳动合同

违反劳动合同造成的后果，因公司而异。可能导致员工失去某些权利（如分配红利等），或者在今后更换工作时无法得到职业推荐信。"最糟糕的情形"是被解雇，或被责令辞职。令人欣慰的是，这一过程通常是非敌对和保密的，对员工未来的职业生涯造成的影响是最低限度的（特别是员工为过错一方）。

战略性撤退

发生重大监管问题之后，英国公司的海外业主可能会简单地认定，不值得在英国做生意，决定退出英国市场，导致员工失业。

不合规的最终代价……

如果公司对监管执法行为感到不安，那就想想不受中国监管法规的管辖是多么幸运。在过去几年里，至少发生了两起相关人员由于违反中国银行业监管规定而被判处死刑的案件[①]。

在第 2 篇 A 部分中，将列举英国采取的相对缓和的执法行动。正如本章开篇所指出的，了解有关这些监管行动的案例可以有效（至少一段时间内）帮助避免受到监管行动，即使来自那些最有经验最挑剔的监管机构。这就是在公司内部建立一个向管理层和同事分发监管信息系统的原因。FCA 网站是查询当前和历史监管案例的有效来源，包括针对公司和个人的执法行动。因为一旦公司或个人被采取监管行动，必然会形成监管记录。在监管制裁领域不适用《罪犯前科消除法》[②] 等法规。在任何情况下，竞争对手都会关注这方面的记录！

---

① 译者注：2015 年 8 月 29 日中国全国人大常委会通过刑法修正案（九）删除《刑法》第一百九十九条集资诈骗罪死刑的规定。中国《刑法》中目前已经没有金融犯罪死刑条款。

② 译者注：英国在 1974 年制定《罪犯前科消除法》（*Rehabilitation of Offenders Act*），规定消除前科后不得再提及其原先的判罪，除非被告知加以说明。消除前科的期间因原判刑罚的不同而不同，原处罚金的为 5 年，原处 6~30 个月监禁的为 10 年，少年犯为 3~7 年，轻微处罚通常为 1 年。

第2篇
合规要点与实践指南

A 日常合规管理活动

本部分包含了合规官最普遍的一些日常活动，如下表所示。需要注意的是，表中每个领域的描述都是概括性的，合规官需要根据所在公司、业务和客户的情况，制定相匹配的流程和控制措施。

活动
1. 合规文化、伦理与道德
2. 合规手册的制定与更新
3. 合规政策和流程的制定与更新
4. 合规培训
5. 实施整改计划及监督
6. 保持良好内部关系
7. 年度合规计划
8. 合规部门章程制定与更新
9. 年度合规声明
10. 对集团内其他机构的监督
11. 合规风险评估
12. 某企业研究部门的风险评估案例
13. 合规咨询与合规项目
14. 与监管、清算所、外汇交易所等的关系管理
15. 监管来访
16. 外部合规服务商
17. 关注监管报告和行业动态

续表

活动
18. 制定合规视图以及评估分析新合规要求
19. 向 FCA 和 PRA 的定期报告
20. 向 FCA 和 PRA 的临时报告
21. 向 FCA 和 PRA 支付监管费用
22. 专业团体会员
23. 保持更新
24. 处分流程
25. 欧盟通行证管理
26. 监管规定使用的协议或文本
27. 利益冲突
28. 市场滥用
29. FSMA 2000 对内幕信息的定义
30. 已命名的及广为人知的市场操作技术
31. 中国墙
32. 内幕者清单
33. 观察和限制性名单的维护
34. 个人账户交易
35. 诱因
36. 金融营销活动审批
37. 对投诉和诉讼的处理
38. 处理违规
39. 培训和胜任能力管理
40. 资格准入管理
41. 新型交易或非标交易审批
42. 录音管理
43. 数据保护合规
44. 公司信息
45. 保存记录

续表

活动
46. 新的部门
47. 外包
48. 举报
49. 客户分类
50. 信息管理
51. 欺诈
52. 合规监督

主题	合规文化、伦理与道德
目标	确保公司文化能促使业务行为始终满足道德标准。
释义	1. 如果公司没有好的合规文化，所有的培训、制度和流程也不会有效发挥作用：员工将尽可能绕过这些标准，或者只遵守那些对自身有利的内容。 2. 公司企业文化对正直和道德是否重视正变得越来越重要，因为较之于规则导向监管，监管部门越来越倾向于原则导向监管。像 FCA 的"公平对待客户倡议"监管要求，以及 FCA 的监管手册中指出的那样：人们会发现即使他们没有违背任何监管规则，而仅仅是监管认为他们存在对客户不公正、不合理的行为，也将遭受监管处分。 3. 确保行为符合道德关乎我们的核心利益，如果英国人做生意给人留下狡猾的印象，那么跨国公司将不会愿意浪费任何时间来英国寻找交易机会。
必要措施	1. 确保员工行为符合道德并不容易，仅仅通过编写手册或制定流程并不能确保职业道德内化于心。让员工遵守公平行为、客户公正、同等对待同事和同业等职业道德要求还需要做更多事情。 2. 树立一个好榜样，以及持续关注企业的行为是一种方法。对此，合规部门作为企业的合规中心，可以在其中发挥作用。 3. 高管层在培育企业合规文化中有至关重要的作用，他们应当自觉地在说话和做事时发挥正向的、榜样的作用。 4. 根据企业自身的特征采取有针对性的道德培训是一个很好的方式。 5. 基于《公开信息披露法案》以及 CRD Ⅳ 最新进展，企业应当建立举报流程。它为员工举报不道德行为或与合规文化相悖的行为提供了适当的报告路线。 6. 另外一个思路是组建"声誉风险和道德委员会"，用来评估经营计划是否符合道德标准，以及对员工可疑行为进行处分或采取相应整改措施。 7. 大部分的企业选择制定"道德准则"，该准则包含监管要求以及企业行为的方方面面。这是很重要的文件，在阐明企业价值观和文化方面扮演重要角色。

主题	合规手册的制定和更新
目标	将合规管理体系和控制措施中的必要信息汇编成册。
释义	1. 虽然英国没有明确要求企业必须制定专门的合规手册，但这却是监管所期望的。合规手册能确保员工了解监管的期望，以及违规行为将面临什么样的处罚。 2. 对于合规官来讲，合规手册是有用的工具。通过将所有合规要求集中到合规手册中，并传导给所有员工，那么员工以后如出现违规行为，将无法狡辩。从这一点来讲，合规手册相当于给合规官的工作上了一道保险。 3. 编制合规手册是很耗时的工作，所以有些公司会聘请顾问或律师来完成。 4. 如果指定他人来完成合规手册编写，那一定要进行质量检查，确保手册的实用性。要知道，一个2000页的手册，即使内容再全面也没人愿意读。 5. 合规制度和流程通常更注重细节和某一具体领域，与之相比合规手册通常内容层级更高，且适用于全体员工。
必要措施	1. 编写手册。通常包含以下章节： （1）简要描述合规的定义及重要性。 （2）简要描述企业的合规职能。 （3）概述企业的合规管理体系。 （4）详细描述与本企业有关的合规要求。 （5）上述这些合规要求对员工的影响。 （6）哪些员工需要遵守上述要求。 （7）如果违规将受到什么处罚。 （8）如何获取进一步的信息或指导。 2. 搭建一个系统来确保所有新员工都签署了合规声明，用于表明他们已经阅读了合规手册，明白手册的内容并保证遵守相关要求。 3. 企业需要定期更新合规手册，最好一年更新一次，如果合规要求发生重大变化，也可以随时更新手册，以便员工了解。手册每次修订后，都需要员工重新签署合规声明。 4. 将合规手册上挂企业内网，确保员工随时查看，这样没人可以说自己没看到。 5. 在企业雇佣合同中增加一款，"员工必须遵守合规手册的要求，否则将受相应处分"。

主题	合规政策和流程的制定与更新
目标	确保企业具备所有适当的政策和流程，以便员工能够了解和执行相关的合规要求和最佳实践。
释义	1. 有些政策或流程是强制要求或是最佳实践，包括利益冲突政策（FCA 的要求）、对待客户的最佳方式（FCA 的要求）、反洗钱（JMLSG 的要求）、举报政策（CRD Ⅳ 和 SYSC 1998 年出台的《公共利益披露法案》）等，都是企业应当具备的。 2. 为满足企业经营活动的特定需要，有些政策或流程也是需要的，比如欺诈、中国墙、录音和数据安全等。 3. 要在培训中添加链接，方便员工获得适当的政策和流程，但不要指望他们单纯自学，合规部门需要告诉他们。 4. 要将一些主要的政策和流程编制成册，并发给员工。这样的话，当员工出现一些不当行为的时候，无法辩解声称自己不清楚，因此，这也是对合规官及企业的一种保护。 5. 相较于合规手册，政策和流程的手册通常更详细，且并不需要整个企业用统一的一本，而合规手册则通常层次更高且适用于全员。
必要措施	1. 梳理 FCA 的要求，明确企业需要制定哪些书面政策。 2. 基于各监管和法律要求，结合企业自身实践和经营活动，研究企业还需要制定哪些书面政策，以满足自身管理需求。 3. 政策和流程文件不宜太长或太复杂，否则员工读起来也很麻烦，也不可能做到行为完全规范，一些非实质性的违规可能会经常出现，而且有一点小的变化也需要去修订政策和流程。政策和流程在制定时要尽可能考虑实用性，避免长篇累牍的叙述，代之以精练的原则性描述，并附以相应的注意事项清单。 4. 如果某企业是一个大企业集团中的一员，应考虑集团成员之间的协同性，是否可以共享共用政策和流程，或者至少相互借鉴模板和思路。需要注意的是，反洗钱政策和利益冲突政策应该建立整个集团的统一标准。另外，对于集团总部制定的政策，可能也是需要成员企业遵守的，但需要保证其满足当地监管、法规等的要求。 5. 应当知晓企业的政策审批流程。政策可能需要董事会审批，需要冠以内部文号，以及需要政策管理团队公布等。 6. 确保政策和流程能够被相关人员获得，将其上传内网通常是一个好做法。 7. 某一政策或流程一旦发布，则需要向相关人员进行培训。 8. 可以要求相关人员签署知晓声明，以明确他们已经知晓、理解并同意遵守该政策和流程。 9. 应该定期监督合规政策和流程的执行情况。这也能帮助合规部门在相关违规行为被内审部发现前，提前了解并加以纠正。 10. 应该定期梳理政策和流程，并根据监管规则和企业经营等变化及时修订。

主题	合规培训
目标	确保员工了解相关的合规要求。
释义	1. 即便监管没有正式要求，合规培训也是十分有必要的，因为如果员工不知晓相关合规要求，却要求他们去遵守，这样很不公平。 2. 合规培训也是对合规人员及企业的一种保护，即便员工行为违规，他们也无法狡辩。同时，如果监管部门发现企业的重大违规行为，他们常常会关心企业做没做过相关培训，此时如果回答"没做"显然是不明智的。
必要措施	1. 识别与企业有关的所有强制性培训要求，比如反洗钱就是众所周知的。 2. 基于合规部、内外审计发现的缺陷，监管部门的要求，企业经营的变化及相应产生的新的合规要求，明显与同业相反的行为，以及平时看到的新闻报道等，考虑是否需要进行相应合规培训。 3. 一旦梳理出需要进行合规培训的领域，应制定相应的培训计划，一年一次最好。 4. 尽可能做到差异化培训，不是所有部门都要一模一样，他们的职能并不相同，所以在制订培训计划和准备培训材料时要充分考虑这一点。 5. 有以下几种培训方式可供选择： 自行准备培训讲义；聘请培训公司；组织员工参与外部培训；组织研讨和实践课程；开展案头研讨；网络学习；将合规公告通过邮件发送给相关员工；要求员工阅读某些文件。 6. 可以尝试请高管层参加培训，借此引导所有员工积极参加。 7. 将所有应当参加培训的人列出清单，并对照记录哪些员工完成了培训，最好通过面对面的方式让他们签字确认。有的企业还提供培训认证。 8. 对于规定时间内未完成培训的员工，应当向其管理层报告。 9. 尤其要关注合规基础培训。要知道员工应当掌握哪些最基本的合规知识。应当为新员工设计一个合规培训项目，并提供相应的合规手册、政策和流程等文件。虽然这会花一些时间，但却能保证每个人都能得到与其相匹配的合规培训，同时也能保证每个人从加入企业开始就了解合规。 10. 还需要思考给临时员工和合同工进行哪些合规培训。如果他们并没有很多时间参加，那不一定非要对他们进行完整的合规培训，但应当选择一些必要的培训内容。 11. 需要与人力资源部门持续联系，以及时掌握新员工信息，包括正式工、临时工还是合同工，否则将很难知晓全部应参加合规培训的人员名单。

主题	实施整改计划及监督
目标	确保适当和及时解决所有控制缺陷和违规行为。
释义	合规部门不时会接受来自监管部门、外汇管理部门、内外部审计和总部合规团队各种各样的检查。这些检查过后，合规官通常需要组织开展一系列工作来整改违规行为、强化合规管控基础。
必要措施	1. 尽早掌握即将开展的检查，以便在监管或审计来之前做好相应的准备。 2. 帮助员工做好检查前准备，使他们了解检查者、检查内容等信息，以及相关可能需要回答的问题。 3. 一旦检查完成，尽可能与检查团队在退场前进行会面，以尽早了解检查报告中可能提到的问题。 4. 如果对任何检查发现问题有异议，要确保告知检查团队并提供相应证据。 5. 尽可能与检查团队进行沟通，确保检查报告中的整改建议符合实际。 6. 一旦获得最终的检查发现问题清单，就需要把整改措施上传数据库，包括相关问题的整改负责人及整改完成时间。 7. 如有必要，定期向高管层报告整改进度。 8. 要完整记录所有整改措施和实施情况，以便检查团队能及时跟踪。 9. 还可能需要组织相关检查，确保新制度、流程或行为符合要求。 10. 有些检查发现需要其他部门进行整改，即便如此合规部门仍需要组织制定整改计划，保证整改工作有序开展。

主题	保持良好内部关系
目标	应当与各部门保持良好的关系，以便沟通相关信息。
释义	合规部门和其他部门之间的信息、知识分享能相互受益，特别是与内审、法律、操作风险、市场、信用风险管理、人力资源等部门。
必要措施	1. 考虑与企业哪些部门最有必要进行信息共享。 2. 接触这些部门的关键人员。 3. 将合规人员添加到对方的邮件和发送通讯录中，以便定期接收信息。 4. 将最想了解的信息告诉对方，比如欺诈、严重的违规行为以及处分等。 5. 与上述人员定期会晤，以了解相关部门的最新动向。 6. 看看拥有的哪些信息是对方所需要的，发送给他们。
进一步的信息	参见第 2 篇 D 部分。

主题	年度合规计划
目标	确保合规部门明确工作重点，同时借此评估合规部门工作。
释义	没有计划不成方圆，合规部门也一样，合规计划能帮助合规部门明确工作重点和优先级，评估合规工作绩效，以及体现合规部门的重要性。
必要措施	1. 虽然合规计划制定的周期和频率可以灵活选择，但最好一年制定一次。 2. 明确未来 12 个月内的序时工作目标，可能包括：招聘更多的合规雇员、合规培训计划、制定新政策和流程、修订存量政策和流程、加入某行业协会、开展必要的检查、将某些手工合规环节自动化，根据其他部门的要求、监管关注重点、企业最近发生的内部或监管处罚、企业经营变化等来确定上述事项的优先级。 3. 对每个事项明确完成时间。 4. 明确每个事项的责任人。 5. 定期跟踪工作进度。 6. 合规计划应具备一定的灵活性，以便应对一些不确定的事件。不要过于死板地执行合规计划，因为随着时间的变化，各事项重要性也会发生变化。 7. 预算是制定合规计划需要考虑的关键因素，要知道巧妇难为无米之炊。

主题	合规部门章程制定与更新
目标	确保合规章程能够得到及时有效的更新和执行。
释义	正如第 3 章所述，合规章程明确了合规部门的权利和义务，是很有价值的。
必要措施	按照第 3 章的内容，制定合规章程及对应的指引，确保章程及时更新，确保其他部门知晓。制定及修订的章程需要得到董事会审批。
进一步的信息	参见第 3 章。

主题	年度合规声明
目标	确保员工持续了解合规政策、流程与手册内容。
释义	记得经常提醒员工他们应负责的合规义务，这毋庸置疑是对的。因为他们可能只了解很久之前的合规手册、流程和程序，以及参与的合规培训，有些内容已经不记得或已经发生了变化。
必要措施	1. 要求员工签署年度合规声明是一个很好的方式。 2. 可以将需要员工确认的内容添加到合规声明中，比如"确认会遵守合规手册、政策和流程的要求"、"所有个人账户交易符合企业政策的规定"、"内部信息已按规定处理并向合规部报告"、"所有收到的礼物或其他受益情形已按企业政策处理"、"向 FCA 提供的与需核准人员有关的信息没有发生变化，或已经更新了变化的内容"。 3. 明确年度合规声明签署完成的时间。 4. 记录已经或暂未签署合规声明的员工情况。 5. 应梳理未按时签署合规声明的员工清单并向高管层报告。

主题	对集团内其他机构的监督
目标	确保公司各个层级或条线的合规团队，能够做好所负责的机构或业务领域的合规工作。
释义	如果某大集团有很多分支机构或子公司，那么在集团总部可能会有一个专门的合规部门，它通常承担组织协调各辖内机构合规部门的责任。因此，为避免由于缺乏与所负责领域人员、业务和问题相关的知识，而承担相应责任，集团合规部门需要妥善对辖内机构进行监督，并尽可能采用统一的方法，同时积极了解各成员机构之间存在的监管环境等差异。
必要措施	1. 明确本合规部门负责监督的各级合规部门，建立相应名单。 2. 针对每一个合规部门，需要掌握相关雇员的名称和岗位，特别要清楚合规部门负责人的信息。 3. 还需要知道各级机构是否还有其他部门提供合规服务。 4. 明确需要在集团范围内实施的合规服务、管理活动、政策和流程。比如，考虑全集团是否要使用统一的合规手册，是否有处理个人账户交易的统一要求，以及是否要统一存储集团培训信息。 5. 还要清楚哪些政策是必须在集团范围内实施的，比如英国对利益冲突和反洗钱政策就有这样的要求。 6. 确保对各级合规部门开展足够监督，可采用如下一些方式： （1）组织各级合规部门定期召开会议，可通过面对面、视频或电话会议的方式，如果高管层支持，也可以选择在异地集中召开会议。 （2）建立定期书面报告机制。 （3）建立临时专项报告机制。 （4）就合规人员的参加培训情况及专业胜任能力，明确最低要求。 （5）明确所有合规部门必须执行的合规管理程序。 （6）对各级合规部门开展监督，搭建总部与各级合规部门的员工交流或互访机制。
进一步的信息	参见第 5 章。

主题	合规风险评估
目标	确保掌握企业面临的主要风险，以及需要采取的应对措施。
释义	合规风险管理要求采用风险导向的方法，前提就是要进行风险评估。

续表

主题	合规风险评估
必要措施	1. 明确需要进行风险评估的内容，比如某些法律或监管规则、产品、服务、某些部门还是整个企业。 2. 明确风险评级的方法和内容，包括但不限于： （1）违反监管或法律要求的可能性； （2）违反监管或法律要求带来的影响； （3）是否该领域或问题是监管或媒体的热门话题； （4）是否监管部门近期曾就该领域或问题进行过处罚； （5）是否该领域或问题已经受到监管关注； （6）该领域或问题对企业的重要程度； （7）内部合规情况：是否合规或内审曾发现涉及该领域的缺陷，是否操作风险管理中将该领域设置成重点关注； （8）是否发生与该领域相关的大量客户投诉； （9）企业员工是否有处理该领域的经验。 3. 识别与每个领域有关的风险，得出相应的风险等级。 4. 当识别出与某领域有关的所有合规风险，需要考虑相应的管理或纠正措施，同时可以考虑需要实施哪些额外的控制措施。 5. 还应当设置风险容忍度，某一领域的风险值需要与其风险等级（高、中、低）相匹配。 6. 下文提供了一个风险评估的案例。 7. 在完成风险评估并明确相应的整改要求后，可以识别出需要重点关注的领域，并将其纳入年度合规计划。 8. 这类风险评估方法可以同样用于合规监督中，来识别需要进行检查的领域或问题。 9. 风险评估结果需要根据企业经营变化等来定期更新。

某企业研究部门的风险评估案例

下表描述了研究部门可能会面临的合规风险，已采取的缓释措施以及将进一步采取的管控措施。这些风险被分为1—3级，3级为最高。

风险	已有的控制措施	进一步的管控措施
研究报告在提供给客户之前泄露给其他部门。 风险等级2级（影响较大但已有较好管控）。	1. 运用电子分发式系统，可以向包括内部部门和客户在内的所有收件人同时发送研究报告。 2. 已经通过培训使研究团队认识到同时向所有收件人发送研究报告的重要性。	1. 定期审计电子分发式系统，确保其能始终稳定恰当。 2. 重新就发送报告的同时性要求进行培训。

续表

风险	已有的控制措施	进一步的管控措施
研究部门与投资部门串通以影响证券价格，获取利润。 风险等级2级（影响较大但已有较好管控）。	1. 研究部门和投资部门都已经接受相关培训，知晓确保研究独立性的重要性。 2. 合规部门通过定期检查以识别研究部门和投资交易之间任何可能存在的关联。	研究是否可能开发应用信息系统，来自动识别研究报告发布与投资交易之间的联系。
研究部门的分析员在研究报告发布前已进行交易。 风险等级2级（影响较大但已有较好管控）。	分析员的所有交易在实施前，必须由其主管和合规部门审批。	定期对分析员历史交易进行检查，识别是否存在任何交易早于研究报告发布前完成。
分析员撰写报告的内容受到了出版商的影响。 风险等级2级（影响较大但已有较好管控）。	1. 研究部门明确禁止此类行为。 2. 与出版商串通影响报告内容会受到企业内部处分。 3. 所有分析员都必须签署研究独立性声明。	不需要考虑其他进一步措施。
研究报告中遗漏了免责声明。 风险等级1级（影响可能不大且已有较好管控）。	在研究报告发布前都要进行复核，以确保包含适当的免责声明。	不需要考虑其他进一步措施。
研究部门的新领导由于在海外，对英国监管体制不太了解。 风险等级2级（可能有很高的风险但已有较好管控）。	1. 现有的研究部门员工对英国监管要求很熟悉。 2. 研究部门已经将英国监管要求纳入流程中。	1. 向研究部门新领导提供英国监管要求方面的培训。 2. 在研究部门新领导对英国监管要求熟悉前，合规部门开展强化监督。
研究团队没有被"中国墙"隔离。 风险等级3级（有很高的风险，现有缓释措施只能限制此类影响）。	1. 研究部门办公区域并不挨着前台部门，但并没有物理隔离。 2. 企业全员应接受培训，了解研究活动独立的必要性。	1. 将研究部门搬到一个严格限制进出的办公区。 2. 通过适当的流程进一步强化物理隔离，同时向所有相关员工进行培训。

主题	合规咨询与合规项目
目标	在综合考虑所有适用法律法规、监管规则和最佳实践的基础上，在合规事项或项目中，为业务部门提供合规咨询。
释义	合规活动并不都像合规基础培训、个人账户交易审批等一样是日常的、确定的，少数合规问题比较复杂，无法按照一般适用的程序去处理，需要进行综合分析。
必要措施	1. 合规人员有时需要提供合规咨询或参与到某一合规项目中，那就需要尽可能全面地了解与此有关的要求。 2. 合规人员需要明确咨询回复的截止时间。有些复杂问题无法像期望的那样马上有答案，而可能需要花上成月的时间。可以参考第 10 章的内容来处理此类非常规合规问题。 3. 如果无法在截止日期前回复咨询建议，应当与咨询者或项目人员进行沟通，以便延期或修改咨询的范围。"期望管理"自始至终都是很重要的，特别当有很多工作同步开展时，比如法律咨询。

主题	与监管、清算所、外汇交易所等的关系管理
目标	与监管或其他监督主体保持良好的关系。
释义	当处理企业与监管部门或其他监督主体的关系时，合规官应当确保本企业足够公开与合作。
必要措施	1. 识别与企业有关的所有监管部门及其他监督主体，比如股票交易所、清算所、国际组织和政府部门等。 2. 编制监管主体清单，明确与他们的关系，知晓他们的名称、联系方式和职能。 3. 确保所有合规人员和企业关键人员了解各监督主体的联系方式，以便在需要时及时回复监管问询。 4. 识别所有日常、临时性的报告或报备要求，确保按要求及时完成，最后编制一个合规日历来提示上述有关事项。在英国，大部分向监管报送的信息都通过 Gabriel 系统完成，但并不是全部！因此，为防止漏报，识别所有报送要求是很有必要的。 5. 迅速回复监管所有相关要求，确保信息容易查看，以及相关员工能够意识到与监管真诚、公开去沟通的重要性。 6. 要使员工知道当其接到声称监管部门的电话时，不要直接回复，而是立即向合规部门报告，以便确认电话的真实性。有时候会有人假称监管部门以骗取与企业或客户有关的机密信息。 7. 确保员工将与监管的沟通情况向合规部门报备。 8. 建立并更新监管沟通登记簿，以便能随时了解所有与监管的沟通情况。 9. 为确保合规部门能够管控好与监管的沟通，可以禁止员工自行与监管进行接触，除非得到合规部门事先批准并保证及时将沟通结果报告合规部门。当然，这对高管层可能并不适用，高管层可能希望与监管进行定期会晤，但也应当确保合规部门掌握所有重要会晤的情况。 10. 对于上述要求，合规部门也应当确保与集团有关的重要外包供应商、委托代表以及集团内各成员企业知晓。

主题	监管来访
目标	尽可能处理好监管来访事宜。
释义	监管来访是企业与监管保持良好关系的关键活动，应通过详细的计划努力促使监管来访顺利和成功。但不要指望监管来访是一个日常性的工作，特别当监管是来做一个调查时更是如此。下列监管部门通常是常客：本地监管部门，企业境外分行或提供跨境服务的海外司法辖区的监管部门，对集团某成员企业进行监管的部门，外汇管理部门，采购我方重要外包服务的企业对应的监管部门。
必要措施	1. 一旦收到监管来访通知，应尽可能了解以下细节：监管来访的原因，检查或关注的事宜，需要提供的资料文件和记录，需要会面的员工名单，来访的监管人员、职位和在访团中的角色。 2. 如果由于企业关键员工无法出席或企业正接受其他监管检查或访问，可以根据重要紧急程度，与监管部门重新商议此次来访时间。 3. 要为监管访团提供充足的资源，包括办公空间、电脑、电话等。 4. 在向监管访团提供材料前，要尽快进行核对。 5. 按照 FCA 或 PRA 等来访监管部门的要求，通知相关人员参与会面，并就如何做好监管访谈提供指导。 6. 提醒员工在与监管沟通时要保持开放、真诚的姿态。 7. 与 FCA 或 PRA 等来访监管部门沟通，是否需要或同意合规部门派员协助参与监管访谈。如果需要，合规部门应确保派出具有足够资历和经验的合规人员。 8. 向公司全员发送通知，提示监管来访的日期等事宜，提醒员工要保持良好的职业行为。 9. 确保监管来访团队具备进出所有办公楼的权限。 10. 如果在监管来访结束后，提出整改要求，合规部门要尽早争取与来访团队讨论该监管发现，这也为企业提供了避免误解、做好解释、影响整改要求及整改日期的机会。要在保证真实性和影响监管决定之间保持平衡，监管不希望企业为影响监管决定而不择手段。 11. 一旦监管报告最终确定，应向高管层报告并沟通，同时针对监管发现制定整改计划。要全程监督整改工作的进度，并定期向高管层报告。 12. 监管部门有时还希望访问企业重要的外包服务商、委托代表以及其他集团成员等与企业有关联的对象，对此，合规部门应按照前述标准配合做好相关工作。
进一步的信息	参见第 3 篇专栏 2。

主题	外部合规服务商
目标	确保企业选择有良好声誉的服务商，在与之建立关系之前，要确保满足所有适用的监管要求。
释义	企业会有很多外部合规服务商，以帮助企业满足 FCA 和 PRA 等监管部门的要求，这些服务提供者往往提供托管、基金管理、客户存款管理、清算和结算等服务。合规部门应当确保企业与这些合规服务提供者的来往自始至终能满足 FCA 和 PRA 等监管部门的要求。
必要措施	1. 存量关系管理 （1）梳理所有对企业有合规影响的外部服务商名单，可能会包括：外部审计、提供合规服务的律师、提供合规培训服务的公司或个人、为合规管理相关信息系统提供科技支持的公司或个人、像汤森路透这样的新闻服务、合规管理期刊出版商、合规咨询服务商、与我方合作且已将合规管理外包的企业。 （2）检查与这些服务供应商签订的合同，确保满足 FCA 的要求。 （3）定期对存量合作关系的适当性进行检查，并同时查看服务费用是否过高，提供服务是否符合合同内容。 （4）确保掌握每个服务提供商的指定联系人。 2. 新增关系管理 （1）采取相应措施，使所有负责推动服务关系建立的员工都能知晓相关的监管要求。 （2）可以明确所有新关系建立都必须得到合规部门或具有一定资质和资历的员工审批。 （3）对新的服务提供商进行尽职调查，以确保其适当性。

主题	关注监管报告和行业动态
目标	用于完善企业合规战略。
释义	1. FCA 和 PRA 时常会发布咨询报告，这些报告往往给企业提供一些必要的、可操作的、适当的合规措施，从而有助于英国在监管方面保持优势。 2. 行业团体通常致力于影响监管决策、制定最佳实践，以及针对行业动态发表统一意见。 3. 金融服务是英国经济的关键组成部分，合规政策在金融服务活动中具有重要的影响。 4. 如果英国致力于保持全球金融体系的领导地位，就必须保持稳健的金融监管。大家都能看到美国在引入《萨班斯—奥克斯利法案》后产生的不良后果，因此英国应当尽力确保监管体系持续稳健，且具有竞争力，而不是过于严苛。

续表

主题	关注监管报告和行业动态
必要措施	1. 持续跟踪英国和全球金融业和金融监管的最新进展。 2. 根据自身专业和工作经验，研究与之相关的 FCA、PRA 和其他监管部门发布的咨询报告。 3. 加入行业团体并参与政策制定。千万不要放弃参与政策制定的机会，否则即使最终政策不好，也没权利抱怨。

主题	制定合规视图以及评估分析新合规要求
目标	旨在确保企业遵守所有相关的合规要求。
释义	企业有必要了解所有对企业有影响的监管规则和合规要求，否则也无从谈起如何遵守它们。
必要措施	1. 识别对企业运营有影响的所有合规要求，可能包括法律、监管规则、行业准则、最佳实践和企业内部制度。 2. 分析合规要求及其对企业的影响。 3. 应当评估各类合规要求的风险等级，以便于明确合规工作的重点和顺序。可基于以下维度来进行风险评级： （1）对企业部门或产品影响的范围。 （2）违规行为的处罚强度。 （3）近期同业相关违规处罚事件的发生数量。 （4）合规要求的复杂程度，以及企业及其合规部门对合规要求的理解程度。 4. 如果企业部门、分支机构或产品种类众多，制定合规视图是一个很好的选择。 5. 合规视图完成后应当持续更新，并在合规部门和企业内部做好沟通和传导。 6. 可参见前面的合规视图样例。
进一步的信息	参见第 7 章。

主题	向 FCA 和 PRA 的定期报告
目标	确保向监管报送的日常报告能够及时与完整。
释义	监管部门通常会要求被监管企业定期报送各种报告，例如在英国，FCA 和 PRA 将相关报告要求体现在《金融监管法》（SUP）第 16 条以及体现在 Gabriel 系统中。同时，还需注意，当企业与海外有业务关系时，可能还需要遵守境外监管机构的报告要求。

续表

主题	向 FCA 和 PRA 的定期报告
必要措施	1. 识别分析所有相关监管规定，梳理所有需向监管部门报送的日常报告要求。 2. 逐一明确上述报告的负责部门。 3. 制定报告工作计划，包括：报告名称、监管部门名称、报告内容要求、报告频率、报告日期、报告责任部门或责任人。 4. 对于由非合规部门负责完成的报告，合规部门应确保知晓了解报告内容及报告缘由。 5. 无须多说，报告内容必须保证准确，要记录好报告提交情况。 6. FCA 和 PRA 指定了几种报告路径。如果企业采用上述报告路径，最好保管好载有报送日期的收据或回单。 7. 即便监管部门在没按时收到报告后会通知企业，合规部门也最好能持续监督各类报告的报送情况。 8. 如果没能按时报送报告，可能会导致监管处罚或其他监管处分。

主题	向 FCA 和 PRA 的临时报告
目标	确保向 FCA 和 PRA 临时报送和申报的各类报告及时与完整。
释义	监管部门通常会要求被监管企业报送一些临时的信息，但并没有特别明确的报告清单，需要企业自行梳理和准备。
必要措施	1. 识别分析所有相关监管规定，梳理所有需向监管部门报送的临时报告要求。 2. 制定报告清单，包含以下信息：报告种类、时间要求、监管部门名称、报告内容、违规处罚。 3. 确保所有员工都能知晓报告要求，并在发生时告知合规部门，因为合规部门并不负责所有的报告。 4. 报告的内容必须准确，并记录报告提交情况。

主题	向 FCA 和 PRA 支付监管费用
目标	确保及时、足额缴纳监管费用。
释义	被监管企业需要按年或临时向 FCA 和 PRA 支付各类监管费用，这些费用名目繁多，包括： 1. 开业许可； 2. 申请上市； 3. 逐个确认海外集合投资计划； 4. 审核审批招股说明书； 5. 交易报告； 6. 向英国金融申诉专员服务（FOS）支付费用； 7. 向英国金融服务补偿计划（FSCS）支付费用。

续表

主题	向 FCA 和 PRA 支付监管费用
必要措施	1. 研读 FCA 和 PRA 费用支付手册,梳理识别所有需支付费用的内容。 2. 制定费用支付清单,明确各项费用的支付金额、频率和时间。 3. 分配并明确上述各项费用的跟踪职责,并确保费用按要求支付。

主题	专业团体会员
目标	合规部门要善于使用专业团体提供的服务,同时要积极参与其中贡献自己的经验。
释义	专业团体对合规官非常有用,成为它们的会员将获得各类建议和指引。这些团体还经常出版各种成果,提供背景材料或最佳实践标准。它们还经常与监管部门联系,用它们的一些经验和标准影响监管。
必要措施	1. 梳理对合规部门有价值的专业团体。不要只关注那些与合规有关的专业团体,其他很多团体也会关注监管事宜。 2. 加入这些团体会很有帮助,要与这些团体进行信息共享,积极使用它们提供的信息。

主题	保持更新
目标	深入掌握与企业有关的各类法律监管要求和行业动态。
释义	合规部门必须持续更新自身知识,以便在需要时适当、及时地提供合规服务,这是合规部门的责任,也是合规部门存在的意义。
必要措施	1. 明确需要及时跟踪哪些领域的变化,可能包括法律、监管规则、合规动态、最佳实践、新型金融犯罪、新的合规管理方法、欧盟区域内的创新、海外市场的变化。 2. 如果合规团队人数够多,可以指派一名或多名人员关注每一个特定领域的变化,比如甲关注金融犯罪领域,而乙关注欧盟情况。 3. 通过培训或其他资源,使合规部门知识能持续更新,这些资源包括: (1) 查阅监管网站; (2) 阅读咨询报告和征求意见稿; (3) 查阅政府部门网站; (4) 阅读《金融时报》、《完全合规》等行业出版物; (5) 使用谷歌提醒功能,自动获取兴趣领域的动态; (6) 参加培训课程; (7) 参加会议和研讨会(很多律师和会计师事务所会组织很棒的研讨会,比如英国的"证券公司合规官联合会"(SHCOG)、荷兰的 VCO 公司); (8) 参加相关专业团体组织的会晤或讨论小组;

续表

主题	保持更新
必要措施	（9）获取相关行业资质； （10）从关系较好的律师事务所获取和查看合规资讯概览； （11）与集团内其他合规部门或同业合规人员保持密切联系。 4. 在获取这些知识后，合规部门应当持续对标关注，评估企业产品、服务、经营计划和经营活动是否有相悖的地方，分析由此带来的影响，并考虑是否需要采取培训、优化产品、采取检查等合规措施。 5. 对合规部门内的新员工，在他们完全胜任相关工作前，应对其进行持续的培训和跟踪，包括请他们参加培训课程、阅读相关文件或期刊、考取某些资格等。

主题	处分流程
目标	确保企业制定有适用的员工违规行为处分流程。
释义	处分制度可以用来遏制员工违规行为，它也是企业向监管部门表明其对合规重视程度的依据。如果没有清晰的处分流程，就不能很好处理员工不恰当的行为。
必要措施	1. 与人力和法律部门共同研究起草处分制度，通过该制度列明哪些行为是错误的，以及由此造成的后果。 2. 应当确保所有员工知晓自身需遵守合规规范、制度和流程的要求，以及违规可能带来的处分。企业还可以在雇佣合同中载明这些内容，或者在合规制度、流程、手册中说明不合规可能导致的处分。 3. 处分是很敏感的事情，因为这关系到被处分者的职业生涯。如果一个人被吊销了监管资质认证，那么他在该行业的工作将变得很困难。 4. 因此，合规部门在采取任何处分措施前，都要绝对保证了解这件事情的所有方方面面，即使到法庭上对峙也不怕，从而避免别人认为合规部门不公正或有歧视。 5. 应十分妥善和小心保存处分记录，因为它们很敏感，对此合规部门应采取适当的数据保护措施，人力和法律部门也会建议合规部门这么做。 6. 合规部门还应当考虑员工档案的问题。如果其他企业在雇佣本企业处分过的前雇员时，向本企业咨询该员工处分的细节，是否应当提供？由于这个问题可能会给企业带来法律纠纷，在面对这种请求时，最好咨询一下法律部门或外聘律师。 7. 当决定对某雇员进行处分时，应当考虑以下一系列内容： （1）该违规行为是否牵涉其他员工； （2）是否有证明该违规行为的任何证据； （3）是否涉及客户歧视； （4）是否需要向 FCA 或 PRA 等监管部门报告； （5）是否该违规行为表明员工个人不胜任工作； （6）是否该违规行为涉及违反 FCA 监管资质中的行为准则。

主题	欧盟通行证管理
目标	确保所有的通行证许可都能按照欧盟相关指令加以管理，并确保对此有充分的合规管控。
释义	企业总部如果在欧洲经济区（EEA）的某个国家，那么它可以在各个欧洲经济区国家提供某些特定的金融服务，而不用——在这些国家申请许可。该企业总部所在地被称为母国，经营范围内的其他国家被称为东道国。根据金融服务类型的差异，比如保险、可转让证券集合投资管理（UCITS）、投资服务等，都有各自不同的通行证。当企业在其他国家建立分支机构或者提供跨境服务时，就需要对通行证进行管理。
必要措施	1. 在欧洲经济区他国设立有分支机构 （1）确保合规部门能及时了解企业在欧洲经济区国家新建机构情况； （2）了解该分支机构的业务模式和经济计划，以判断是否涉及任何种类的通行证； （3）在分支机构开业前的计划阶段，合规部门应当尽可能了解当地监管环境，以及与之有关的所有法律法规； （4）基于该分支机构要提供的金融服务以及当地监管环境，合规部门要因地制宜为该分支机构搭建合规架构，比如由谁来担任合规官、合规手册的内容以及向总部的报告要求等； （5）基于《金融监管法》（SUP）第13.5.1款以及第13款附件1或附件2的要求，应当向FCA报告该新机构开业的目的； （6）在向FCA报告后，在正式开业前，应当收到FCA的通知，表明其同意该机构开立并已告知拟新设机构所在国监管部门； （7）在新机构开业后，合规部门应当定期监督该机构经营活动，确保它能持续满足母国和东道国相关监管要求； （8）分支机构应持续向总部提交管理报告； （9）基于《金融监管法》（SUP）第13.8款的要求，向FCA报告分支机构运营的任何变化。 2. 提供跨境金融服务 （1）确保合规部门能掌握所有发生的新的跨境金融服务，这较之于掌握新建机构情况要困难得多。合规部门很难通过信息系统来掌握客户的各类跨境金融服务需求。 （2）为此，合规部门应当给管理层和前台部门员工进行培训，同时在合规手册中载明通行证相关事宜。 （3）合规部门需要对新客户建立情况以及与之相关的客户往来进行持续监控，以帮助合规部门识别可能涉及的司法辖区以及企业是否完成在该区域的通行证流程。

续表

主题	欧盟通行证管理
必要措施	（4）在知晓新的跨境服务后，分析判断是否该服务涉及欧盟通行证管理政策，如果是的话，要依据《金融监管法》第 13.4.2 款和第 13 款附件 3 向 FCA 报告。 （5）研究涉及跨境金融服务的东道国监管环境，掌握需要企业遵守的监管要求并对相关人员进行培训，以及制定书面的指引。 （6）在 FCA 同意企业开展跨境金融服务并向东道国监管部门告知前，要确保该服务并未正式开展。 （7）在跨境金融服务推出后，合规部门应当定期监督，确保它能持续满足母国和东道国相关监管要求。 （8）基于《金融监管法》（SUP）第 13.8 款的要求，向 FCA 报告跨境金融服务的任何变化。 3. 普适性内容 合规部门应当认真保管通行证许可记录，包括每个国家的：向 FCA 申请的日期、FCA 回复同意的日期、金融服务的类型（通过分行、跨境金融服务）、金融服务的内容、相关东道国监管要求。

主题	监管规定使用的协议或文本
目标	确保各类监管规定使用的文件模板包含所有应具备的条款。
释义	FCA 规定了被监管机构应当使用的一系列文件，且明确了这些文件中必须要有的条款、发送的时间，个别时候还要求客户或第三方的书面回复。
必要措施	1. 根据企业的经营活动逐一梳理 FCA 规定使用的协议或文本，比如客户协议或经营条款、交易确认书、定期账单、外包协议、客户资金委托书、客户资产委托书、托管协议、简版招股说明书等。 2. 审查这些协议模板是否遗漏规定的条款，如有遗漏则需要补充该条款或制定新协议。 3. 合规部门应与法律部门合作完成该项工作。 4. 确保准备和使用这些协议或文本的人员知晓协议或文本中的法定条款，如剔除或替换该条款必须通知合规部门。 5. 确保使用这些协议或文本的人员知晓使用这些协议或文本的环节和时间。 6. 因为合规部门一般不负责准备和使用客户账单、托管协议这些协议或文本，因此需要定期检查并确保这些协议或文本与合规部门审批的模板相一致，使用和发送的时间在规定范围内，并且在必要时获得客户的书面回复。

主题	利益冲突
目标	确保所有实质或潜在的利益冲突都能得到识别，并采取适当的管理或缓释措施。
释义	当某一客户的利益与本企业、企业的员工或其他客户不一致时，即为利益冲突。当在交易中或其他经营活动中出现潜在利益冲突时，并不必然意味着企业应当停止交易，只要采取了适当的利益冲突管理措施即可。诚然，交易双方总不可能完全对等，要知道客户总是想获取免费的服务或以成本价购买资产。因此，利益冲突并不是指正常、合法的商业行为，只有当交易一方掌握的权利、信息或资源比对方具有优势，且会借助这一优势来损害对方利益时，才构成利益冲突。下面几种情形是典型的利益冲突： 1. 企业正在开展的交易中有利益诉求，但客户并不知情，这会成为利益冲突的诱因。 2. 企业试图通过伤害客户的利益来获取收益或避免损失。 3. 某一客户的收益来源于另一客户的损失。 更为详细的金融企业利益冲突案例可参见第2篇E部分。
必要措施	*识别冲突* 1. 企业应当通过以下关键措施来管理利益冲突： （1）识别所有实质或潜在的利益冲突； （2）管理并缓释已识别的利益冲突； （3）制定利益冲突的管控制度、流程，并形成书面文件； （4）员工培训与教育； （5）监督。 如果某企业是集团公司的一员，应当在集团范围内实施上述工作。 2. 可能会遇到两种类型的冲突： （1）日常存在的一般性冲突，例如，营销团队和研发部门潜在的竞争性利润冲突。 （2）临时存在的一些冲突，例如，碰到想要购买同一个目标公司的两个不同客户。 3. 对于一般性的冲突，应该准备一个日志，用于记录公司所有可能面临的潜在冲突。同时，将如何对这些冲突进行管理也应该在日志中加以记录。如果公司规模很大的话，最好对每个部门都进行如上的分析，因为每个部门都可能面临不同类型的冲突。 4. 记录冲突的日志应该每年或者每隔适当的间隔期进行更新，更新的频率应该与业务、员工、产品和市场的发展及业务运营环境保持步调的一致，以确保其信息的与时俱进。 5. 使用上述的日志去识别需要采取的用来加强控制环境的纠正行动，并且保证其得以实施。

续表

主题	利益冲突
必要措施	**识别冲突** 6. 与一般性的冲突相比，临时性的冲突并没有那么显而易见。用于识别临时性冲突的方法不胜枚举，包括以下这些： （1）熟悉掌握公司日常的业务和客户，从而当潜在的冲突发生时，能察觉到。 （2）借助员工的警觉性——前台员工可能知道哪些情况会引发冲突，并当这种情况发生时及时告知。 （3）参加前台业务处室日常例会，在例会上对当前和未来的项目和交易进行讨论。 （4）阅知日常的业务销售报告，便于对部门的分工和客户的需求了如指掌。 （5）确保调研报告在发布之前已经经过合规审查，保证这些调研报告与公司从事的其他业务是否存在冲突已得到审查。 （6）要求员工的个人账户交易事先经过合规审查，确保能够防止会损害某个客户利益的员工交易行为。 （7）要求员工收取任何财物都事先经过合规审查，确保能够防止会损害某些客户利益的员工礼物或利益索求行为。 （8）建立一个电子化的冲突清除系统，从而当冲突产生时，会得到自动的提醒。通常，支撑这样一个系统运营需要以公司金融交易和投行交易的所有详细资料作为交易数据库。这个系统就客户名字或交易名称等进行匹配，如果发生需要进一步进行调查的情况，就会自动发送一个警告邮件给合规官。 （9）建立一个观察和限制清单用于记录可能导致利益冲突的交易细节，从而在新的交易得到通过之前可能对其是否存在利益冲突进行审查。通常而言，观察清单包含的大都是隐秘的，对价格敏感的交易，而限制清单包含的大都是因为其他原因被限制的交易。 （10）交易数据库或观察和限制清单的使用权限应该受到严格限制，而且在冲突审查结束之前不应通过任何新的授权。 **管理冲突** 7. 同样的，根据一般性冲突和临时性冲突的不同，管理冲突的方式不同。管理一般性冲突的几种常用方法如下： （1）建立"中国墙"长效机制，对敏感的部门进行分隔并且阻止不必要的信息流动； （2）建立适宜的报告路径，保证可能存在潜在冲突的两个部门（例如，自营交易部门和投资管理部门）不会向同一人进行报告； （3）确保公司的薪酬政策不会对员工施加不当的压力，让他们为了达到严苛的销售目标不惜牺牲客户的利益。

续表

主题	利益冲突
必要措施	*管理冲突* 8. 管理临时性冲突的几种常用方法如下： （1）拒绝不合适的回扣或员工个人账户交易。 （2）告知客户可能影响他们目前与公司合作关系的特定利益冲突，提示他们这种冲突可能存在的风险，并且寻求他们的同意以继续进行下一步的合作。 （3）建立一个临时性的"中国墙"——有时称之为"中国箱"。当同一个部门的两个团队分别依据具有冲突的指令行动时，这种临时性的"中国墙"就有了存在的必要。对"中国箱"中进行的交易和部门的员工保持密切关注，以确保"中国箱"的安排是适合的，并且进行持续性的审查，以判断是否需要改变冲突的管理方式。 （4）当公司已经在为某个客户提供服务的时候发生了利益的冲突，那么应当执行同样的指令。 *文档政策和规程* 9. 用于识别、管理和减弱利益冲突的内部规程应该白纸黑字落下依据，从而员工才能准确知道他们在防止利益冲突中应该承担什么样的责任。FCA 详细阐述了对公司利益冲突政策的一些特定的内容要求，其中，对公司金融业务保持了特别关注。 *培训和意识* 10. 就员工在特定部门可能遇到的利益冲突情况及如何对其进行管理开展培训。在你每年的合规培训报告中加入这部分内容是一个不错的办法。 11. 确保员工充分熟悉公司的利益冲突政策和规程。 *监督* 12. 采取经常性的合规监督以： （1）识别公司之前并没有意识到的冲突； （2）确保冲突识别的控制得到合理运行； （3）确保冲突管理的控制得到合理运行； （4）对冲突政策和规程是否得到执行进行评估。

主题	市场滥用
目标	确保公司不会为了自身的利益或是客户的利益而滥用市场，对任何滥用市场行为的疑虑都得到识别并适当地向 FCA 予以报告。
释义	1. 滥用市场扭曲了市场的透明性和有效性机制，为没有道德的市场参与者创造了不公平的优势，这种不公平地得益于： （1）尚未公开的市场价格敏感性信息； （2）为了自身利益操纵上市证券的价格。

续表

主题	市场滥用
释义	2. 市场滥用越发被 FCA 重视，其正是 FCA 两大法定目标的核心所在，两大法定目标即是维持对英国金融体系的信心和阻止英国市场被用于金融犯罪。市场滥用直言就是市场被不诚实地使用，如果长期如此，那么人们就会丧失对市场的信心，而寻找另外的市场去开展业务。 3. 就市场滥用而言，采取的滥用行为跟在一个"法定市场"进行的"合格投资"相关（或者说跟在需要提交什么样的申请才能在一个法定市场上进行交易相关）。 4. "合格投资"的类型包含在监管行动法令中。 5. "法定市场"是指在欧洲经济区内作为一个受监管的市场成立并许可的交易所。 6. FCA 识别出了市场滥用可能采取的几种方式。需要注意的是 FCA 和 1993 年版的《刑事审判法》共用许多特定的定义，而且版面有限，我们也不能尽数罗列，只是总结如下。总的来说，市场滥用共有两种类型： （1）涉及内幕交易的行为； （2）涉及市场操纵的行为。 7. 内幕交易的行为包括： （1）内幕者进行交易； （2）不适当地对内部信息进行披露； （3）滥用（内部或是相关）信息。 8. 市场操纵的行为包括： （1）操纵交易； （2）操纵策略； （3）散播谣言； （4）误导大众行为或扭曲市场。 9. 需要注意的是市场滥用并不必需行为的动机。 10. 对市场滥用的疑虑必须向 FCA 报告。对每种定义的滥用形式，FCA 都提供了这种滥用并没有引起注意的行为示例（参见市场行为规则章节）。随着越来越多的定义赋予市场滥用存在的模糊地带，这些行为不再是"安全港"。虽然还只是归纳概括性的，这些行为示例确实也给出了"符合规则"的市场滥用行为示例，当然这些示例并没有穷尽：在本质上，这些行为示例说明，有动机的而非旨在进行市场滥用的正常商业行为通常不归于市场滥用的范畴。 11. 公司应该谨慎地确保不会采取不可接受的市场操作，即使这些操作通常不构成市场滥用。操纵伦敦同业拆借基准利率直到最近才被视为市场滥用。操纵外汇汇率并不被视为市场滥用的范畴，因为外汇并不在受监管的市场上进行交易。很多的公司受到了最为严厉的监管调查和罚款，他们在市场行为里得到了深刻的教训。

主题	市场滥用
内幕交易	1. 当内幕者从事交易或打算从事交易，或是鼓动其他人进行交易： （1）在一个合格的投资或相关的投资里； （2）交易的依据是内幕信息。 2. FCA对"内幕者"和"内幕信息"予以了严格的定义，并提出了内幕信息必须具备的几个要素。 3. 示例：你从内幕者那里得知某个公司将要宣布非预期的大额亏损，因此你在宣布之前就卖掉了你手里持有的这个公司的股份，从而避免了宣布之后股价下跌带来的损失。 4. 可能的内幕交易信号包括急于进行交易（特别是不符合客户通常的交易习惯），价格看上去并不那么合适但仍然进行交易的指令，以及两个客户在同一资产里的反复交易。 5. 有意思的是英国对内幕交易最出名的指控之一是对一个合规官提出的，他凭借工作之便取得了内幕信息并且图谋从事内幕交易并因此锒铛入狱，当然也不可能在这个行业里继续"谋饭碗"。
不适当地披露	1. 这是指内幕者把内幕信息透露给其他人，当然不包括向雇主、同业和政府机构合法进行的披露。 2. 示例：作为内幕者，知道公司将要宣布非预期的大额损失，并且将这个消息提前告知给了另一个人（他并没有知道的必要），从而这个人可以提前卖掉持有的公司股票从而避免遭受损失。
信息滥用	1. 信息滥用与内部交易类似但却比后者涵盖的范围更广，这不仅适用于"内幕信息"，还适用于"相关信息"。 2. 相关信息是那些并不符合内幕信息特定定义的信息，但是它们并不是普遍知晓的，而且很可能对某个合格投资的交易决策产生影响。例如，内幕信息要求精确，而相关信息并没有这个要求。 3. 示例：通过在某公司的供职得知这个公司和几个关键客户的关系出现紧张的情况，因为这个公司没能提供优质的客户服务，从而卖掉持有的本公司股份，因为预期一旦这几个客户转向其他公司，供职的公司股价将会下跌。
操纵交易	1. 通过交易来对某个合格投资的供求关系或是价格水平（价格定位）产生误导性影响，或是使其价格维持在一个非正常的或虚假的水平上。 2. 示例：和某个交易者勾结来反复买卖某只股票，从而制造了对这只股票有大量需求的假象，进一步导致其股价飙升，而在这个时候卖掉手上持有的这只股票，从而获得了一个意外的高价。

续表

主题	市场滥用
操纵策略	1. 采取一个交易策略：散布与某个合格投资相关的误导性信息。 2. 示例：买入 A 公司的大量股票，接着开始散播关于 A 公司未来乐观前景的虚假信息，等待由于对 A 公司乐观市场预期引发的股价上升，然后在一个意外的高价位卖掉持有的股票。
散布消息	1. 散布可能会对某个合格投资产生错误或误导性印象的信息。 2. 示例：在互联网的公告板上写下某家上市公司（持有的资产组合里包含这家公司）即将被要约收购的谣言，从而可以从随后的股价上涨中获得收益。
误导性行为和扭曲	1. 可能会为某个合格投资的价格、供求或价值产生错误影响的，与合格投资并非直接相关的行动。以下是两个上述行为的示例，它们分别对前一个产品进行交易： （1）比如糖这个商品，因为在欧洲交易所衍生产品市场上进行交易的糖期货是合格的投资品。 （2）比如根据在伦敦证券交易所上市的证券进行交易的场外证券衍生品合约，因为原上市的证券是合格的投资品。 2. 示例：你正在为即将进行运输的糖安排托运，不过你的行为导致产生了对糖有需求的虚假印象，从而影响了在欧洲交易所衍生产品市场上进行交易的糖期货合约的价格。
必要措施	1. 反市场滥用架构里应该包含的基本要素有： （1）识别出你公司最可能面临的市场滥用类型； （2）建立阻止市场滥用的控制； （3）建立监测市场滥用的控制； （4）建立产生市场滥用疑虑时的内部和外部报告体系； （5）保持记录； （6）员工培训和员工意识； （7）监测。 *识别* 2. 识别出公司最可能面临的市场滥用类型。如果所在的公司很大而且从事多种活动，最好对每个部门都进行这种识别，因为每个部门都容易遭受不同类型的市场滥用。 3. 大量的示例请参阅 FCA 的市场行为规定。 *阻止市场滥用的控制* 4. 可能采取的阻止市场滥用的控制手段包括： （1）经常性的培训，针对（很大程度上，但也不是绝对单一地）每个部门最有可能面临的特定类型的市场滥用开展； （2）关于控制市场滥用的明文规定；

主题	市场滥用
必要措施	（3）建立"中国墙"阻止不合适的信息从公司的某个部门流向其他部门； （4）用于控制和监测交易的观察和限制清单； （5）用于控制不合适的员工交易建立的个人账户交易控制； （6）由前台管理部门进行经常性的监督。 ***市场滥用的监测控制*** 5. 监管越来越期望公司使用电子监督系统来识别可能面临的市场滥用。可以对这些系统预设程序用于识别可能预示市场滥用的情况，例如，发行者在涉及其金融部门的某个合并公告前的一天持有大量的股票，而关于此公告，该公司可能持有内幕信息。 6. 自然不能只使用电子和自动监测系统，还应该周期性地使用人工审查这些交易行为。然而，如果某天执行数以千计的交易，那么违法行为就很可能不被发现。 ***报告*** 7. 建立一个体系，在这个体系下，可以将任何可能的市场滥用疑虑向合规部门报告（不论是通过员工人工识别的还是通过电子系统识别发现的）。 8. 不能得到解决或是得到合理解释的市场滥用疑虑都必须向 FCA 进行报告。 9. 还可能有必要向英国国家犯罪调查局（NCA）进行报告，因为给定市场滥用是一种犯罪的前提下，由此产生的任何收益都可以被看成是犯罪收益，从而可以纳入反洗钱法律和控制的范畴里。 ***保持记录*** 10. 与市场滥用疑虑有关的记录类型包括： （1）识别出市场滥用疑虑的日期； （2）不同市场滥用疑虑发生间隔的日期； （3）这种市场滥用疑虑的性质； （4）涉及的相关员工； （5）报告市场滥用疑虑的人员； （6）涉及的相关部门； （7）涉及的客户的详细信息； （8）涉及的产品和服务的详细信息； （9）这种市场滥用的疑虑是否已经向 FCA 报告； （10）这种市场滥用的疑虑是否已经向英国国家犯罪调查局（NCA）报告； （11）是否已经采取整改行动； （12）这种市场滥用的疑虑是否已经向高级管理层报告； （13）是否已经采取处罚行动； （14）是否有客户投诉（如果有的话，记录详细信息）；

续表

主题	市场滥用
必要措施	（15）关于如何采取进一步的行动，是否有法律性的指导（如果有的话，记录详细信息）； （16）是否已经对客户进行赔偿，如果有的话，赔了多少； （17）对市场滥用疑虑展开调查的日期再加以记录就完整了。 *员工培训和员工意识* 11. 确保员工知晓构成市场滥用的行为及与之相关的严重处罚。 12. 根据所在公司的自身经营活动情况，有针对性地找出市场滥用的示例用于员工培训，这是很有用的。 13. 除了面对面的培训会议，成文的指导材料也很重要，而现在很多公司都设立了市场滥用的指控政策。 *监测* 14. 另外，合规监测团队还应进行日常性的监测，例如： （1）没有引起关注，需要进一步进行调查的涉及市场滥用的事件； （2）电子监督系统的失效； （3）随着业务的变化需要对电子监督系统进行相应的调整； （4）已经被识别出的有市场滥用疑虑的情况，但是还没有进行充分地跟进； （5）应该向 FCA 报告但没有进行报告的市场滥用的情况； （6）以及有必要参加市场培训的员工。

FSMA 2000 对内幕信息的定义	
在1993年版《刑事审判法》第52章里对内幕交易有一个单独的定义，不过那个定义范围更窄，而且已包括在下述要素之中。	
内幕信息（总体）	涉及合格投资品或相关投资品的信息，这些投资并非商品衍生品。 这类信息： 1. 具有准确性； 2. 不具有普遍可得性； 3. 间接或直接地，与一个或多个合格投资品的发行人或合格投资品相关； 4. 一旦被大众知晓，将很可能对合格投资品的价格或相关投资品的价格产生显著的影响。
内幕信息（商品衍生品）	涉及合格投资品或相关投资品的信息，这些投资是商品衍生品。 这类信息： 1. 具有准确性； 2. 不具有普遍可得性； 3. 间接或直接地，与一个或多个衍生品相关；

内幕信息 （商品衍生品）	4. 这些衍生品进行交易的市场参与者很希望得知此类符合这些市场要求的可接受的市场操作信息。
内幕信息（指令信息）	指对任何合格投资品和相关投资品执行指令的作用，它是由某个客户给出的信息并且涉及他们即将进行的指令。 这类信息： 1. 具有准确性； 2. 不具有普遍可得性； 3. 间接或直接地，与一个或多个合格投资品的发行人或合格投资品相关； 4. 一旦被大众知晓，将很可能对合格投资品的价格或相关投资品的价格产生显著的影响。
合格投资品	在 2000 年版的《金融服务与市场法》（法定的市场和合格投资品）和 2001 年版的法令（SI2001/996）里由英国财政部规定的投资品。 它借由《金融服务与市场法》（FSMA）目录 2 里的第 22 部分涵盖了所有特定的投资品，例如股票、公司债券和政府债券。
相关投资品	价格或价值根据某个合格投资品价格的变动而变动的投资品。这些投资品包括期货、期权和互换等。
准确性	1. 信息具有准确性必须与这几点相关： 适合当前的情况； 能够合理相信即将发生的情况； 已经发生的事件； 能够合理相信即将发生的事件。 2. 关于事件或情况的信息应当足够具体从而能被人加以利用，形成这个信息将如何对合格投资品或相关投资品产生影响的观点。
重大影响	能对价格产生重大影响的信息，必须是能预期到的理性投资者在做投资决策时会使用到的信息。
可接受的市场操作	间接或直接地，与某个衍生品相关的信息： 1. 作为日常事务，将会对这类市场的使用者披露； 2. 受到披露要求的限制： （1）法定条款； （2）市场规则； （3）关于商品市场或是商品衍生品市场的协议； （4）关于商品市场或是商品衍生品市场的可接受的惯例。

内幕者是在下述情况下持有内幕信息的人：
1. 属于合格投资品发行人中的行政、管理或监管团队；
2. 拥有发行的原始股；
3. 通过履行工作、职业或是义务能够接触到相关信息；
4. 由于他们的犯罪活动而得到的信息；
5. 从其他渠道获得的信息，例如通过他认识的人或可以合理推断他认识的人那里得到的信息都是内幕信息。

已命名的及广为人知的市场操纵技术
市场操纵创造了属于其自身的一些深奥的词汇，下面我们将介绍这些主要的命名的或广为人知的技术。

名称	释义
虚假性或误导性交易	
洗盘交易（虚假买卖）	由相互关联或共谋的双方进行的交易，从而资产的实际受益人和市场风险暴露仍然由出售者承受，但是却给其他市场参与者造成了收益风险由购买者承受的假象（欧洲证券监管委员会（CESR）对此的定义特别说明了回购和股票借出交易不属于这个范畴）。
粉饰行情	从事一个或多个公开的交易，造成在某个投资品增加交易活动的假象。
对敲	根据共谋的双方事先安排，同时或近乎同时提出买卖指令（这并不包含在合法交易所上的活动，例如交叉交易）。
并不打算执行的交易指令	在市场之外提出公开的买卖指令（例如，交易委托），从而造成对某个投资品买卖的假象，并在执行之前取消指令（另外一种形式就是市场移动指令，即在以最近的买卖报价稍优一点的价格提出小额交易的指令，而当指令不能被及时取消时，仅仅造成一点点有限的交易损失）。
价格定位	
做高收盘价	临近收盘时进行交易，从而影响某个证券或其衍生品的收盘价格或参考价格。
首次公开发行后在二级市场进行合谋	得到首次公开发行配置的股票份额的市场参与者，一起进入二级市场共谋利益并推动股价上涨，并当股价如期上涨后抛售所持股份。
独断性逼仓	利用某个证券或衍生品合同的基础商品的垄断性供给地位，在集中性需求期间谋取利润。例如，衍生品的到期日。
在价格波动中构筑下限	通常由证券发行者进行交易以刻意维持其股份，保护发行者避免评级机构的审查，或是对其股票的抛售。

续表

名称	释义
过大的买卖差价	由做市商或是专业经纪人进行买卖差价的操纵从而将某个投资品的表面价格维持在一个人为干预的水平，而不是由真实的供求反映出来的公平价值。
在一个市场上进行交易从而使得相关市场上的某个金融工具被错误定价	对某个投资品进行交易从而影响其他地方的交易相关投资品价格（主要是就衍生品和其原生商品而言）。
虚假的手段/骗局	
隐蔽所有权的交易	将某只投资品从合法所有人手里通过交易转移到另一方手里，而后者实际上是代表前者持有这项投资品，这么做通常是为了规避资产或利润披露的要求。
拉高出货	持仓某只股票，接着通过散布关于这只股票的积极信息或者进一步买入这只股票来抬高它的市场价值，而当股价上涨时就把股票全数卖出。
压低进货	与上者相反：空仓某个股票，接着通过散布关于这个股票的消极信息或者进一步卖空这个股票来压低它的市场价值，当赚取足够的收益时就平仓。
持仓并在公开披露后立即平仓	某个出名的长线投资者，比如某个投资组合经理，公开其对某个投资品的交易，并且随后立刻抛售这个投资品。

主题	中国墙（Chinese walls）①
目标	为了最小化公司内部不适当的信息流动。
释义	1. 在金融行业内使用中国墙阻止不适当的信息在公司内部的流动是一种众所周知的机制（在物理空间和电子系统方面都加以控制）。 2. 在控制市场滥用和利益冲突的情景中，我们已经提到过了中国墙的使用，中国墙隔离的部门通常握有非公开的股票敏感性信息，或握有可能引致与公司其他部门之间重大利益冲突的信息。

---

① 本书所使用的"中国墙"一词，在投行领域也会使用"冒犯中国人"（offensive to Chinese）一词替代。本书作者曾在上海、北京讲授利益冲突课程时，询问听众是否可以使用这一词汇，并被欣然接受。

主题	中国墙（Chinese walls）
释义	3. 需要注意的是存在普遍性的公众误解。许多人认为中国墙可以完全阻止利益冲突发生，这是不正确的。中国墙的建立旨在阻止信息跨领域流动并有助于管理冲突，而并不能避免冲突。 4. 将使用到中国墙的典型情境包括： （1）阻止有关即将开展研究的信息被自营交易者获知； （2）阻止有关某公司财务的安排被基金经理获知。 5. 日常性掌管可能引发利益冲突或市场滥用信息的部门应该受限于中国墙从而限制对他们所掌握信息的可接触渠道。 6. 受限于中国墙的部门，即限制了对他们所掌握信息的可接触渠道，通常也被称作"私有"部门。 7. 没有受限于中国墙的部门，通常被称作"公有"部门。 8. 由于一些员工需要履行其管理职能，比如总监，他们可能需要接触到中国墙内的公有信息和私有信息，这些员工通常被称作"骑墙者"（above the wall）。 9. 有时可能一个私有交易临时需要一个公有部门员工的参与，这种操作通常被称为"穿墙"（wall crossing）。 10. 虽然为了保证中国墙的管理有效性，它的控制必须相对而言很严厉，但是需要向各公司着重强调的是中国墙的设立实际上会带来一些商业收益，包括： （1）使得在同一个公司内可以进行如果没有中国墙的话就不兼容的业务，例如，同时为在某个并购交易中的两个独立竞标者提供融资； （2）提供对市场滥用控诉的申辩； （3）提供在 FSMA 第 150 条所述的对公司造成损失的行为发生时的防护。
必要措施	1. 审查所在公司的各个部门的活动，是否已经对他们该不该被纳入中国墙进行过考虑。留下书面的证明以作为所做决定的审计可循依据。通常受制于中国墙的部门所掌握的信息具有敏感性，包括： （1）研发信息； （2）新的事件； （3）并购信息； （4）并购融资； （5）投资银行业务； （6）公司借款； （7）私募证券。 2. 为私有部门建立物理阻隔对其可接触性进行限制。由于这项工程可能耗费相对较大，最好确保能得到高级管理层的支持。

续表

主题	中国墙（Chinese walls）
必要措施	3. 中国墙应该做到完全的物理隔断，确保真正有效，且限制对私有部门的接触。大部分的公司如今都采用由电子通行证或指纹识别控制的电子门禁系统。 4. 对私有部门的电脑系统接触也应该加以限制，只有相关部门的授权人才能够接触受限于中国墙的员工电脑文件资料。 5. 在雇佣之初就告知所有的员工，他们是位于墙内还是墙外，或是"骑墙"之上。不论位于哪个区域，向他们提供书面的指导意见，以便他们能够明确基于他们职位的相应权利和义务。 6. 对获取进入中国墙的通行许可应该施以严格控制，无论对长期的穿墙者还是临时的穿墙者，抑或是骑墙者而言，都是一视同仁的。这样的通行权必须得到相关业务条线的经理和合规部门的许可，并且对需要通行的原因加以说明。 7. 应该对获取中国墙的通行和许可加以记录，注明以下信息： （1）获取通行的人员名称； （2）通行的性质，例如：独立的通行许可，只有当由私有部门的员工陪同时才能通行（即非独立的），只能获知电脑文件资料； （3）获取通行的原因； （4）开始通行的日期； （5）结束通行的日期（适用于临时性通行）； （6）许可通行的人； （7）批准通行的日期。 8. 记录公司中国墙的安排和控制，以便所有员工都能获得指导意见。 9. 中国墙并非一定都是永久性的安排，也有可能需要临时对某个交易进行中国墙安排，例如，当发生上述的同一个公司为某个并购交易的两个独立竞标者分别融资的情况时。遇到这种情况，新建立一个永久的中国墙来隔离两个交易团队可能并不合适，但是你可能需要对这两个团队加以分离并施加类似于上述中国墙的控制。这通常被称为"中国箱"（Chinese box）。 10. 可能常常有人会对中国墙施加监督，这些人可能来自合规部门也可能是相关部门的领导。可能需要施加监督的方面包括： （1）未经授权的中国墙通行——无论是物理的还是电脑的； （2）实施中国墙的领域电子通行门控制失效； （3）对穿墙者没有进行系统性登记； （4）未向新员工传达到基于墙内外或骑墙的不同影响的指导意见； （5）引起中国墙延伸或变化的新成立部门或新开展业务。

主题	内幕者清单
目标	就可获内幕信息的人员而言，确保有一张记录全员的足够详细、使用广泛、及时更新的清单。
释义	1. 为了控制和阻止市场滥用，要求上市公司准备一份内幕者名单，这份名单需要详细记录在履职时能接触到相关内幕信息的人员（无论他们是正式雇员还是合同工）。 2. 为了帮助发行者满足内幕者名单的要求，公司应该建立内幕者名单安排，以记录他们的员工持有已上市客户内幕信息的情况，这种安排最有可能涉及公司的企业融资和投资银行两个团队。
必要措施	1. 确定公司内部最有可能接触到内幕信息的部门和人员。 2. 建立内幕者名单安排以确保所有 FCA 需要的信息都能囊括在内幕者名单里。这些记录包括： （1）内幕者的姓名； （2）内幕者所涉及内幕信息的企业； （3）之所以成为内幕者的原因； （4）成为内幕者的日期； （5）不再是内幕者的日期。 3. 每当某个员工成为内幕者名单上的一员时，他必须书面承诺： （1）他之所以成为内幕者是因为他掌握了某个企业的内幕信息； （2）他同意初次被列为内幕信息掌握者的日期； （3）他已知晓违反相关要求的相应惩罚（比较好的方式是在承诺书上概要说明这些内容，并且提示哪里可以到查询详细内容）。 当雇员被移除出内幕者名单时，他也应该进行书面承诺确定他不再能接触到有关发行者的内幕信息。 4. 决定出内幕者名单的管理人——他要么由合规部门的人员担任，要么由相关部门的领导担任。 5. 就公司内部内幕者名单的使用撰写纸面规程。 6. 对雇员进行培训，告诉他们需要考虑内幕者名单问题的时间和原因，以及如果他们违反相关要求可能面临的惩罚。 7. 进行持续的监督以确保内幕者名单得以适当地建立及维护。 8. 谨记——机密和价格敏感性信息只能基于确有必要知情而共享。

主题	观察和限制性名单的维护
目标	确保没有与禁止或限制性的企业进行交易，或在这些企业之间进行交易。
释义	1. 虽然在 FCA 手册里并没有对观察和限制性名单进行定义，在金融服务领域里这些名单却是众所周知并广泛使用的。

续表

主题	观察和限制性名单的维护
释义	2. 观察和限制性名单的使用基于一系列原因，包括： （1）控制不适当的信息流动； （2）阻止或管理利益冲突； （3）阻止或识别市场滥用的疑虑； （4）阻止违反独家性安排； （5）阻止公司与基于某种原因（例如，声誉问题）不愿与之有所牵连的对方建立合作关系。 3. 虽然性质很相似，观察性名单和限制性名单却有不同的用途。这些用途可能因公司的不同而有所不同，但是总体而言，其用途可以总结如下： *观察性名单* 4. 用于记录公司拥有其非公开和涉及价格敏感性信息的企业名称； 5. 导致产生这种信息的情况还未公开宣告，例如，拟收购要约。 6. 这个名单还未在公司内跨部门进行分发。 7. 无论是基于个人、客户还是自营目的，都严格禁止导致企业进入观察性名单的部门开展观察性名单里企业证券的交易。 8. 公司其他的部门员工可以开展观察性名单里企业证券的交易（只要建立了适当的中国墙制度），但是必须对这些交易进行审查以确保这些交易是适当的（例如，不是基于内幕信息进行的）。 *限制性名单* 9. 用于记录公司拥有其非公开和涉及价格敏感性信息的企业名称。 10. 导致产生这种信息的情况已公开，例如，已知的收购要约（这种情况企业通常先进入观察性名单，随后再转入限制性名单）。 11. 这个名单也用于列明基于其他原因而限制与其进行交易的企业，其原因包括： （1）即将发布调研成果； （2）声誉问题，这可能意味着本公司不想与某个企业有所牵连； （3）在本公司与其历史往来中，该企业信用记录不良； （4）该企业与本公司存在争议或未决诉讼。 12. 这个名单可能已在公司内跨部门进行分发。 13. 本公司的任何员工都不得对在限制名单上的企业证券进行交易。 14. 观察和限制性名单通常由合规部门进行维护。在一些规模较大的公司里，这些名单和其他一些敏感信息的管理通常是"控制室"的责任，这些控制室的员工进行大部分下述的控制活动。

续表

主题	观察和限制性名单的维护
必要措施	1. 为准备建立观察和限制性名单作出安排： （1）就公司的具体情景，界定需要进入这两个名单的情况。 （2）准备一个纸质或电子的表格，从而员工可以用于进行通知（详见下述）。 （3）记录这些安排。 （4）提供相关的日常培训。 2. 观察和限制性名单的通知表格应该包括一些详细信息，例如： （1）被加入名单的企业名称； （2）某家公司应该被加入观察性名单还是限制性名单； （3）提出把某家公司加入名单要求的人员； （4）提出把某家公司加入名单要求的部门； （5）某家公司被加入名单的原因； （6）这家公司是否是上市公司，如果是，是在哪家交易所上市的； （7）同意将某家公司加入名单的雇员。 3. 还应该在表里写明某个企业从观察性名单转移至限制性名单的情况（附带原因及给出这个指导性意见的人员），以及某个企业从名单移除的情况（附带原因及给出这个指导性意见的人员）。 4. 给出需要使用观察和限制性名单的情形。例如，首先应该检查是否包含在名单之内，再进行： （1）批准某个个人账户交易（这个人可能掌握了内幕信息）； （2）接受某个企业的独家融资委托（本公司可能已经和相同项目的其他客户签订了独家性安排）。 （3）建立一个新的客户关系（本公司在与某家企业历史的交往中，这家企业的信誉不良，因此本公司可能不愿再和这个企业进一步合作）； （4）发布研究报告（行业研究部门的建议可能和公司融资部门的建议相左，例如，研发团队考虑到某个公司并不乐观的发展前景可能建议卖出，而公司融资部门却认为其发展前景良好从而建议买入）。 5. 有时可能碰到禁止与两个名单上的企业进行交易的例外情况，例如，执行某个交易以完成主动提出的客户交易指令。 6. 对员工进行培训以确保所有相关的雇员都知晓观察和限制性名单的正确使用方法。 7. 采取周期性的监督以确保观察和限制性名单上的信息与时俱进，并且对记录在案的企业证券的交易进行识别。

主题	个人账户交易
目标	确保雇员没有从事不适当的个人账户交易。
释义	1. 不适当的个人账户交易示例包括： （1）损害客户利益的交易； （2）市场滥用，尤其是进行内幕交易； （3）耗费过多时间和精力进行个人投资组合，而不是履行工作职责； （4）个人投资损失过大从而对适岗性产生威胁——良好的财务状况是FCA评估适合性和适当性的标准之一。 2. 禁止找他人代表自己进行交易，对雇主隐藏上述情形。 3. 个人账户交易的要求并不适用于一系列情况，包括： （1）并非根据某人的自由意志达成的交易； （2）购买人寿保险产品。 4. 公司可能选择把一些并未参与到指定的投资业务中的资历较浅的雇员排除在个人账户交易管理的框架之外，然而许多为了达到最佳操作的目标和方便管理决定并不对这些人加以排除（记住：市场滥用、内幕交易和声誉事件比FCA规定的范围要宽泛很多）。 5. 适用于研究分析师的个人账户交易规定尤为严苛。 6. 指定的代理人和外包服务提供商也包含在个人账户交易的框架之内。
必要措施	1. 个人账户交易框架需要包含的基本要素： （1）员工在进行个人账户交易之前需要获得事先批准； （2）确保迅速被告知了所有得以执行的个人账户交易； （3）监督； （4）准备个人账户交易政策，用其阐明公司实施的控制的基本详细信息； （5）进行相应的员工培训确保他们知悉在涉及个人账户交易时他们应该如何行动。 *事先的批准* 2. FCA规定并没有对事先的批准进行严格的要求。然而，将不适当的交易扼杀在摇篮里，这无疑是很明智的做法，除非： （1）要求所有的个人账户交易都通过公司进行交易； （2）在交易系统里对所有雇员自己的交易账户和其他的交易账户进行区分； （3）建立系统以确保不适当的个人账户交易指令不会被接受； （4）可以提取关于个人账户交易的报告，从而对这些交易进行事后的检查。 3. 确保审批系统快速及时——你也不想因为迟钝回应等到市场形势出现逆转时造成同事的损失而受到指责。 4. 决定如何进行批准——是需要签名的纸质表格还是使用电子化的申请和审批系统。

主题	个人账户交易
必要措施	5. 决定谁拥有批准交易的权力。是合规部门、直接领导、总监还是都需要？ 6. 决定批准和拒绝交易的界限，及如何识别"危险"的情况。一些公司禁止进行的交易示例如下： （1）由本公司客户发行的股票； （2）由本公司自行发行的股票； （3）由本公司进行管理的集合投资项目； （4）本公司垄断行业的相关投资； （5）与本公司存在法律争端的某公司股票。 其他公司也全面禁止员工进行点差交易（spread betting），因为由于仓位的迅速变化，可能在极短的时间内发生极大的损失。这不仅会对相关员工的财务状况产生影响，还会导致他们花费过多的时间关注自己的交易而不是客户的交易。 7. 识别交易的不适合性的一个好办法就是：检查个人账户交易申请是否受到观察和限制性名单的限制。 8. 确保负责进行个人账户交易批准的人员知道批准交易的标准，批准交易的流程，何时他们需要寻求你的建议及他们需要对什么内容加以记录。 9. 你可能需要决定某个批准只能在几天内有效，之后需要取得新的批准。 10. 你有可能还需要设定一个持有期（例如，不得在 30 天内出售购买的证券）以避免频繁交易。 *个人账户交易的报告* 11. 如上所述，一些公司建立了信息系统可以自动向合规部门报告个人账户交易。 12. 然而，大部分公司依靠员工向他们提供一份由经纪商直接报送的交易合同或是复印的交易合同。 *监督* 13. 一旦收到某个个人账户交易的通知，你应该对其进行检查以确保其达到了批准交易的全部条件，例如，这个交易是否是在规定的天数内完成的？即是否违反了最小持有期的限制？ 14. 对没有经过事先批准的交易而言，监督尤为重要，你需要对全部或部分的交易进行检查以确定交易的适当性（参阅上述指导意见）。 15. 重点关注成功的交易！如果某人的个人账户交易持续成功——也就是说，他的交易总能避免损失或赚取收益——那么应该思考一下这个人为什么一直如此幸运？是因为他卓越的股票挑选能力还是因为他基于内幕信息进行交易？

主题	个人账户交易
必要措施	16. 你可能还决定监督某些并不那么成功的交易。记住：良好的财务状况是FCA对适合性和合适性监测的组成部分，如果某个雇员遭受着大额的财务压力，他可能倾向于在工作时进行高风险的投资行为。 *政策和培训* 17. 决定你的政策适用的客体。如果不涉及指定的投资业务，是否适用于所有员工？是否需要建立一个集团范围内的政策以囊括世界范围内所有的附属机构？ 18. 关于公司个人账户交易规程的必要的详细信息应该包含在政策里，以及一旦违反可能遭受的惩罚也应该包含在其中。 19. 必须进行培训，从而确保员工知悉这些政策以及他们应该在个人账户交易活动中采取什么样的行动。 20. 为了取得最大程度的重视，一些公司把遵守个人账户交易政策作为一条雇佣条件，并将其涵盖在雇佣合同里。 21. 还有一个办法就是让所有的员工签订一份声明，确定他们知晓了公司的个人账户交易规定并同意遵守这些规定。一些公司为此建立了年度的流程，即要求员工签订一份声明，确定他们之前年度进行的交易都符合个人账户交易政策的要求。

主题	诱因
目标	确保有充足的安排，以阻止收受不适当的馈赠，诸如各种礼物和好处。
释义	1. 在金融服务领域里，不适当的收受礼物和好处可能导致产生严重的利益冲突，因为这可能诱使公司不按照最佳利益原则为客户服务。 （1）如果为了回馈某个客户赠予的价值昂贵的礼物，某个销售经理同意在进行交易配置时优待这个客户而使其他客户遭受不公平的待遇，这种情况怎么办呢？ （2）如果某个基金经理赠予某个经纪商价值昂贵的礼物，并要求经纪商在执行交易时给予自己一些优待，这种情况怎么办呢？ 2. FCA对馈赠进行了广泛的定义： （1）费用； （2）佣金； （3）非货币性利益。 3. 通常认为，这个定义适用于以下情形： （1）参加年会和会议； （2）调研；

续表

主题	诱因
释义	（3）订阅刊物或电子刊物； （4）诸如红酒、手表、钢笔等礼物。 4. FCA 仅允许在下述三种情况下允许收取费用、佣金和非货币性利益： （1）它们是由客户或其代理人提供的或提供给客户或其代理人的； （2）它们是由第三方提供的或提供给第三方的，但是这种馈赠并不会损害公司基于客户的最优利益服务的责任，并且已经向客户进行适当地披露，而且这个馈赠旨在加强客户服务； （3）它们是旨在便利业务而支付的适宜费用，例如，涉及托管、结算和监管征用等。 5. 总体上来说，馈赠大致可以分为两类： （1）日常性的收受馈赠，例如订阅的刊物。 （2）临时性的收受馈赠，例如客户赠予的作为成功完成某项复杂交易的奖励。 6. 一些公司很乐于让他们的雇员接受礼物馈赠，但是要求雇员将接收的礼物的对等价值付给公司或者慈善机构。在这种情况下，需要保留完整的审计依据。
必要措施	1. 记录下公司针对馈赠管理的长期性安排，形成日志，在日志里需要记录的信息包括： （1）馈赠的性质； （2）这些安排怎样运行； （3）涉及的参与方，例如，谁收受的馈赠； （4）馈赠的货币价值； （5）安排开始的日期； （6）公司内部的负责人名字； （7）如何告知客户公司关于馈赠管理的安排； （8）如何判断这个馈赠是必要的或是为了加强客户服务； （9）如何判断这个馈赠不会与公司基于客户的最佳利益而服务的责任相悖。 2. 为了完成上述的日志，需要和公司雇员进行广泛交流，包括高级管理层、前台部门、市场营销部门（负责公司招待安排）和会计部门（负责处理和批准付款）。 3. 具体情况具体分析，结合公司的情况，确定哪些形式的馈赠是可接受的，哪些形式的馈赠是不可接受的。决定对某些种类的馈赠（例如，现金给付）全面禁止，而允许在事先确定的最低价值之内的其他馈赠。也可能认为有必要废除上述所列的一些安排。

主题	诱因
必要措施	4. 建立安排,当合规官被告知收受到超过临界价值的馈赠时,以确定这种馈赠是否合适。循着上述所提出的脉络,对这些安排进行记录——制定一张核对检查单以确保你已经囊括所有的安排,这是很有用的。 5. 在一些情况下,可能认为某个礼物要么价值太大,要么不合适,从而不予批准收取,但是又担心这会浇灭赠送礼物的对方的热情。在这种情况下,会决定收取这个礼物,但是在公司内部以抽彩的方式进行出售或者赠予慈善机构。 6. 通过对有关馈赠的安排进行培训并且在将这些安排形成书面的政策,确保全员知晓公司的馈赠规程和安排。 7. 进行日常的监督以确保公司的馈赠政策得到执行。

主题	金融营销活动审批
目标	确保所有的金融营销活动都是公平、公正、不具有误导性的,且符合相关法律和监管的要求。
释义	1. 政府和 FCA 非常重视金融营销活动的合规性,以至于如果某个不受监管的公司发布或批准金融服务的相关广告都被视为违反《金融服务与市场法》(FSMA 法)(不仅是违规)。 2. 在这样的情况下,确保公司在金融营销活动的准备、批准和发布等方面的流程无懈可击,其重要性是不言而喻的。FCA 特别致力于追踪不适当广告的案例,甚至开发了热线以供公众检举他们认为违规的操作。 3. 除了 FCA 关于金融营销活动的规定,在英国还有另外几家组织对广告活动施以控制,因此除了符合 FCA 相关的规定之外,符合这几家组织的相关规定也很重要。这些组织包括: (1) 广告标准当局; (2) 公平交易办公室; (3) 本地交易标准办公室。 4. FCA 规定对金融营销活动的发布和批准的适用程度依赖于这些营销材料所针对的目标客户群: (1) 合格对手方——尽管《商业条例》与之相关,商业行为规则(COBS)却并不适用。特别是我们来看看第 7 条:和客户的沟通交流,这样写道"公司必须充分考虑其客户的信息需要,并且传递信息的方式要清晰,公平且不具有误解性"。 (2) 专业客户——适用高层次的商业行为规则(COBS),但是不适用零售金融营销活动。 (3) 零售客户——适用所有的商业行为规则(COBS)规定。

续表

主题	金融营销活动审批
必要措施	1. 准备一份公司发布和批准的所有种类的金融营销活动清单。确保涵盖了以下几类营销活动： （1）网页营销活动； （2）插页广告营销； （3）直接的邮件营销； （4）广播和电视营销。 2. 一旦掌握了上述清单，对每类金融营销活动进行关注也很重要： （1）负责广告材料的部门和经理； （2）发布的频率； （3）目标客户群——客户类别； （4）目标客户群——客户辖区； （5）营销的产品； （6）这个材料是否符合 FCA 对一项金融营销活动的严格定义："邀请或诱使从事某项投资活动。" 3. 在上述集合的各种详细信息基础上，确定适用于公司发布和批准的金融营销活动的相关法律和监管要求。根据广告类型和客户性质的不同，这些要求也有很多不同。关于这部分要求的详细内容整理如下。 4. 准备一张检查表以涵盖所有适用的要求。根据公司发布和批准的金融营销活动的差异性，可能仅需要一张检查表，或者，需要对每一类金融营销活动准备一张检查表。 5. 得为批准金融营销活动材料建立相应的安排。在一些公司，只有合规部门的员工有权做此安排，而另一些公司，其他合适的经验丰富的员工也可以做此安排。 6. 这张检查表应该包括下述类型的信息： （1）营销材料提交批准的日期； （2）批准营销材料的人员名称； （3）内部的批准参考码； （4）营销材料循环流通的时间段； （5）目标客户群——客户类别； （6）目标客户群——客户辖区； （7）营销材料是否包含公司或客户的机密信息； （8）传递的信息能否被视为违反市场滥用的要求； （9）确保符合 FCA 的特定规定，诸如： （10）相关的材料是否能够被清楚判别为用于营销活动； （11）相关公司的名称是否被包含在内；

续表

主题	金融营销活动审批
必要措施	（12）是否展示了过去的某一段特定时间的业绩详细情况； （13）批准发布材料的日期。 7. 有权对金融营销活动进行批准的人员必须接受日常性的培训以确保他们知晓相关要求。 8. 进行周期性的检查，以确保没有不适当的金融营销活动得到了批准，对金融营销活动进行了适当的记录，仅有权人对金融营销活动进行了批准，你所使用的检查表是随着监管、立法的变化而及时更新的、所批准及发布的广告类型。

主题	对投诉和诉讼的处理
目标	确保客户的投诉都得到高效快速和适当的处理，并且符合 FCA 的相关要求。
释义	1. FCA 对于处理投诉的要求仅适用于"合格的投诉"。但是毫无疑问的是所有的投诉都应当得到严肃的对待及相应的处理。 2. FCA 对于合格投诉的定义涵盖了个人、小企业、慈善组织和作为某个公司客户的信托公司。
必要措施	1. 为处理投诉专门制定书面的政策和流程。这些政策和流程需要符合 FCA 的相关要求，并且包含以下内容： （1）对合格投诉的定义（员工需要知道 FCA 的规定适用于哪种类型的投诉）； （2）当收到投诉时需要跟进的流程； （3）处理投诉的时间限制； （4）需要维持的记录。 2. 当收到某个特别重大而又复杂的投诉时，就如何进行下一步的处理需要向法律部门寻求专业意见，因为客户也可能决定就此投诉启动法律流程。 3. 还应该考虑由于违规而引致的严重投诉是否需要向 FCA 进行报备。当然了，FCA 可能因此对公司施加惩处措施。 4. 在公司和客户之间没有得到妥善处理的投诉可能会涉及一个独立的投诉处理体系（由客户发起），例如金融巡视服务，金融和租赁协会调解和仲裁体系，养老金咨询服务或养老金调查官等机制。 5. 需要对公司的投诉处理过程进行周期性的监督，以确保： （1）所有的投诉都得到合理记录； （2）所有投诉的处理都符合相关的投诉政策； （3）一旦有需要，能确认进一步调查的思路。

主题	处理违规
目标	确保违规行为得以识别并得到适当的处理。
释义	无论是重大违规还是相对而言的非重大违规，违规行为都应该引起合规官的重视并对相应的违规问题加以强调。
必要措施	1. 建立一个记录违规行为的体系。不论选择进行纸质记录或是电子数据记录，需要记录的信息类型包括： （1）违规发生的日期； （2）违规的性质； （3）责任人； （4）违规事件报告人； （5）相关部门； （6）涉及的规定； （7）采取的补救措施； （8）涉及的客户的详细情况； （9）涉及的产品或服务的详细情况； （10）解决违规事件的目标日期； （11）解决违规事件的实际日期； （12）违规行为是否涉及了管理层； （13）是否采取了任何惩罚措施； （14）是否有客户投诉（如果有，记录详细情况）； （15）就如何采取下一步行动是否寻求了法律指导（如果有，记录详细情况）； （16）是否依据附加条款15（SUP15）向 FCA 进行了报告； （17）是否已经对客户进行了赔偿，如果有，赔偿金额是多少。 2. 确保对违规行为的纸质记录或数据库记录是完整的；当存在违规记录，并且没有采取与之相关的补救措施时，在相关的监管报告或内部报告里就很有可能出现负面意见。 3. 确保雇员都知道他们应当向合规部门报告违规事件——可能采取通过邮箱或面谈的形式，也可能倾向于让员工填写事先准备好的表格并将其交还。 4. 将记录包含在完成的合规监督工作结果之中，或是诸如内部审计或操作风险部门等其他部门的检查工作之中。 5. 当被告知某项违规事件时，需要对其进行调查以了解违规是如何导致的，而调查的深入程度很明显有赖于违规情节的严重程度。 6. 然而，不论是多么微不足道的违规事件都值得认真对待，因为它可能只是征兆。如果这是某个员工本月犯的第十次错了呢？如果这次又是同样的电脑系统崩溃了呢？如果这次又是同样的产品受到影响呢？ 7. 违规事件的相关数据（数量、重要性、超过目标解决日期的事件百分比等）都被广泛用作业绩表现的衡量标准来向高级管理层报告。

续表

主题	处理违规
必要措施	8. 应当周期性地检查纸质记录或是数据库记录，来习得相关的经验教训——这些信息都可以被用作培训的基础。 9. 谨记，依据附加条款 15（SUP15），必须向 FCA 报告重大违规的详细情况。

主题	培训和胜任能力管理
目标	确保员工现在拥有并将持续拥有他们所任岗位需要的能力。
释义	1. FCA 的培训和适岗要求适用于两个层次： （1）适岗的雇员规定适用于所有的员工。 （2）培训和适岗规定适用于履行 FCA 所认定的核心岗位职责之一的员工，但是仅就零售客户而言。这些职责包括向零售客户进行投资产品推荐和为零售客户进行自主的财富管理。这些职责的完整名单包含在 FCA 的规定里。 2. 适岗的雇员规定要求公司确保他们的员工拥有必需的技能、知识和专业素养以顺利地履行他们的特定职责。诚实应当被视为胜任内涵之一。谨记，胜任能力所囊括的内容远远不只监管知识而已，还包括了产品和市场知识，以及柔性技能和人际沟通能力。 3. 培训和适岗规定更多的是描述性的，包括： （1）培训； （2）考试要求； （3）保持适岗能力； （4）适岗能力的评估； （5）监督。
必要措施	*针对全员的胜任能力规定* 1. 在很大程度上，简单地执行好人力资源最佳操作就能符合适岗的雇员规定，例如： （1）进行正规的雇用面试； （2）在雇用之前先取得相关的资格认证证明材料； （3）在雇用的前几个月设置一段试用期； （4）为员工进行岗位的介绍； （5）确保每个年度进行员工评估； （6）确保有一个直接领导负责监督员工的工作； （7）提供相关的培训。 2. 尽管仅在批发市场内履职的员工已经不再需要履行考试的责任，但是许多公司仍然选择施加考试的要求以贯彻落实最优操作。 *培训和胜任能力规定（零售业务）*

续表

主题	培训和胜任能力管理
必要措施	3. 根据 FCA 名单所列示的内容，识别培训和胜任能力规定里所包含的公司员工所担任的职责。 4. 识别公司从事 FCA 的培训和胜任能力规定里包括的员工所在的部门。 5. 确保所有应该受到培训和适岗规定约束的员工都得以： （1）识别； （2）被告知他们的培训和胜任能力要求； （3）每年至少完成 35 个小时的相关培训； （4）由于培训和适岗规定会对他们的履职产生影响，他们必须知晓这些规定在实践中的适用性； （5）建立一个可以适用转岗员工的备忘录，以涵盖培训和胜任能力规定要求是很有用的。 6. 确保部门的领导知道他们团队里的哪些员工是受到培训和适岗规定制约的，因为他们很可能需要履行培训和适岗规定的监督者的确定。 7. 雇用——对于新雇用的员工，在雇用面试上的谈话内容应该作为最初的适岗能力评估的一部分。除非获得他们之前从事活动或培训的相关证明或是获得他们通过了相关考试的证据，这些员工是不能被直接雇用的。 8. 培训——员工应该在加入公司时接受就职培训，并且之后接受日常性的培训，这些培训针对他们个人所承担的职责，并且考虑到与个人相关的市场的变化，产品的变化及规定和立法的变化。 9. 评估胜任能力——为了保证工作胜任，必须对胜任能力进行正式的评估并且对评估的结果加以记录。胜任能力的评估应当包括： （1）技术知识及其应用； （2）需要的技能及其应用； （3）相关的市场、产品、法律和规定； （4）被评估者； （5）被评估的个人还必须证明他们已经通过了履职相关的考试。 10. 考试——金融服务技能委员会是英国建立的与培训和胜任能力规定相关的适当性考试的机构： （1）一些培训和胜任能力涵盖的职责要求在员工开始从业之前就通过相关的考试。 （2）在某些情况下，员工可能得到豁免不必参加考试。 11. 保持胜任能力——必须建立安排以确保员工在考虑到工作环境的变化之后仍然保持胜任能力——这种环境的变化可能是由于出台了影响他们履职的一项新的监管要求，或者自上次他们的胜任能力评估完成之后市场操作发生了变化等。 12. 监督——必须建立安排以保证无论在完成胜任能力评估之前还是之后，员工都得到适当的监督和监管。

续表

主题	培训和胜任能力管理
	总体
	13. 部门领导（而不是合规部门）对部门的运营负责，并且对确保他们的员工符合培训和胜任能力规定的要求负责，当他们作为培训和胜任能力规定的监督者时，尤为如此。他们应该清楚他们在这个领域承担的责任，因为如果他们对某种不端行为进行直接报告，FCA 就可能会问到，怎样对不端行为者展开监督调查，以及如何确定用于评估这个不端行为者的标准。
	14. 采取以下行动以加速推进培训和胜任能力规定的合规履职：
	（1）为部门领导准备与培训和胜任能力规定相关的成文的指导意见，及对他们在雇用、监督、胜任能力评估中所承担的责任提供指导。
	（2）为承担培训和胜任能力规定中包含的职责的员工提供成文的指导意见，包括：
	在相关规定下他们所处的地位（他们是否已经被评估为胜任能力或培训生，且与哪种特定的活动或产品相关）；保持他们胜任能力地位或朝着胜任能力努力的责任；需要通过的考试等。
	（3）为部门领导和员工提供关于培训和胜任能力规定的周期性培训。
必要措施	（4）或许还需要准备一些文件以加速履行合规履职及文件记录，包括：胜任能力评估表；胜任能力认证；考试豁免表格。
	（5）进行周期性的检查以确保培训和胜任能力规定得到遵守。
	（6）可能需要和人力保持联络以方便其告知你加入公司的新员工，从而可以对这些员工中需要符合培训和胜任能力规定的员工加以关注——以防部门领导放了"漏网之鱼"。
	（7）为培训和胜任能力规定的监督者提供与他们责任相关的指导意见，包括：
	清楚把握培训和胜任能力规定的来源和根据；
	知晓他们需要为正在监督的员工的行为承担的责任；
	知晓他们团队的每个人所处的培训和胜任能力地位，如果有所不同，每个人需要处于什么样的地位；
	知道他们部门的什么职责受制于培训和胜任能力规定；
	知道履行每个职责需要通过哪些考试，及相关的通过考试时限要求；
	为员工制定培训和发展项目；
	开展胜任能力评估。
	（8）在某些情况下，培训和胜任能力的监督者自身需要通过适当的考试，即使他们本身并不履行培训和胜任能力规定涵盖的职责。
进一步的信息	参见第 2 篇第 D 部分。

主题	资格准入管理
目标	确保公司能适当地对被批准人进行识别、登记和注销，确保被批准人现在具备且将持续具备履行控制职责的能力，确保被批准人遵守被批准人行为准则。

续表

主题	资格准入管理
释义	1. FCA 要求履行某些控制职能的人员必须通过 FCA 的检查，且在 FCA 登记为被批准人（除非适用豁免规定）。 2. 控制职能是指对公司的持续健康运营至关重要的活动，目前 FCA 在 SUP10.4 里将其定义为 16 项职能。它们被划分为以下几类，详情见下。 3. 监督被批准人遵守规定的职责通常由合规部门承担，虽然一些公司也将这个职责部分或全部地分配给人力资源部门。 4. 资格准入与培训和胜任能力制度紧密相关，可以同时推进这两项制度。
管理职能*	包括以下职能： 1. 监事； 2. 非执行监事； 3. 首席执行官； 4. 合伙人； 5. 非并表附属机构的监事； 6. 小社团各个事宜的主管。
监管要求职能	包括以下职能： 1. 责任与控制的分配和监督； 2. 对欧洲经济区投资的监督（针对从事被监管的投资业务的部门领导）； 3. 合规履职的监督； 4. 对洗钱活动的控制； 5. 保险公司内承担的各种高级保险精算职责；
系统和 控制职能	包括以下承担重大职责的人员： 1. 公司的财务事项（例如，财务部的领导）； 2. 设定和管理风险偏好和风险暴露（例如，风险部的领导）； 3. 报告公司内部系统和内部控制的充足性和合规性（例如，内部审计局的领导）。
重大的 管理职能	包括承担某项重大职责但并未包含在控制职责之内的人员，例如，后台部门的领导，或并不从事指定的投资业务的前台部门的领导。

---

* 这些职能在公司内部有显著的影响力。

续表

主题	资格准入管理
客户服务职能	包括维护、管理和拓展客户关系的员工，例如： 1. 公司融资建议的提供； 2. 衍生工具的选择； 3. 为客户或同客户进行股票交易； 4. 投资管理建议的提供。
必要措施	1. 确保掌握有所有被批准人详细情况的登记簿： （1）被批准人姓名； （2）履行的控制职能； （3）允许履行相关控制职能的日期。 2. 建立相关的流程，很大可能需要同人力部门协力完成，以确保提前被告知： （1）新的入行员工； （2）部门和职责发生转变的员工； （3）临时在英国履行客户服务职能的海外员工； （4）离职员。 在这些情况下，需要及时决定是否需要在被批准人名单里对某人进行登记或注销，或是否需要对目前的登记情况进行变更。 3. 确保只有获得 FCA 批准之后，个人才能履行控制职能（除非适用豁免规定）。最有可能违反这条要求的情况发生在前台部门，当某人转入客户服务职能但却未告知合规部门时。 4. 有关被批准人履行控制职能要求的例外情况有： （1）在临时或不可预测地出现缺乏某个适当的被批准人时，代为履行短于 12 周的某项有重大影响的职能。 （2）每 12 个月驻英国时间不超过 30 天的海外派驻人员，在此期间承担的客户服务职能。为了保证这种例外情况的有效性，这些人员在英国的时间段里必须接受适当的监督。 5. 涉及上述的例外情况，必须对相关的日期和时间段进行相应的记录以确保这些例外情况的有效性。 6. FCA 制定了与资格准入相关的多种形式的表格： （1）表格 A：履行控制职能的申请； （2）表格 B：履行控制职能的申请撤销的通知； （3）表格 C：停止履行控制职能的通知； （4）表格 D：被批准人详细情况变更的通知； （5）表格 E：被批准人的内部转换。 7. 这些表格需要经过合规部门（或内部的其他负责人）签字和检查以确保这些表格都填写完整，否则就会耽搁流程。

续表

主题	资格准入管理
必要措施	8. 在成为被批准人之前，应该告知这个人成为被批准人意味着什么。你可能需要提供： （1）一份 FCA 关于"成为被批准人"的事实说明； （2）构成某项适当的控制职能的活动的所有详细情况； （3）一份条例说明和被批准人行为准则，这些都必须由被批准人在任职期间持续地加以遵守； （4）FCA 的惩罚制度里对被批准人责任的概括说明（FCA 可能对被批准人施加并不适用于不属于被批准范畴的惩罚措施）。 9. 当某人停止履行控制职能时，公司必须采取表格 C，并在不超过七个工作日之内告知 FCA。 10. 对表格 C 上所写的雇员停止履行控制职能的原因加以仔细思考。如果这些人是被解雇或是由于不当行为被要求辞职的话，FCA 需要知道这些信息。就具体的措辞表述，应当和法律部门协商完成，以避免表述不当造成人员未来成为被批准人的障碍而引发可能的法律争议。 11. 当某个履行客户服务职能的员工离职时，应为他们准备并保持归档的监管材料，确保将来任何公司递交请求时都能予以提供。在附加规则 10.13.12（2）里说明了材料应当记录的详细内容： （1）关于这个员工的重大或持久的投诉； （2）这个员工在培训和胜任能力规定中的地位。 12. 被批准人详细情况发生的任何变化都必须告知 FCA，这些详细情况包括： （1）头衔、姓名、国家保险编号（在七个工作日内将变化的情况告知公司）的变化； （2）任何可能影响到被批准人适合性和适当性的事件（如适当性条款（FIT）所述）。 13. 确保了解向 FCA 告知的所有变化情况，把这些告知详情整理进年度合规证实书里。 14. 应当向被批准人提供周期性的培训： （1）他们控制职能涵盖的范围； （2）在条例说明和被批准人行为准则下的责任； （3）与被批准人相关的向 FCA 告知的要求。 15. 需要进行周期性的监督，以确保未被批准履行客户职能的员工并未从事相关的活动。例如，通过听取录音或是检查指令和执行记录以进行监督。 16. 需要进行周期性的监督以确保适用的例外情况是有效的。
进一步的信息	请参阅第 2 篇 D 部分。

主题	新型交易或非标交易审批
目标	确保无论公司从事什么活动，所有的合规问题都得到识别并且得到充足的控制。
释义	1. 公司的活动有时可能偏离常规，需要评估这种偏离是否是可接受的，并且跟进相关的监管问题。 2. 一些特征可能使得某个产品、某项服务或活动非标准化，包括： （1）涵盖一类新客户（例如，目前的批发产品开始扩售至零售客户）； （2）大额交易； （3）声誉损失的严重风险，可能源于诸如污染环境等非监管领域； （4）向一个全新的陌生辖区提供服务。
必要措施	1. 确保员工知晓当他们想要从事某项全新的或非标准的活动或交易时，他们应当咨询合规部门的意见。 2. 在规模较大的公司，可能会成立一个新的业务委员会对这些问题加以讨论和批准；确保合规团队成员都列席委员会。 3. 当评估某项新的或非常规的产品、服务或活动等的监管影响时，很显然有大量的问题需要加以考虑。可以从第 10 章所列的关于非常规的合规履职问题开始着手。 4. 你还可能并不会无条件地批准所有的产品和服务，对有些产品或服务，你可能并不想批准。 5. 当附加条件地给予批准时，可能选择施加一些内部的规定。例如，当对某个新产品进行评估时，可能提出要求：这个产品不出售给零售客户，并且销售人员在开展销售之前参加相应的培训，只有同时满足这两个条件时，才同意通过这个新产品。应该对提出的条件进行周期性的监督以确保它们得到落实。 6. 谨记，如果对提出的议案并不满意，可以直接说"不"，并且送这个议案回炉重造，就如何设计出更合适的方案提供方向性的建议和意见。 7. 当某个新的产品、新的服务或安排得以发布或执行后，6 个月左右开展一次检查以核实一切照计划进行。
进一步的信息	请参阅第 10 章。

主题	录音管理
要求	确保所有适用录音的电话线路都配备有录音设备，确保对录音记录的接触都受制于适当的安全控制之下，确保所有的录音记录都保存在安全的环境里且保存适当的时间段。

续表

主题	录音管理
有录音要求的 员工	1. 对下述员工有录音要求，他们是： （1）给出、接受或执行客户交易； （2）自营交易； （3）处理客户或自营交易的结算指令。 2. 录音有多种用处（除了在某些市场上满足监管的要求之外）： （1）有助于解决与第三方存在的争议或是来自第三方的投诉（通过电话录音记录可以轻易分辨出某人说的是买而非卖，某人发出的指令是成交一千手而非一百万手）。 （2）有助于符合保存记录的要求。 （3）合规官可通过监听客户的来电以确保为其提供了适当的投资建议。 （4）有助于证明某个客户交易是建议执行还是仅直接执行（当存在内幕交易疑虑时，这就更有用了，例如，公司可以证明它之所以进行交易是为了执行某个客户自发发起的交易，而不是基于从公司金融部门打听到的即将进行的收购等机密消息而进行的自营交易）。 （5）有助于在发生诈骗，市场滥用和洗钱等犯罪时用于提供证据，虽然如果某人计划犯罪的话，他不太可能通过有录音的电话来完成他的计划。 3. 尽管录音具有很多法律方面的用处，它也可能发生隐私滥用，从而需要一个有利的控制环境。
必要措施	1. 评估哪些员工属于上述范畴，从而需要对其进行录音，以确保他们的电话都已配备录音设备。 2. 经常性地对有录音要求的员工进行检查，以发现新入职的员工及转换部门的员工——这很可能引起录音要求的变化。 3. 确保客户知晓他们的电话通话可能被录音，这可能通过在客户协议里商定。 4. 确保被录音的电话都具备提示，告知使用者电话是被监听的。 5. 周期性地对录音的质量和录音记录的可得性进行检查，以确保录音系统的正常运转。 6. 确保存在让录音安全保存的程序——任何人都可以插入或是窃听别人的通话内容显然是不合适的。 7. 录音记录和录音设备应该存放在带锁的房间内，只有授权的员工才能接触到。 8. 任何听取录音的诉求都应该经过合规官的批准，同时确保这个诉求公平合理且不侵犯别人的隐私。 9. 建立安排以确保出差在外但仍需要对有关活动进行录音的员工对通话保持录音：虽然略为复杂，但对移动电话进行录音也是可能的。如果这个方法不可行的话，让员工拨打具有录音功能的公司电话并重复他们刚才进行过的谈话，以保证至少存在另一种形式的录音。

主题	数据保护合规
目标	确保公司适当地对个人数据进行处理，并符合相关立法的要求。
释义	1. 在规模较大的公司，数据保护的职责通常由某个独立的部门来承担，诸如信息控制部或数据安保部，但是在规模较小的公司，通常由合规部对数据保护的控制和过程负责。 2. 即使合规部并不承担数据保护的职责，通常它也会和承担相应职责的处室协作，因为违反数据保护的要求也很可能构成了对 FCA 条例的违反。 3. 法定的数据保护要求适用于个人的详细信息，例如公司的雇员、客户和咨询师。 4. 保密性的概念适用范围更广，对个人和公司均适用。
必要措施	1. 识别出公司需要处理的信息所适用的各种数据保护法律领域。这些领域包括： （1）人力资源； （2）法律； （3）信用； （4）运营； （5）消费者服务。 谨记，努力囊括"非官方的档案体系"和官方档案体系，注意，可能需要对作为外包计划一部分而传送给第三方的个人信息的处理情况负责。 2. 识别出跟公司相关的所有信息保护的要求。例如，与 1998 年版《信息保护法案》相关，如信息委员会所述，需要首先满足的是涉及个人信息的条例： （1）对信息进行公平合法地处理； （2）为达成有限的目标而进行信息处理； （3）信息是充足、相关而不冗余的； （4）信息是准确且及时更新的； （5）信息的保存不超过必要期限； （6）对信息的处理符合信息主体的利益； （7）信息处理的安全性； （8）未经过充分保护不向其他国家传送。 对于一些问题，还存在一些详细而且管理上很繁重的要求。这些问题包括接触数据的诉求，公司在数据委员会登记的要求。 3. 一旦识别出相关的要求，这些要求就应当通过培训和提供正规政策和规程告知相关部门。 4. 进行周期性的监督以确保相关的要求得以遵守。

主题	公司信息
目标	全面地认识公司所有业务部门和所从事的活动。
释义	如果未能全面掌握公司的相关信息，当需要的时候可能就不能提供适当且及时的建议和意见——公司为你的服务支付薪酬，相应地，尽可能地提供最好的服务是你的职责。
必要措施	尽全力去了解所在的公司，前台部门，后台部门和支持部门。可以采取以下方式： 1. 和业务部门的领导经常性地开展合规信息更新会议。 2. 经常性地参加部门会议（例如，业务拓展会议、计划会议）。 3. 参加董事会和其他对重大事件进行讨论的委员会（如果不能参加的话，就收取会议备忘录）。产品开发委员会和战略委员会都是尤为重要的会议。 4. 参加并不熟知的产品或服务的培训。 5. 尽可能地跟其他部门的员工建立社交关系——这样更加方便联系。 6. 和其他支持部门，诸如操作风险部、内部审计局和法律部，开展协作以对他们正在处理事项的本质进行把握，并了解这些事项会产生哪些影响。 7. 和人力资源部开展协作以了解公司内部的惩罚行为，以防这些惩罚行为对履行合规产生影响，并且了解新入职的员工和新离职的员工，以便可以适当地对这些员工加以登记或注销，且当需要的时候满足培训和胜任能力规定的要求。 8. 使用第 5 章的表格，对所掌握的对其负有履职责任的公司的信息加以记录，并保持这些信息得到及时更新。

主题	保存记录
目标	确保公司持有监管体系要求的所有记录。
释义	1. 要求受监管的公司保持一系列的记录。 2. 然而并没有对所有的这些要求加以归类汇总的某个清单，所有的规定都分散在规定手册和相关的立法及指南里。
必要措施	1. 查阅所有适用的规定、法律和指南，并标注出与公司相关的保持记录的要求，这是一个耗费时间的过程，但是别无他法，除非付费聘用一个咨询师来完成这些工作。 2. 同时留意规定的相关参考以及记录需要保持的时间段。 3. 确保需要加以记录事项的清单在整个公司广而告知，并且得到及时更新。如果所在的公司有很多部门，最好为每个部门单独准备一份保持记录要求的清单。 4. 把保持记录的要求和其他诸如合规手册的合规文件挂在内网上，是个不错的办法。 5. 千万记住过犹不及，谨慎地保持记录，对由数据保护法所涵盖的那些个人信息要尤为注意，一旦对这些信息保存逾期或保存的信息不正确，就可能违规。 6. 确保所有机密的文件的安全，严格控制对其接触。

主题	新的部门
目标	确保当新的部门成立时，就搭建好监管框架以保证其遵守适用的合规要求。
释义	当某个新的部门成立时，特别是当其成立在另一个辖属地或涵盖某个新产品或新服务，如果没有给予查阅所有计划并设计出适当的监管控制体制的条件，产生合规问题的可能性就很大。
必要措施	1. 建立安排以确保及时得知成立新部门的计划。 2. 尽可能多地查找涉及成立新部门计划的信息。可参阅（第 5 章）公司信息部分的相关注意事项以作指南。 3. 一旦确定了新成立部门的业务计划，应当为其准备一份规定手册，对所有其适用的监管要求加以记录。如果这个部门即将在一个新的陌生辖属地成立，这将是一个耗费时间的过程，但是向当地的律师或监管咨询师寻求指导意见是很明智的做法。 4. 为新成立部门建立的合规体制的性质取决于其活动的程度、其适用的规定、其拥有的员工数量。可借助于总部已有的控制措施，并将其延伸至新的室。或者有必要建立一个全新的体系，其包括： （1）合规手册； （2）合规政策； （3）向外部相关组织和内部管理层和总部进行合规报告的体系； （4）监管培训项目。 5. 如果新成立的部门涉及新的活动或产品，或其成立在海外，很可能其需要通过额外的监管审批。应当协同完成这个过程以确保所有必要的申请表都得以完整地填写，所有的费用都得以支付。 6. 即使并没有额外监管审批的要求，考虑一下依据附加规则 15.5（SUP15.5），是否需要将相关情况告知 FCA。 7. 当新成立的部门即将运营之即，应该检查合规的相关安排是否充足，并且向相关的雇员提供培训以告知他们需要达到的监管预期。 8. 一旦新成立的部门开始运营，应该对其运营期间遵守相关监管要求的情况进行检查。
进一步的信息	请参阅第 5 章。

主题	外包
目标	确保外包的服务不会导致公司控制的失效，并且外包的操作方式能确保所有适用的 FCA 要求都得到遵守，就如同这些被外包的活动仍然由公司自己完成一样。
释义	1. 将服务外包给要么是专职公司，他们可以更高效地完成任务，要么是海外公司，他们可以更经济地完成任务，外包服务的发展呈现增长趋势。

续表

主题	外包
释义	2. 通常外包的金融服务活动包括： （1）后台业务操作（结算，公司行为等）； （2）基金管理； （3）账户估值。 3. 外包无疑会给公司带来更高的效率和更多的节约，但是外包不能损害客户服务的质量，也不能阻碍监管合规的履职。 4. 虽然公司可以将某些服务外包，它却不能将责任外包，它将为其服务提供商的违规行为负责。这就意味着如果出现由外包服务提供商行为导致的违规，公司并不能把责任推给外包服务提供商并且由其承担监管处罚，FCA 将对公司追责，并且会因为公司没有建立适当的体系以监督外包安排而对其施以处罚。
必要措施	1. 准备一份日志以记录公司所有签订的外包协议，主要核心信息包括： （1）服务提供商的姓名和地址； （2）服务提供商方的主要联系人姓名； （3）外包服务的详细信息； （4）签订的外包合同的名字和日期； （5）公司内受外包服务影响的部门； （6）外包服务是否构成 FCA 规定下的"关键"服务（详见下述注意事项）； （7）告知 FCA 外包服务安排的日期（仅关键外包）； （8）最近一次对所提供服务的充足性进行检查的日期。 2. 在公司内部建立安排，以确保未经合规部门的批准，不能建立新的外包服务计划。这之所以很重要是因为，FCA 严禁对下述内容产生消极影响的任何形式的外包安排： （1）公司的内部控制； （2）FCA 监督公司遵守相关监管要求的能力。 3. 基于上述内容，合规部门应该对所有新提出的外包安排进行检查以评估其适当性。这些检查应当涵盖 FCA 所阐述的要点，包括外包服务提供商是否： （1）具有执行相关功能的合法能力； （2）能够对所提供的服务进行充分的监督； （3）具有提供相关服务的能力； （4）（如果受到监管）受到相关监管处罚或惩罚行为； （5）（如果是海外的提供商）是否存在阻止或阻碍 FCA 取得相关记录或其他由提供商掌握的材料的法律。 4. 确保每个外包安排都受制于公司和服务提供商之间签订的书面合同。 5. 确保将每一个新的关键外包安排都告知 FCA。

续表

主题	外包
必要措施	6. 准备一个风险登记簿以识别如何管理和监控所有相关的风险。还应当建立适当的机制，以对涉及各项外包功能的风险进行报告。报告的安排应当包括服务提供商向公司报告，在公司内部就外包事项向高级管理层报告。 7. 一旦外包安排开始实施，就必须对这些服务进行经常性的检查，以确保所有的安排都是适当的。应当建立备有文档的安排以便利这种检查。 8. 有时候，为服务提供商的雇员提供初始和持续的培训，以确保他们知晓所有相关的监管和法律要求，这是合适的，对辖属海外的服务提供商来说，尤为如此。 9. 外包安排应当到期后才终止，必须关注未来的相关服务将如何得以履行，必须确保停止外包安排不会对公司及其客户产生消极影响。因此，未经合规部门的事先检查和审批，不能终止这些外包安排。 10. 如果认为由合规部门来对上述所有的新建立外包业务关系（或终止外包业务关系）进行审批和检查是不适合的，可以将这些职能分配给另一些合适的有能力且有资格的公司内员工。
注意事项	1. FCA 认为关键服务是那些"对被监管活动、上市活动或辅助服务的表现至关重要"的服务。 2. 基于经验法则，如果与某项服务有关的控制缺陷或控制失效，将对公司履行监管职能的能力，为客户提供服务的能力或持续进行日常活动的能力产生消极影响，那么这项服务就应该视为关键服务。

主题	举报
目标	确保存在便利、促进和支持举报的适当流程。
释义	1. 合规官不可能无时无刻无处不在，一定会出现当你不在场但发生需要你关注的事情的情况，而健全的举报机制就可以有效地处理前述情况。 2. 举报机制就是指安排雇员能够进行"受到保护地揭露"的流程，也就是说，雇员可以不惧报复地报告不适当的行为。在英国，1998 年版的《公共利益揭露法案》① 提出了对这个领域加以规范的法定条款。
必要措施	1. 建立一个雇员乐于对他们的疑虑进行报告而不用担心受到指责的体系，和法律部门及人力资源部门携手完成这个体系的建设是极其明智的做法。 2. 为确保独立性，某些公司选择将其举报机制外包，仅仅为员工提供第三方服务提供商的电话号码。如果采取这种方式，那些和公司没有重大利益关系的提供商可能倾向于忽视接收到的举报。

---

① 译者注：该法案是英国第一个举报者保护法。

续表

主题	举报
必要措施	3. 而另一些公司选择建立一个在公司内部加以管理的体系，由适当的资深员工或独立员工来负责接受和评估举报。 4. 无论员工是向内部进行举报还是向第三方进行举报，建立的举报机制应当做到涉及对监管产生影响的事件必须迅速得到关注。 5. 将举报机制告知所有的员工，并且确保他们都知晓应该报告哪些事件不应该报告哪些事件。搞清楚那些恶意举报或为了解决内部争端而进行的举报并不会受益于《公共利益揭露法案》的保护。同时，提醒员工当他们认为自己是由于进行了受保护的举报而被辞退从而决定寻求法律援助时，并不能保证他们一定能胜诉，而且如果他们被判承担损失的话，那么将会产生显著的财务影响（例如西蒙赫西的案子，在 2007 年末，他在与野村证券（Nomura）的举报抗诉中败诉）。 6. 把举报机制载入某个政策或规程文件中是很有用的。 7. 进行周期性的监督以确保举报流程得以有效运作。

主题	客户分类
目标	确保对客户进行正确的分类，以便他们都能在 FCA 规定下受到适当的保护，或者如果客户并不从事相关的业务，那么他们并不适用 FCA 规定。
释义	1. FCA 对客户保护方面的监管，采取了基于风险的方法，对最缺乏经验的客户提供了最高程度的保护。 2. 客户分类之所以是一个至关重要的合规履职过程，是因为其决定了公司将赋予其不同客户的不同保护水平。例如，如果误将某个零售客户分类为专业客户，那么这个客户将会面临不适当的风险暴露，因为许多客户保护的规定将不适用。 3. 在 COBS 框架下，共有三个主要的客户分类，其下有不同的子分类，总结如下。
零售客户类	1. 缺乏经验且不娴熟的投资者，在 FCA 规定下，需要对他们进行最大幅度的保护。 2. 可能是个人投资者或小的企业投资者。
专业客户类	1. 相较于零售客户而言，专业客户更有经验但还是需要对其进行一定程度的保护——大量的 FCA 客户保护的规定并不适用。 2. 包括两类客户： （1）本身专业的客户； （2）选择性的专业客户。

续表

主题	客户分类
本身专业的客户	1. 本身专业的客户自动地归类为专业人士并且包括： （1）受监管的金融服务机构； （2）满足 FCA 所述标准的大型企业； （3）政府机构（地区的和国际的）； （4）中央银行； （5）超国际机构，诸如国际货币基金组织。 2. FCA 提出在特定情况下，某些本身专业的客户可以作为合格对手方（见下述内容）。
选择性的专业客户	未达到本身专业的客户标准的客户本来应该归类为零售客户，但是基于以下事实： 1. 他们在经验和能力等方面达到了 FCA 所定的标准； 2. 尽管会失去一些保护，他们仍然意愿想作为选择性的专业客户； 3. 虽然乍眼一看，他们以失去某些保护为代价选择成为专业客户是不符合逻辑的，但是他们却能因此从多个方面受益，包括进行某类不对零售客户开放的资产投资或交易——许多公司因为管理的负担和在 FCA 客户保护规定下施加全范围保护的风险等原因并不接受零售客户。
合格对手方	1. 合格对手方更富有经验的对手方，仅适用"点播"（light touch）式的监管保护机制。 2. 包含两类： （1）本身合格的对手方； （2）选择性的合格对手方。
本身合格的对手方	1. 本身合格的对手方是本身专业的客户的子类，他们从事"合格对手方的业务"。 2. 合格对手方的业务是： （1）代替客户执行指令； （2）自营交易； （3）接收并传递指令； （4）上述业务的辅助性服务。
选择性的合格对手方	要求成为选择性合格对手方的专业客户（要么是本身专业的客户要么是选择性的专业客户）。
不同分类之间的重分类	除了上述的客户默认分类之间的转移之外，还有一系列其他可能的重分类： 1. 本身合格的对手方重分类为专业客户； 2. 本身合格的对手方重分类为零售客户； 3. 本身专业的客户重分类为零售客户。

续表

主题	客户分类
未被分类的客户	FCA 规定里并未涵盖金融机构提供的某些服务和产品,因此接受这些服务的客户未被分类。 这些产品和服务包括福费廷和贸易融资。
其他可能的分类	有时并不能直接确定谁是基于 FCA 框架下的客户。 下述被视为客户: 1. 潜在客户; 2. 通过公司的沟通或批准,得到或很可能得到金融促销服务的个人; 3. 由公司承担责任的指定代理人和合作代理人的客户。 下述不被视为客户: 1. 公司融资关系方; 2. 风险资本关系方。 除非通过公司的沟通或批准,能得到或很可能得到金融促销服务。 与实质客户代理人进行业务往来时,应该更加谨慎。在有些情况下这个代理人被视为公司客户,而在另一些情况下实质的客户才被视为公司客户。商业行为规则 2.4.3(COBS2.4.3)制定了这个领域的规定。
公司融资关系方	1. 公司和其或为其从事公司融资业务的个人。 2. 只要公司对他们表明他们不会被视为客户,这些人就不会被视为客户。
风险资本关系方	1. 公司和其或为其从事风险资本业务的个人。 2. 只要公司对他们表明不会被视为客户,这些人就不会被视为客户。
客户	这本身并不是一个分类,而是一个包含性的概念,以囊括无论以何种形式接受金融服务的个人,例如,从非授权的个人接受金融服务,通过有授权的个人接受的金融服务等在 FSMA 框架下都被视为受保护的对手方。
必要措施	1. 确保进行客户分类的员工清楚地知道客户的不同类型,进行适当分类的重要性和误分类的后果。 2. 为了达到上述的目标,最好提供面授培训和成文的指导资料。 3. FCA 还要求公司建立政策和规程以规范客户分类的过程。 4. 确保所有客户都知晓自己的类别,并且 FCA 所要求的其他文件和通知都已经发送给客户并从客户得到反馈。 5. 确保分类记录的保存遵循 FCA 相关要求。这些记录包括: (1)每个客户的分类; (2)客户已被告知其所属类别的证据; (3)客户分类协议的复印件。

续表

主题	客户分类
必要措施	6. 进行周期性的检查以确保： （1）一旦完成分类，客户持续得到其所属类别相应的待遇，并且分类持续正确； （2）记录的保存遵循 FCA 的相关要求。 7. 将客户分类和 KYC 过程结合起来是很有用的，因为这两者都需要在与新客户或新的对手方开展业务关系之初完成。 8. 特别注意选择性的专业客户。许多公司都要求在客户被归为选择性的专业客户之前必须得到特定的合规批准，因为成为选择性的专业客户门槛很高，而且误分类的潜在消极影响很大。

主题	信息管理
目标	确保高级管理层获取充足的资讯以充分履行管理者的责任，准确识别发展趋势并调整相应的计划。
释义	1. 管理资讯的汇总和报告是控制监管风险的重要工具。 2. 谨记在 FCA 看来，高级管理层需要履行合规职责。 3. 应当存在两个路径的信息流动：一个是从业务部门流向合规部门；另一个是从合规部门流向高级管理层。
必要措施	1. 决定哪些信息应当向管理层进行报告。这些信息应当满足特定的条件并且如果有可能的话，包含风险评估的因素。 2. 需要进行报告的信息包括： （1）提交审批的新账户数量； （2）审批通过的新账户数量； （3）在审批通过（或关闭）之前活跃的新账户数量； （4）处理的个人账户交易请求数量； （5）未收到后续交易确认指令的个人账户交易请求数量； （6）收到的投诉数量； （7）处理完结的投诉数量； （8）在规定的时间内给出反馈的投诉数量； （9）记录的违规数量； （10）处理的被批准人申请数量； （11）提出的合规监控要点数量；

续表

主题	信息管理
必要措施	（12）超时未完成的合规监控要点数量； （13）批准薪资提升的数量； （14）未经过正式批准发放提升薪资的数量； （15）合规部门与预算编制部门的员工数量之比； （16）处理进入中国墙提交的申请的数量； （17）接受培训的员工数量； （18）未能参加规定的培训的员工数量； （19）识别出的未经授权进入中国墙的事件数量。 毫无疑问，你可能想到更多适用于公司特定情况的需要报告的信息。 3. 一旦确定了想要获取的信息（如核心业绩指标 KPI），就需要决定获取的方式，因为一些核心业绩指标可以自动获取，而另一些核心业绩指标则需要手工进行计算。 4. 需要决定哪些信息应当向高级管理层进行报告：或许即使并没有风险因素也需要进行详尽地报告，以勾画出合规机制运行的画像；或许只需要进行风险指标的报告，诸如违规数量、投诉数量、在审批之前就活跃的新账户数量等。 5. 决定报告信息的频率以及向谁报告。例如，是每天下班前向首席执行官进行简要的报告，还是每季度向董事会进行一次详尽的报告，抑或是采取以上两种形式。 6. 一些公司更重视管理资讯，并建立了所谓的"合规控制面板"，它可以可视化地、实时地展示各种过程和规程如何得以操作。这个控制面板通常可以应用于合规部门对合规风险的评估，并且可以用于违规和其他风险领域的实时识别及通知及对趋势的自动分析。 7. 对于规模庞大的公司里业务最多的部门来说，采用高科技的方法可能才是经济的，但是这种有趣而又新颖的方法确实值得我们思考。 8. 如果采取自动的方法来整理和报告管理资讯，那么必须确保这个系统有充分的信息技术支持，并且纳入到业务持续计划中去——你决不想花钱买个并不实用又不能融入信息技术部门运转的花架子。 9. 管理资讯提供者通常会犯的一个错误是忘记询问管理资讯的接收者是否得到了想要的信息，对此，合规官也不能免责。当然，管理资讯的提供者应该提出这样的问题，虽然很多高级管理层因为自身太忙而不能抽出时间来思考是否已经得到了满意的信息。

主题	欺诈
目标	确保存在识别和处理欺诈的适当程序。
释义	1. 欺诈对于许多公司而言是个严重的问题，对金融市场里运营的公司来说也是一样。欺诈的动机是很明显的——金融机构拥有关于客户资金状况的大量有用信息，这些信息就如现金牛（cash cows）一般，"由此由彼流失一点毫无影响"。 2. 规模较大的公司通常都组建了专业的欺诈管理团队，而规模较小的公司在欺诈领域的控制职责则通常归于合规部门。 3. 即使存在独立的欺诈管理团队，合规部门也会日常地牵涉其中，因为许多欺诈同时也构成了监管违规或是暴露了会产生合规影响的系统和控制的缺陷。
必要措施	1. 需要对公司的活动进行全面的检查以确定其最可能面临哪种类型的欺诈。 2. 金融机构最容易受到两类欺诈——一类是对公司进行的欺诈，另一类是对公司客户进行的欺诈。就这两大类里存在无数的变形，几乎每天都可以发现新的类型。例如： （1）本应该保护客户资产的员工对客户资产进行的错误配置； （2）窃取客户的身份信息以私用或贩售； （3）复制信用卡； （4）用于猎取卡片或是卡片信息的现金设备； （5）创建虚假网站以窃取客户账户信息。 3. 一旦确定了公司最容易遭受到的欺诈类型，就应当对当前的控制进行评估以确保任何的控制缺陷都能得到加强。应当经常地进行检查，因为欺诈的手段是不断变化的。一定要评估欺诈对客户产生的影响。英国的监管者谴责公司汇总全面的风险评估材料，但却对公司客户利益的潜在影响只字未提。 4. 应当建立适当的规程以保证员工懂得如何识别欺诈，以及如果他们产生了欺诈的疑虑应该如何行动。 5. 日常的员工培训很重要，尤其是量体裁衣似的示例，从而员工能够将欺诈的范例与自身的经验联系起来。同操作风险部门的领导会谈，因为他会遇到一系列针对公司的潜在欺诈。 6. 类似于洗钱疑虑，恐怖融资疑虑和市场滥用疑虑的报告机制，应当建立一个报告机制以确保能被告知欺诈的疑虑，并且这些疑虑可以得到调查和处理。可能会考虑选用一个举报机制来达到这个目的。 7. 当识别出某个可疑的、企图的或是真实的欺诈行为，必须进行彻底的调查以决定采取什么样的行动。可能需要强化流程和控制，或是政策，可能需要报告国家犯罪调查局（NCA）（欺诈是一项犯罪，所以处理欺诈的流程就是处理犯罪的流程，因此受制于反洗钱法律）或是 FCA。 8. 可能还需要处理员工惩罚和客户赔偿等。 9. 对进行报告的欺诈事件保持完整的记录。保持记录的要求与违规行为所述的保持记录要求类似，另外根据是否向国家犯罪调查局（NCA）或是警察报告进行额外记录。

主题	合规监督
目标	之所以采取合规监督的行为，是因为由此可以发现违规行为和合规控制的薄弱环节，从而采取相应的补救措施。
释义	1. 合规监督职能同内部审计和操作风险部门的职能有点类似，进行检查的目的是为了向高级管理层提供该公司遵守了法律、监管法规和最优实践操作的佐证，虽然内部审计和操作风险部门有着囊括全公司所有控制的更广泛的职责。 2. 总体来说，开展合规监督工作有两种主要的方法，而在实际工作中通常把这两种方法结合起来使用： 一是比较全面的方法，即寻找一系列对某个部门、某个法律或某项功能产生影响的事件以进行检查。这种方法通常用于正规的审计； 二是比较片面的方法，即针对合规的某一具体方面，例如违反最优执行要求，以进行检查。这种方法通常通过电子系统排除异常情况的报告得以实施。
必要措施	1. 一个健全的合规监督体系通常包括下述特征，虽然这些特征根据采取的上述方法的不同而不同： （1）列示出所有受到合规监督的领域； （2）对上述领域进行风险评估以确定进行监督的优先级； （3）根据风险评估结果制订监督计划； （4）制订单个的检查或测试计划； （5）正式地告知将接受监督的人员； （6）完成监督工作并记录已经完成的工作； （7）和接受检查的人员就所发现的事项进行讨论； （8）商议需要采取的整改措施； （9）就检查工作的结果向相关人员进行报告，例如，向高级管理层和接受检查的部门进行报告； （10）跟进整改措施的完成情况，并将未落实到位的情况向高级管理层报告； （11）对需要采取的整改措施和完成的整改措施保持记录。 *需要采取的特别行动* 2. 制定监督清单。为了确保涵盖应有的内容，需要从不同方面对清单内容进行划分，包括： （1）部门，前台部门和后台部门； （2）监管； （3）法律； （4）内部政策要求； （5）不同的部门/企业； （6）外包职能； （7）业务活动。

续表

主题	合规监督
必要措施	3. 建立一个风险评级体系以确定哪些领域需要进行经常性的监督检查，显而易见，那些显示出风险最高的领域最需要进行监督检查。例如，当确定反洗钱合规部门较之数据保护合规部门具有更大的风险，那么将对前者进行更为频繁的监督检查。 4. 这里并没有列举出需要加以考虑的所有要点，但关于用以进行风险评级的准则，我们的一些建议包括在"记录合规风险"之中。 5. 通过运用 Excel 表或是类似的工具，赋予特定的风险因素以数值价值，就可以自动化风险评级的过程。这种做法被视为最优操作，对规模较大的公司尤为如此。当然，并不一定必须采取这种方式，只要对自己的评级依据进行恰当的记录就行。 6. 就上述例子而言，对于反洗钱合规部门较之数据保护合规部门具有更大的风险的判断可能基于以下的观点： （1）违反反洗钱法律将要依法遭受的惩罚重于违反数据保护法律； （2）违反反洗钱法律将遭受的声誉损失大于违反数据保护法律； （3）FCA 追踪违反反洗钱法律的积极性大于其自身以及信息委员会追踪违反数据保护法律的积极性； （4）反洗钱法律相较于数据保护法律，存在更多的详细要求。 就公司的具体情况进行具体分析，还应当注意： （5）FCA 即将对公司反洗钱控制进行的监督检查； （6）已经超过一年未组织开展反洗钱的相关培训； （7）操作风险部门最近就关于公司反洗钱流程报告了一些违反规定的隐忧。 7. 一旦对监督检查职能范围内的所有领域进行了风险评级，就应当将其划入到不同的风险集合里去，例如，低风险集合、中风险集合和高风险集合，并且应该对被划入高风险集合的领域进行更紧迫、更频繁的检查。 8. 基于风险评级，应该制定一系列的计划以明确在未来的一个月、一个季度、半年或一年内将要进行的监督检查。还应当赋予计划以灵活性，以便如果发生重大事件时，可以自由调度资源而不是拘泥于原定计划。 9. 对监督检查两类主要方法的实际应用建议如下所述。
以审计为基础的监督检查	1. 在进行以审计为基础的监督检查之前，要先开展充分的准备工作，即检查者要熟悉即将开展工作的领域并且知晓他们可能面临的问题。 2. 需要制定书面的计划以明晰诸类问题，例如： （1）用于检查的天数； （2）负责检查的人员； （3）开始检查和结束检查的日期； （4）监督检查程序。

主题	合规监督
以审计为基础的监督检查	3. 在监督检查的程序里设立测试，通过执行这些测试以评估是否达到某项特定的合规要求。例如，对销售部门的检查可能基于某个程序，这个程序内置了一系列的测试以评估业务操作是否达到合规的要求，如最优操作、公平配置订单、适当性和提前交易等。 4. 除非某项检查是高度保密的，一般而言，出于礼貌，需要向将接受检查部门的领导发送一份检查计划以告知他们即将开展的审计活动，并且鼓励他们配合。 5. 审计应该由测试和员工座谈构成。 6. 对于某个销售部门的检查，测试应当包含选取交易的样本以确认对其进行了适当的记录，并且在规定时间内发送了确认函件。 7. 同样是对某个销售部门的检查，员工座谈应当包括员工认为影响部门的主要风险是什么，员工是否有任何的合规疑虑，核实流程及评估员工对合规要求的理解。员工座谈帮助检查者形成对接受检查领域的"初步印象"，检查者可能以这种方式发现一些并非那么确定的问题，这些问题有待进一步调查而且并不能单独通过测试被发现，例如，某个新的组员对于履行合规抱有极高热情；过多的员工离职从而尚在职的员工承受着巨大的销售压力的问题。 8. 当检查者完成检查工作之后，他们应当形成一张问题清单，例如，发现的问题、薄弱环节、违规或违法行为、建议等，并与负责相关领域的高级管理层进行讨论以消除误解，协商补救措施。 9. 就补救措施而言，越具体越好，要包含： （1）需要具体采取什么行动； （2）由谁采取行动； （3）在某个日期开始采取行动。 10. 一旦对发现的问题和补救的措施达成一致意见，就应该准备起草监督检查报告，以说明所发现问题和所达成意见的必要的细节内容。可能通过赋予整个检查某个形容词或是数值量词以进行总结，例如，高风险、中风险、低风险，或是从 1 到 5 的某个数字。 11. 为了提升所提出问题的影响力，可能会详尽地报告：近期在相同领域发现的缺陷，但未采取必需的整改措施而遭受的监管惩罚。 12. 在发布最终版的报告之前，可能会先发布一份预报告，以给出最后的机会对发现问题的真实准确性进行调整。 13. 发布报告时，不要忘记对检查期间被检查部门的配合和帮助致谢。这不仅是出于礼貌，而且也有助于在采取补救措施阶段的配合。 14. 对达成一致的补救措施进行记录是很重要的，从而可以监督在加强控制和整改违规方面取得的进展。 15. 检查的结果和整改措施的落实程度应当向高级管理层进行报告。

续表

主题	合规监督
以系统为基础的监督检查	1. 这类检查比以审计为基础的监督检查目标更为明确，并且更适合于需要进行大量测试的领域或是需要进行测试的过程是自动化的领域。 2. 这种方式是自动判别的报告机制：在系统中编入检查标准，而当某个行为符合所预设的标准时，系统自动生成实时报告或生成特定的频率报告，如日报告、周报告或月报告。 3. 这类标准应该包括： （1）在取得客户识别（KYC）批准前进行的客户交易； （2）在观察名单里的公司进行的交易； （3）超过特定规模的交易； （4）未在规定时间内发送交易确认。 4. 当然，上述问题也可以通过人工进行检查，但是人工检查会更加耗时，并且产生更多的人为错误。 5. 对所发现问题的反应有赖于所发现问题的严重性。例如，当发现某天在1000笔交易中有一笔交易出现延迟确认，这个问题就可能不是特别严重，可能就不需要对其进行跟进；然而如果发现在即将宣布收购计划时公司进行了自营交易，并且由公司的融资部门提出的交易建议，那么很显然就需要立即进行调查。 6. 根据自动判别报告所发现问题而采取的行动和通知，应当加以记录以保证完整的审计痕迹。 7. 如果某个领域产生了大量的自动识别问题，那么应当思考是否需要对这个领域进行以审计为基础的监督检查以便对这个领域进行更加充分的了解，以及是否存在未被自动判别报告系统所识别出的薄弱环节。 8. 检查工作发现的问题应该构成向高级管理层进行日常报告的内容。

B 日常反洗钱管理

本部分详细介绍了合规官或专职反洗钱报告人员的日常反洗钱活动，需要注意的是每个方面提供的只是概括性指引，应当根据公司业务活动和客户群的具体要求制定相应的控制流程。

活动
新客户关系的 KYC 审批
金融制裁
洗钱嫌疑
KYC 核查
从第三方引进 KYC
第三方完成 KYC
向第三方提供 KYC 的规定
《爱国者法案》认证
政治公众人物（PEPs）
反洗钱报告人员的报告
打击恐怖主义融资

主题	新客户关系的 KYC 审批
目标	确保任何客户关系建立前都已完成 KYC。
释义	1. KYC 代表了解你的客户，是指与客户建立业务关系时完成反洗钱尽职调查。 2. KYC 流程是打击洗钱和恐怖主义融资活动的关键环节，是反洗钱的第一道防线。 3. KYC 的构成包括：

续表

主题	新客户关系的 KYC 审批
释义	（1）证明客户身份——他们是他们自称的这个人吗？ （2）证明客户活动和财富来源可靠——客户的资金是非法获得的吗？ （3）证明该客户适合与公司建立联系——例如有些人可能仅从声誉角度就被认定为与其打交道太危险； （4）建立客户常规业务活动画像，用于识别异常情况，并有助于在客户关系建立后及时发现欺诈和洗钱嫌疑等多重目的。 4. 在大多数情况下，应当在新客户关系建立前就完成 KYC，尽管在反洗钱条例中有个别例外。 5. 不管法律法规是如何要求的，从商业和声誉角度出发都应当充分了解你的客户：你不可能希望与一家有 3 名已宣布破产、或已被控欺诈、或已涉及其他一些丑闻的董事掌权的公司建立业务关系。
必要措施	1. 确定公司里所有会与新客户建立联系的部门。 2. 确定贵公司最有可能打交道的客户类型。 3. 准备可以用来指导员工 KYC 要求的文件清单，所需的信息有些是所有类型的客户通用的（例如姓名和地址），有些是根据客户类型特定的（例如对民营公司与被授权单位信托的公司，KYC 要求的文件会有所不同）。 4. KYC 要求也根据涉及产品类型而有所不同，例如，在做贷款的时候需要对担保人进行 KYC，你在完成集合投资工具 KYC 的时候，需要对基金投资者达成 KYC 标准。 5. 此外，KYC 要求根据客户的风险类型也有所不同，高危客户和活动有额外的 KYC 要求，应当对如何判别高、中、低风险类型的客户提供指导，以便对 KYC 要求作出相应调整。通常洗钱风险的四个核心点分别是： （1）客户类型； （2）客户所属的司法管辖范围； （3）交易产品的类型； （4）贵公司与客户的联系。 6. 如果贵公司涉及多种客户和产品类型，可以根据特定产品和客户类型准备清单样式。 7. 如果无法对新客户完成符合要求的 KYC，就不应当与他们建立关系，而应当考虑情况是否可疑、是否应当向国家犯罪调查局（NCA）报告。 8. 落实相关部署让前台员工知道他们在 KYC 流程中的角色，有几种可选的做法： （1）由合规部门审批新客户； （2）由前台部门审批新客户，合规部门定期进行抽查；

主题	新客户关系的 KYC 审批
必要措施	（3）由独立的 KYC 部门审批新客户； （4）低风险客户由独立的 KYC 部门或前台部门审批，高风险客户由合规部门审批。 9. 部署到位不仅是指按照新客户审批清单要求的所有 KYC 信息都可得，而是指有充分的 KYC 信息可用。有时会有一些其他的证据可以用来支持新客户的适当性。 10. 认定为低风险的情况下，而且能够保证在指定时间内得到缺少的 KYC 文件，也可以选择在收集到所有 KYC 信息之前，就与某些低风险客户建立关系。在这种情况下，一旦接受了该客户，就应当监督缺少的信息不会被遗忘并且确实收集到了。 11. 审批流程应当还包括检查潜在客户是否被列入内外部管制清单受到制裁，比如英格兰银行修订的管制清单。 12. 经审批的客户数据库应当只能由授权人员进行更新或修改，数据库可以包括如下信息： （1）客户名称； （2）客户经理的姓名； （3）审批日期； （4）任何有关客户审批的特殊情况，比如审批日待处理的 KYC 信息； （5）客户类型，例如个人、民营企业、基金等； （6）客户的风险类别。 13. 客户 KYC 审批通过后，仍然需要不断核查与该客户的关系以便在必要时能够识别和调查出变化或问题，许多公司由于未定期更新 KYC 信息而遭到监管处罚。 14. 一旦 KYC 流程最终确定，应当记录成文并且要让所有员工都能看到。 15. 有关 KYC 的员工培训也应当定期开展，在该合规领域犯错的风险太大，所以必须尽一切努力让员工知道自己的合规义务。 16. 应当开展定期监督确保 KYC 流程按要求运作，包括： （1）识别未通过 KYC 审批的账户； （2）经未授权人员审批的新客户； （3）KYC 文件不符合公司内部 KYC 要求； （4）KYC 清单过时无法反映公司业务现状或最新的法律要求； （5）客户风险分类错误； （6）客户审批清单维护不到位。

主题	金融制裁
目标	确保没有违反当前金融制裁名单的业务。
释义	1. 不应当与各种国家和国际机构公布名单在列的个人和单位发生业务往来，比如英国财政部、欧盟委员会、美国财政部海外资产控制办公室（OFAC）以及联合国。 2. 被列入制裁名单是因为个人和组织的各种错误行为受到指控，比如恐怖主义融资和不恰当的军事活动。 3. 在英国，财政部公布的统一清单在这方面提供了实质性的指导，清单里包括所有直接适用的制裁。 4. 即使英国法律没有包括，熟知美国财政部海外资产控制办公室（OFAC）和相关立法制定的美国制裁制度也是明智之举，如果公司开展的业务通过美元结算就尤为相关了。美国积极寻求将其制裁制度适用于境外并得益于海外公司的美元业务，一旦美元进入美国进行清算处理，如果这些资金与违反美国制裁的活动相关，根据法律规定当地的金融服务机构就有义务没收这些款项。
必要措施	1. 确保有相应部署能够跟上最新的英国制裁制度，所有详细信息都列在了财政部网站的金融制裁页面上，可以设置电子警报在发生变化时自动发送提醒。 2. 如果经营美元业务，也应当确保跟上最新的美国制裁制度，确保任何可能与美国财政部海外资产控制办公室（OFAC）规定相冲突的业务不是以美元结算的，并且通过合规部门和高级管理层的审批。 3. 落实相关部署确保能够识别任何进入制裁名单的现有或潜在客户： 新客户——确保所有新客户都在核对过制裁名单后才能通过 KYC 审批。 现有客户——每当制裁名单更新后，都应当核对已通过审批的客户清单确保能够识别匹配项。 4. 应当在合理范围内检查制裁名单里是否有与客户相关的人，例如丈夫或妻子、股东或董事等。 5. 如果发现匹配项，必须尽快冻结涉事人员的资产并向财政部报告，还应该考虑是否向国家犯罪调查局（NCA）报告洗钱或恐怖主义融资嫌疑，即便没有对该涉事人员产生怀疑。除非对自己在这个领域的地位非常有把握，否则比较明智的做法是获得法律指导。 6. 开展定期培训确保员工了解公司制裁制度的要求、遵守该制度的重要性以及如果没有做到会产生的影响。 7. 实施定期监督确保公司内部的制裁制度得到充分执行，包括检查： （1）制裁名单已更新； （2）新客户和存量客户都已经通过检查； （3）每次识别到匹配项后都采取适当的行动。

主题	洗钱嫌疑
目标	确保有恰当的流程来识别和处理洗钱和恐怖主义融资嫌疑。
释义	金融服务企业有向国家犯罪调查局（NCA）报告洗钱或恐怖主义融资嫌疑的法律义务。
必要措施	1. 应当对公司活动进行全面核查，确定各部门有关洗钱和恐怖主义融资的关键风险点是什么。 2. 一旦确定了公司最脆弱的环节，应当评估现有控制措施确保薄弱环节得以夯实，由于欺诈技术不断进化应当定期开展核查。 3. 应当制定相应流程让员工知道如何识别洗钱和恐怖主义融资嫌疑以及发现可疑情况时应该怎么办，开展定期培训和提供定期更新的书面指导都很重要。 4. 应该尽最大限度地针对接受培训的各个员工日常活动定制培训，这样他们可以看到能够结合自己实践经验的案例。 5. 落实报告制度，这样公司同事识别到的可疑活动也会通知到你，通过准备纸质或电子表样获取所有相关信息，公司上下都能使用，可以简化报告工作。 6. 报告表里的信息包括： （1）可疑情况汇报人； （2）可疑情况汇报日期； （3）可疑情况涉及的日期； （4）可疑情况的类型； （5）涉及的部门； （6）涉及的客户； （7）以及之后由合规部门填写的； （8）是否有关于如何开展的法律指引（如果有，应包括相关细节）； （9）是否向国家犯罪调查局（NCA）报告，如果报告，那报告结果如何；如果不报告，不报告的理由是什么； （10）可疑情况处理结束的日期。 7. 除了依靠员工的警惕性来识别洗钱嫌疑，很多公司也使用电子监控系统，对大公司而言，实施这样的系统是基于监管的期望。 8. 一旦收到报告，应当调查事实，如果判断嫌疑成立，要向国家犯罪调查局（NCA）报告。国家犯罪调查局（NCA）公布具体指引指导有关洗钱可疑报告后应当遵循的流程，为了避免诉讼，应当严格遵循该指引。 9. 必须小心遵循国家犯罪调查局（NCA）关于洗钱可疑报告指引，原因之一是必须非常小心不要打草惊蛇，让洗钱和恐怖主义融资者听到风声后有时间逃离该国或通过整形手术伪装自己等！记住，如果真的"打草惊蛇"，即使是无意的，也有可能被判刑事犯罪。

续表

主题	洗钱嫌疑
必要措施	10. 可疑活动报告是合规的关键领域，因为一旦出错将面临高额处罚，因此必须有明确的书面流程指导员工如何处理可疑情况。 11. 定期监测可疑活动实施的控制，包括如下事项： （1）员工培训考勤； （2）提供的书面指引是否更新； （3）可疑情况是否得到了适当调查； （4）是否保留了足够的可疑情况记录； （5）如适用，侦测可疑情况的电子监控系统是否运作有效。 12. 应将有关可疑活动报告数量和成果的数据提供给高级管理人员。

主题	KYC 核查
目标	确保掌握的 KYC 信息及时更新，确保公司客户群的适当性。
释义	1. 为了便于识别洗钱和恐怖主义融资可疑情况，KYC 信息应当保持更新。客户资料是可以用来识别可疑活动的主要工具之一，例如，如果交易模式未经说明突然发生戏剧性变化，这可能表明客户在洗钱或者从事恐怖主义融资活动（或者仅仅表明 KYC 信息没有更新，而客户只是在挥霍一笔刚继承的遗产！）。 2. 个人客户的档案会随着时间推移而变化，确保这些变化记录在案很重要，不能掌握客户最新信息从监管意义上来说就不能说真正了解客户，因为无法正确识别与客户正常活动水平的偏离程度。 3. 可能发生变化的客户信息类型包括： （1）公司所有权； （2）公司董事——不太可能发生但可以想到的是当完成了初始 KYC 后一个月，公司所有人和董事完全换了一套班子； （3）审批签字人； （4）名称； （5）产品类型、交易频率和交易体量等方面的活动记录，尽可能多地了解变化情况。 4. 如果公司使用电子系统侦测可疑活动，那么交易频率、类型和体量数据等必须保持更新，否则系统会产生太多误报增加工作量，而没有把注意力集中到真正的可疑情况上，因此如果客户告知因为业务发展现在每年会进行 20 笔交易而不是 2 笔，新的正常交易模式应当添加到该客户的监视系统文件中，否则当客户执行的交易笔数超过系统预期的 2 笔后，每笔交易都会生成异常报告。

续表

主题	KYC 检查
必要措施	1. 记录每个客户的批准日期作为定期核查计划的参考日期。 2. 记录客户是否被标记为高风险、中风险或低风险。相较低风险客户，会对高风险客户开展更频繁的定期核查。 3. 基于上述信息，准备一份客户核查时间表并发放给客户经理，客户经理应当确保在截止日期前完成核查。 4. 应当持续开展进度核查、跟踪延期情况，重大或无理由的逾期情况应当升级报告至高级管理层。 5. 除了上述正式核查，客户经理一旦知道客户资料发生变化应当及时更新。 6. 确保将客户资料的变更录入用来识别可疑活动的电子监控系统。 7. 如果因为客户不愿意提供信息而无法完成 KYC 核查，应当考虑该情况是否可疑，是否应当向国家犯罪调查局（NCA）报告。 8. 考虑是否值得向高级管理层推荐使用 KYC 信息相互核查或监督核查的系统。

主题	从第三方引进 KYC
目标	确保对接受引进第三方 KYC 有足够的控制。
释义	1. 英国的 KYC 架构允许金融机构在一定情况下依靠第三方完成新客户的 KYC。 2. 当超过一家公司正在处理同一个客户的一笔交易（例如联合企业的融资指令）或一家公司收到另一家公司的常规新业务介绍时，在同一集团下的公司往往会要求引进 KYC。 3. 相较于必须自己完成涉及收集 KYC 信息的所有行政工作，由第三方完成 KYC 似乎来得更容易，但也并非没有风险，如果提供信息的公司自身未开展充分的 KYC，那可能也要对接受的资料中的瑕疵承担责任。
必要措施	1. 确定愿意接受引进第三方 KYC 的情况，可能会觉得不适合接受的情况有： （1）客户为高风险类型； （2）客户所涉业务为高风险类型； （3）该第三方近期由于 KYC 控制问题受到处罚。 2. 尽管可能希望完全接受有长期合作关系的第三方提供的介绍，你可能也希望确保只有当每个案例都单独审过后才会接受特定介绍。 3. 如果打算定期接受第三方提供的 KYC 介绍，就应当考虑签署法律合同设定每一方的权利和义务，但是可能很难说服第三方这么做，因为这样会让他们觉得受到太多法律约束。 4. 应当记录客户是通过引进的尽职调查获得批准而不是通过常规审批流程，由于这样客户的风险等级可能更高，意味着更要定期开展 KYC 核查。 5. 接受引进 KYC 的政策应当以书面形式确定并让全公司知晓。

主题	第三方完成 KYC
目标	实施便于第三方完成 KYC 的流程。
释义	1. 正如公司完成对别人的 KYC，其他机构也要完成对你们的 KYC。 2. 你没有义务为第三方准备 KYC 资料包，但如果手头准备一份可能会节省时间，因为不需要每次收到要求就复制一遍材料。
必要措施	1. 准备一份提供给第三方的资料包，有些机构要求的资料比其他人更多，应当小心不要泄露太多信息，最好是收集公开信息而不要提供保密事项的细节。 2. KYC 资料包应当包括的信息有： （1）全称； （2）交易名称； （3）注册地址； （4）经营地址； （5）电话和传真号码； （6）网址； （7）金融服务管理局（FSA）证明监管状态的编号； （8）股票交易明细（如果是上市公司）； （9）外部审计的名称和最终经审计的账目； （10）董事； （11）审批签字人名单； （12）爱国者法案认证。 3. 在网站上公开 KYC 资料包可能有助于减少行政时间消耗，因为第三方客户能够自行下载这些信息，如果这样做，要确保信息及时更新，更要确保没有发布涉敏或涉密信息，你应当认可上述细节。

主题	向第三方提供 KYC 的规定
目标	确保对向第三方提供 KYC 的规定有充分的控制。
释义	1. 英国的 KYC 架构允许在一定情况下，一家金融机构完成了客户的 KYC 后向另一家公司"介绍"该公司，后者无须再次完成对这家公司的 KYC。 2. 当超过一家公司正在从处理同一个客户的一笔交易（例如银团贷款）或当一家公司作为中介经纪人时，在同一集团下的公司往往会要求引进 KYC。 3. 公司没有义务提供 KYC，而且应当仔细斟酌是否已经准备好这么做，记住，如果"帮了别人的忙"并且向他们提供 KYC，那别人会要求对所提供文件的任何瑕疵负责。

续表

主题	向第三方提供 KYC 的规定
必要措施	1. 对提供 KYC 的立场应当让公司上下都知道，如果不打算提供，要对此进行明确，如果打算提供，要明确必须通过合规部门审核，而不是由销售人员或者客户经理在不恰当的情况下独自完成。 2. 对于每一项介绍，应当确保没有发现任何拒绝介绍的理由，这样的情况可能包括： （1）对于贵公司的新客户，尚未进行全面了解； （2）客户目前涉及洗钱； （3）KYC 文件未更新。 3. 一旦提供介绍，应当保持健全的记录，包括： （1）推荐客户的名称； （2）推荐者； （3）客户经理； （4）进行推荐的理由； （5）推荐日期； （6）提供的信息和文档。 4. 接受介绍 KYC 的政策应当以书面形式确定并让全公司知晓。

主题	《爱国者法案》认证
目标	保持公司的《爱国者法案》认证及时更新。
释义	1. 根据美国《爱国者法案》（第 313 节和 319 节），禁止美国银行和经纪商为外国空壳银行或者与空壳银行有业务往来的银行操作代理账户（空壳银行是指在任何司法管辖区都没有经营实体的银行）。 2. 根据这一要求，寻求与美国银行或经纪商建立代理关系的非美银行必须证明自己和自己的客户不是空壳银行。 3. 要求外国银行完成《爱国者法案》认证，《爱国者法案》认证有标准的格式（参考文献：行政管理和预算局 1505 – 0184），外国银行必须证明自己不是空壳银行也没有为此类银行操作账户。 4. 一个认证可能会被用来证明同一集团下的多个实体。 5. 注意这项要求仅适用于银行。
必要措施	1. 在美国开立代理账户前，填写行政管理和预算局 1505 – 0184 并且向你们银行打算开户的机构提供一份复印件。 2. 大多数银行选择在网站上公布他们的《爱国者法案》认证，以便通讯员可以随时使用。 3. 确保认证信息保持更新，如果有变化，通知在美国的通讯员。

主题	政治公众人物（PEPs）
目标	确保适当加强对政治公众人物（PEPs）的尽职调查。
释义	1. 根据洗钱法规，由于政治公众人物（PEPs）的腐败风险增加，需要对他们加强执行尽职调查。 2. 政治公众人物（PEPs）是指在过去 12 个月中被授予重要公共职责的人，例如： （1）国家元首； （2）国会成员； （3）军队高级官员。 3. 此定义还扩展到这些人的直系亲属和亲信。 4. 此定义以前不包括国内的政治公众人物（PEPs），但随着金融行动特别工作组（FATF）的定义变更，现在的惯例是包括国内外所有政治公众人物（PEPs）。 应当在关系建立之初及之后持续开展加强型尽职调查。
必要措施	1. 落实相关部署以便在关系建立之初就能识别出政治公众人物（PEPs），这涉及关于什么是政治公众人物（PEPs）的员工培训以及将检查纳入身份验证流程。 2. 判断谁是政治公众人物（PEPs）没有那么简单，可以尝试如下方法： （1）在适当的管辖范围内与可靠的联系信息进行核对； （2）咨询在该管辖范围专门从事尽职调查的公司； （3）搜索网络数据库，比如 Worldcheck 网站。 3. 如果一个新客户被认定为政治公众人物（PEPs），应当尽可能确认他们没有（或者从来没有）涉及腐败，为此可以使用与上述方法相同的机制来识别政治公众人物（PEPs），可能也需要亲自通过网络搜索来确认相关信息，应当尽可能清楚地知道政治公众人物（PEPs）的财富来源以及与公司开展业务的资金来源合法。 4. 只有获得高级管理层审批后才能与政治公众人物（PEPs）建立新关系。 5. 为了协助高级管理层作出审批决定，准备一份报告总结所掌握的相关个人信息会很有帮助，这些信息包括： （1）这个人为什么要在公司开立账户（而不是选择在另一家提供类似服务的公司开户）； （2）谁是他的客户经理以及客户经理对这个政治公众人物（PEPs）了解多少； （3）该政治公众人物（PEPs）打算与公司开展的业务类型； （4）身份证明； （5）关于此人背景的尽职调查结果，特别是是否有任何迹象表明此人涉嫌腐败。 6. 应当对所有通过公司客户审批的政治公众人物（PEPs）的数据库进行维护，记录信息包括：

续表

主题	政治公众人物（PEPs）
必要措施	（1）姓名； （2）详细联系方式； （3）政治公众人物（PEPs）基本状态； （4）通过客户审批的日期； （5）客户经理的姓名； （6）审批高级管理人员的姓名； （7）尽职调查信息的来源； （8）以及其他任何你认为需要持续核查的事项。 7. 政治公众人物（PEPs）的数据库很重要，因为能够帮助公司对政治公众人物（PEPs）持续实施监控，相较低风险客户的监控，此类监控应当更加严格。 8. 持续监控可以采用不同的形式，包括： （1）监督每笔新交易； （2）交易趋势分析； （3）核查政治公众人物（PEPs）实际开展的交易和关系建立之初的设想一致，或者任何与正常交易发生的偏离都有合法的解释； （4）对与每个政治公众人物（PEPs）发生收付款的第三方进行身份检查； （5）由专业公司定期开展尽职调查核查； （6）检查上面提到的政治公众人物（PEPs）搜索引擎； （7）核查媒体上是否有任何负面报道。 9. 持续监测结果应当定期在报告中记录并提交给高级管理层以便他们能够对发展中的政治公众人物（PEPs）关系进行审批。 10. 持续开展的监测计划可能根据政治公众人物（PEPs）的个人风险有所变化。 11. 注意现有的非政治公众人物也有可能成为政治公众人物（PEPs）。 12. 定期开展员工培训，培训关于政治公众人物（PEPs）类型和他们开展业务的风险以及公司内部处理流程等内容。 13. 考虑通过委员会来开展政治公众人物（PEPs）新客户关系审批，这样很多高级管理人员都能在批准前对此进行评估并且分享想法和关注点。 应该指出的是，为政治公众人物（PEPs）提供服务本质上没有错，只是从反洗钱的角度来看，他们被视为高风险客户并且应当被当作高风险客户对待。

主题	反洗钱报告人员的报告
目标	确保高级管理层掌握最新的信息，知道公司有足够的系统和控制措施来打击洗钱和恐怖主义融资。

续表

主题	反洗钱报告人员的报告
释义	由于对涉嫌任意一项洗钱和恐怖主义融资犯罪的公司和个人实行严厉的法律处罚，高级管理层必须了解公司在这一领域的经营风险。
必要措施	1. 定期向高级管理层报告有关公司反洗钱和打击恐怖主义融资的控制措施以及公司在这些领域面临的具体威胁。 2. 在报告中可能会包括以下信息： (1) 法律法规的变化； (2) 最近对金融机构采取的监管和立法行动； (3) 在核查期间收到的可疑交易报告数量以及随后向国家犯罪调查局（NCA）报告的数量； (4) 针对提供的可疑交易报告，由国家犯罪调查局（NCA）实施的调查数量； (5) 开展的培训以及未能参加培训的员工名单； (6) 公司面临的洗钱与恐怖主义融资的关键风险以及消除这些风险需要采取的行动； (7) 系统和控制措施的变化（近期已经采取或将来计划采取的）； (8) KYC 审查时间表的进度； (9) 审查期间在该地区由例如合规部、内部审计或金融行为监管局（FCA）开展的任一审查结果。 联合反洗钱协调小组（JMLSG）发布了洗钱报告人员（MLRO）报告内容的相关指引，这些都能在网站上找到（网址：http://www.jmlsg.org.uk/other-helpful-material/article/mlro-annualreport.）。 3. 如果在报告中列出了项目计划详情或者出于报告要求，应该保留一份审计说明，详细记录应当采取的行动、由谁负责以及完成时间，应向高级管理层定期提交进度报告。

主题	打击恐怖主义融资
目标	确保公司没有被利用作为恐怖主义融资的工具。
释义	1. 一般来说，恐怖主义融资和洗钱一样，犯罪分子利用金融市场达成自己的非法目的，在"9·11"恐怖袭击之前已经是公认的问题，在此之后就越来越成为人们关注的焦点。 2. 洗钱和恐怖主义融资的主要区别在于前者依靠掩饰资金来源，而后者则试图掩饰资金的去向。尽管两者的法律基础不同，打击恐怖主义融资需要的控制措施和防止洗钱一样，通常可以采用相同的机制。

续表

主题	打击恐怖主义融资
必要措施	打击恐怖主义融资的部署至少应当包括： 1. 相关法律要求的定期员工培训； 2. 对新客户和账户执行严格审查，确保不存在任何与恐怖主义活动相关的嫌疑； 3. 持续开展账户和客户活动核查，以识别恐怖主义活动嫌疑； 4. 实施相应流程，确保恐怖主义融资嫌疑及时报告给内部相关人员，然后由他在必要时向国家犯罪调查局（NCA）作出报告； 5. 对照联合国、欧盟、英国实施的反恐怖主义制裁制度以及美国的 OFAC（如果进行美元交易），彻底检查是否合规。

C 前台部门的合规管理

本部分简要描述了四个典型的前台部门的活动，然后介绍了与此相关的一些主要监管要求，请注意如果某项要求与某个部门相关，并不意味着与这个部门的所有事务都有关，这取决于所涉产品和服务的确切类型，还要注意"客户"、"消费者"、"合格交易对手"这几个词是按照金融市场行为监管局（FCA）的定义使用。

主题
客户销售和交易
投资管理（资产管理、投资组合管理）
公司金融和投资银行
研究
商业和监管批准
与合规部门的关系
客户利益至上原则
关于公司信息的规定
客户协议
最优执行
快速执行
客户限价指令
适配度
适当性（非建议性服务）
挤油交易和频繁转换
聚合和配置

续表

主题
订单和执行记录
培训和能力（T&C）
批准人制度
诱因
语音记录
与客户的沟通（公正、清晰、没有误导的交流）
金融营销
客户分类
了解你的客户（KYC）
反洗钱（AML）和反恐怖主义融资（CTF）控制
洗钱和恐怖主义融资可疑报告
反欺诈
排他性
投资委员会
投资和借款能力
发表研究
研究免责声明
发表第三方研究
保密性
个人账户交易
利益冲突
内部人士清单
中国墙
观察和限制清单
市场滥用
书面的政策和程序
举报

客户销售和交易
1. 客户销售涉及： （1）为客户提供交易意见； （2）仅在执行的原则上接受客户订单； （3）接受客户订单并交给交易员来执行。

续表

2. 负责维护客户关系的员工称为客户经理、客户代表或者销售人员。

3. 客户交易涉及：根据客户订单进行的交易（与自营交易相反，自营交易是指交易员用公司自有资金投资，与客户无关）。

客户逐笔给出明确的指令后才能执行订单。

4. 客户销售和交易职能涉及的最常见的产品有：

（1）二级市场上交易的债券和股票；

（2）在一级市场购买的债券和股票；

（3）有关或基于债券和股票的产品，例如可转债和优先股；

（4）外汇；

（5）期货和期权；

（6）集合投资产品，比如单位信托基金里的单个投资对象和投资信托或投资公司里的股份。

投资管理（资产管理、投资组合管理）

1. 该职能涉及第三方资金的全权委托管理。

2. 投资经理们代表客户作出投资决策，然后自己执行交易或者把执行指令交给经纪人。

3. 无须获得客户逐笔批准就能执行交易，但像风险偏好和投资目标之类的约定条款都遵照先前的协议。

4. 第三方的资金可能是：

（1）集中作为集合投资工具的一部分；

（2）作为不同客户的个人投资组合进行管理。

5. 提供投资管理服务的员工称为投资经理、基金经理或者投资组合经理。

6. 实际上，任何产品都可以进行全权委托管理，从主流债券和股票到另类投资，比如房地产和私募股权。

公司金融和投资银行

该职能包括很多活动：

1. 并购咨询；

2. 收购咨询；

3. 撤资咨询（出售企业，通常通过转让股权的方式）；

4. 出售资产咨询（出售主要资产，通常通过现金交易而不是转让股权）；

5. 融资来源和类型的咨询；

6. 第三方融资（借款人和贷款人的中介）；

7. 提供融资；

8. 提供战略建议；

9. 提供企业估值；

10. 对第三方估值提供合理建议；

续表

11. 新发股票和债券;
12. 财务重组咨询;
13. 财务重组;
14. 向第三方分配或回收风险,例如出售贷款。

研究
1. 主要的活动包括:
(1)通过公司研究计划全面了解这些公司;
(2)准备并发布供内部使用和分发给客户的研究报告。
2. 提供研究服务的员工通常称为研究分析师。
3. 与其他前台部门不同的是,为避免利益冲突和市场滥用,研究成果与研究分析师的薪酬之间和公司融资与研究报告之间不得有直接联系。
前台部门员工应该知晓的主要规定和控制摘要
要记住,下述指引只是一个概要,并不旨在评估贵公司的情况,也并没有根据贵公司实际开展的活动制定相适应的制度和流程。

规定/控制措施	商业和监管批准
金融行为监管局(FCA)客户分类的影响	客户分类不影响该领域的要求。
客户销售和交易	是
投资银行	是
公司金融和投资银行	是
研究	是
要求	员工应当知道业务活动的管理要素,这些限制因素包括: 1. 公司的监管授权; 2. 公司的投资交易所会员资格; 3. 在培训和能力条款规定中的员工职位; 4. 根据审批人规定的员工职位; 5. 员工职位描述或交易授权范围; 6. 内部信贷限额和监管资本约束; 7. 后台部门提供结算服务的产品范围。
说明	1. 金融行为监管局(FCA)视此类违规非常严重,这表明公司没有足够的制度和控制措施。 2. 如果登记的交易是后台部门无法处理的产品可能会产生结算问题。 3. 此外,如果持有未经授权的头寸,公司的资本充足率可能会受影响或者不能准确体现。

续表

规定/控制措施	商业和监管批准
控制措施	1. 确保公司的监管许可范围根据合规手册和操作流程记录的内容准确公示。 2. 向员工提供规定其个人权限范围的职位描述或交易授权范围： （1）员工的培训和能力情况； （2）员工的审批人职位； （3）获准交易的产品； （4）不同的交易限额。 3. 维护公司获准交易的所有产品清单，确保员工知晓该清单，新产品应当在获得合规审批并完成新产品批准流程后再加入清单。

规定/控制措施	与合规部门的关系
金融行为监管局（FCA）客户分类的影响	否（与客户分类不相关）
客户销售和交易	是
投资银行	是
公司金融和投资银行	是
研究	是
要求	1. 前台部门应该与合规部门保持开放的关系，并在规划初期就把合规部门纳入其中。 2. 前台部门的员工还应当知道哪些事项在开展后续行动前需要告知合规部门。
说明	前台部门与合规部门之间的关系越牢固，公司的合规文化往往就越有效。
控制措施	1. 安排与前台部门的例会讨论计划、问题、发展等。 2. 确保前台部门员工知道需要向合规部门报告的事项包括： （1）投诉； （2）诉讼； （3）洗钱嫌疑； （4）市场滥用嫌疑； （5）涉嫌欺诈； （6）实际或潜在违规； （7）其他有关公司管控模式的问题。 3. 确保前台部门看得到合规部门：记住那句老话"眼不见，心不烦"。大公司往往会在前台部门配备业务条线合规专员。 4. 同时确保前台部门的员工熟悉举报流程，并且有信心通过该流程报告他们认为不对的事情。

规定/控制措施	客户利益至上原则
金融行为监管局（FCA）客户分类的影响	仅适用于零售客户和专业客户。
客户销售和交易	是
投资管理	是
公司金融和投资银行	是
研究	是
要求	员工行为必须始终以客户利益为先。
说明	这项规定看似简单，只有简单几行，不像最优执行或适配度规定那样连篇累牍有很多复杂的要求，然而这项规定实则包罗万象，是以原则为导向的管理制度的核心支柱，能够在任何情况下找出违规行为：即使没有违反某项特别的规定，或者根本没有相关规定，任何可能被视为有损客户的行为都会构成违规。看上去有点吓人。 然而这并不完全是坏事，因为这项规定也可以作为监管导向，你是不是不确定怎样才是解决监管困境的正确方法？你可以想一下"客户利益至上"的规定。如果你没有信心向金融行为监管局（FCA）解释某种行为或者结果是符合客户利益最大化的，那就需要三思而后行了。
控制措施	1. 很难设计专门的控制措施来确保遵守这项规定，遵守金融行为监管局（FCA）以及其他监管机构制定的保护客户的规定和指引显然很重要，但也不能说做到什么程度才算够。 2. 在这种情况下，最重要的是确保公司的合规文化能够达到即使在没有特别规定、原则或指引界定适当行为的情况下，员工也知道自己的行为应当以客户利益最大化为指导。

规定/控制措施	关于公司信息的规定
金融行为监管局（FCA）客户分类的影响	一些规定只适用于零售客户和专业客户，但一些更高层次的要求也适用于与所有客户的交易。
客户销售和交易	是
投资管理	是
公司金融和投资银行	是
研究	是
要求	公司必须向客户提供有关他们自身、提供的服务以及提供这些服务的基础等信息。

`   续表

规定/控制措施	关于公司信息的规定
说明	1. 尽管这项规定的要求也出自其他一些来源，金融市场行为监管局（FCA）对客户告知有详细的规定。 2. 提供的信息包括： （1）交易执行场所； （2）成本和费用； （3）投资策略； （4）关于谁可以获得客户信息； （5）相关投资者补偿计划； （6）是否有电话录音； （7）远程销售披露； （8）关于托管规定和客户资金服务的详细信息； （9）关于全权委托管理的详情； （10）研究报告中的信息披露和免责声明。 3. 有三种客户告知类型： （1）仅需一次性告知的内容可以在客户关系建立之初就在与客户签订的协议中提供，例如最优执行策略。 （2）定期告知，例如确认说明。 （3）临时告知，例如收费表的修订。
控制措施	1. 前台部门的员工应当对客户告知要求有良好的整体认知。 2. 员工也应该了解： （1）他们自己负责制定的客户告知内容（以及如何、何时制定）； （2）他们必须指导公司其他部门为客户提供的必要信息的情形（例如在提供托管服务前，前台部门员工应当指导制定即将交由客户的托管协议）。 3. 合规部门最好能够审查所有适用于某个部门或职能的客户告知要求并加以归档整理，这样这些参考文件可以为员工提供指引。 4. 合规部门应当定期评估前台部门的员工是否遵循客户告知要求。 5. 合规部门应当定期对各部门或职能的客户告知要求清单档案进行审查，确保及时更新。

规定/控制措施	客户协议
金融行为监管局（FCA）客户分类的影响	1. FCA 规定的客户协议要求根据客户分类而不同。 2. FCA 客户分类与非 FCA 规定的客户协议无关。
客户销售和交易	是
投资管理	是
公司金融和投资银行	是
研究	是

续表

规定/控制措施	客户协议
要求	1. 前台部门使用的协议应当遵循 FCA 的要求，其与公司所提供的服务性质和从事的活动相关。 2. 类似的文件应当： （1）包括所有的 FCA 条款； （2）在规定的时间内发出； （3）必要的话，应当请客户书面确认收悉协议和同意协议条款。 3. 公司应当使用适当的行业协议覆盖其开展的业务活动，例如衍生品业务相关的让与协议（give up agreement）和用于证券借贷业务的全球证券借贷协议（Global Master Securities Lending Agreement 由国际证券借贷协会拟定）。
说明	1. 适用于前台部门业务的协议有很多种，例如： FCA 要求的确立服务性质以及提供这些服务的依据的协议； 由行业协会订立的，为特定产品交易提供的标准条款。 2. 这些文件主要由前台部门自己完成（例如公司融资委托书），但一般来说，客户协议内容和谈判的责任在于其他部门，比如合规、法律、税务和信贷部门。 3. 值得注意的是，如果没有对排他性协议、保密协议、保函、告慰函等文件给予足够的重视，那么可能会引发问题。
控制措施	1. 合规部门应当提供培训指导，让前台部门的员工认识到有关其开展的业务活动的各种客户协议要求，这里的合规责任通常只包括监管要求的协议，尽管在小公司里合规部门可能也负责其他各种类型的交易协议。 2. 即使前台部门的员工自己也并不负责协议的发送或谈判，在向客户提供新服务或开展新业务前都应当检查相关协议是否已经到位。 3. 前台部门管理人员负责确保符合客户协议要求，合规部门应当开展定期监督，检查在执行完必要的协议后才开始提供服务，这些协议包含所有的必要条款，以及没有违反约定条款。 4. 对前台部门来说，保留包含所有现有交易协议的清单和记录备查是很有帮助的。 5. 合规官员也有必要记录并理解其所负责的部门使用的每一类协议的用法。
进一步的指导	见第 8 章。

规定/控制措施	最优执行
金融市场行为监管局（FCA）客户分类的影响	只适用于零售客户和专业客户。
客户销售和交易	是
投资管理	是
公司金融和投资银行	否（公司金融和投资银行部门的员工一般不执行交易）
研究	否（研究分析员不应当从事销售和交易活动）
要求	公司有义务在代客户下单的时候取得最优结果，这意味着公司必须采取所有合理的措施以最有利的条件为客户执行下单。
说明	1. 最有利的条件和最优结果取决于所涉资产适用的执行要素，包括： （1）客户分类； （2）订单类型（特别大或者特别小的订单不太可能以一般市场价格执行）； （3）资产类型（很难证实流动性差的资产是按最优条件执行，有时候只有一家机构愿意报价）； （4）按照执行策略执行订单的交易场所类型（见下文）。 2. 在制定决策时应当将上述执行要素视为一个整体。 3. 最优执行要求与公司是否是自己完成下单还是将订单交由第三方完成有关，因此应当评估用来执行交易的第三方是否有能力提供最优执行，并对此持续进行监督。 4. 对于零售客户，执行价格必须考虑到总的交易费用（交易成本加上相关的执行成本）。 5. 不必考虑没有包括在执行策略里的交易场所，或者和其他公司可能为客户实现的条件作比较。 6. 在所有情况下都必须遵循客户给出的特别指令。 7. 最优执行要求仅适用于执行客户订单，准确理解该要求包括哪些指令很重要，这并不容易确定，下面给出了一些通用指引，适用于代客户执行指令的情况。 8. 客户指令要求的最优执行通常包括： （1）以目前可能的最优市场价格执行交易； （2）在一段时间内陆续买入或卖出大量股票； （3）在当前没有市场的情况下交易流动性差的股票； （4）按确定价格或者更好的价格执行交易（限价指令）。 9. 客户指令要求的最优执行通常不包括： （1）按特定价格执行交易； （2）在特定时间或特定市场上执行交易，例如伦敦证券交易所的收盘价； （3）从事不受 FSMA 监管的投资交易，比如即期外汇交易。

续表

规定/控制措施	最优执行
控制措施	1. 最优执行要求特别复杂，并涉及很多不同的流程和控制。 *执行策略* 2. 为了便于执行订单时为客户获得更好的结果，公司实施的执行策略必须确定在评估如何为客户实现最有利的条件时公司将怎样排定不同执行要素的重要程度。 3. 执行策略中有一些相关的具体规定，包括该政策必须： （1）包括每一类资产经批准的执行场所，并能够始终为客户提供最优执行； （2）包括当指令交由第三方执行时能够尽可能为客户实现最好的结果； （3）在执行客户指令前适用； （4）在提供执行服务前及时向零售客户提供。 *注意事项* 4. 如果在执行个别订单时，客户给出的具体执行指令有可能影响执行策略，必须向零售客户发送警示。 5. 如果执行策略允许在监管市场外或在多边交易市场（MTF）执行订单，也必须向客户发送警示。 *提示和注意事项* 6. 为客户提供服务时，应当给客户一份执行策略的副本，通常包括在通用条款和细则里（或作为附录）。 7. 如果可能在监管市场外或在多边交易市场（MTF）执行订单必须得到客户同意。 *检查执行安排和政策* 8. 必须持续监督订单执行安排和政策的有效性，至少每年开展一次正式检查。 9. 特别是，当为客户获取最优结果的能力发生实质性变化时，必须对该政策进行检查。 10. 一旦发现问题，应当尽快采取改正措施。 11. 合规部门应该经常对这方面进行监督。 *总体考虑* 12. 除了上述具体事项，还可以考虑下面这些执行策略中的情况： （1）当执行场所在最优执行要求不适用的管辖范围时，如何评估客户可以获得的最优结果？ （2）当只有一个经纪人对流动性差的资产进行报价时，如何证明是最优执行？

续表

规定/控制措施	最优执行
控制措施	（3）当没有常规市场可以执行特别大或者特别小的订单时，如何证明是最优执行？ （4）尽管已经警告过客户，但客户仍然不断给出会对公司获取最优结果的能力产生影响的执行指令，该如何处理？（在此情况下，客户会给贵公司带来严重的监管风险，是否值得这么做？） （5）如何评估并记录执行场所和第三方的适当性？ *记录保存和认知* 13. 必须保存记录以便证明执行订单采取的步骤符合执行策略（见上文）。 14. 合规部门应当提供培训指导，让员工了解这方面的要求。

规定/控制措施	快速执行
金融行为监管局（FCA）客户分类的影响	只适用于零售客户和专业客户。
客户销售和交易	是
投资管理	是
公司金融和投资银行	否（公司金融和投资银行的员工一般不执行交易）
研究	否（研究分析师不应当从事交易活动）
要求	一旦客户下单，必须快速、公平、有效地执行，具体而言，同一资产的相似订单应当按照接收顺序执行。
说明	在决定什么是快速、公平、有效的执行时应该考虑的事项包括： 1. 延迟客户订单是否合适？如果价格会立即上涨或下跌怎么办？ 2. 如果正忙于执行某个客户的大量订单，将注意力转移至该客户的后续订单可能会对前者造成影响，该怎么办？ 3. 如果执行大客户订单会令价格上涨对其他客户的后续订单产生不利影响，是否允许延迟执行该订单？ 4. 为达到更好的执行结果将多个客户的订单进行合并是否合理？
控制措施	1. 合规部门应当提供定期培训指导，让员工了解及时执行的相关要求。 2. 如果快速、公平、有效地执行客户订单时有任何困难，必须尽快告知客户。 3. 前台部门的管理人员应当负责及时执行，但也要定期接受合规部门的检查。

规定/控制措施	客户限价指令
金融行为监管局（FCA）客户分类的影响	适用于零售客户、专业客户以及将限价指令交由公司执行的合格交易对手。
客户销售和交易	是
投资管理	是
公司金融和投资银行	否（公司金融和投资银行的员工一般不执行交易）
研究	否（研究分析师不应当从事交易活动）
要求	客户限价指令应当： 1. 尽快按客户的指定价格或更好的价格执行（除非客户另有指示）；或者根本不可能执行； 2. 应尽快发布（例如将指令发送至常规市场或多边交易市场），但该要求对大于正常市场规模的订单不适用。
说明	与客户限价指令相关的要求有利于快速执行，然而为了减少市场滥用和内幕交易的余地，发布大于正常市场规模的客户限价指令不适用该要求（因为大订单可能会影响定价）。
控制措施	1. 合规部门应当提供定期培训指导，让员工了解客户限价指令的相关要求，员工应当熟知的事项包括： （1）快速执行规定背后的基本原理； （2）可以用来发布指令的规范市场和多边交易市场； （3）《反市场滥用规定》（MAR）定义的大额订单； （4）发布订单采取的步骤； 2. 应当定期测试快速执行规定的合规情况。

规定/控制措施	适配度
金融行为监管局（FCA）客户分类的影响	只适用于零售客户和专业客户（记住这里的"专业客户"包括无须投资建议的合格交易对手）。
客户销售和交易	是
投资管理	是
公司金融和投资银行	是
研究	否
要求	1. 个人推荐和建议必须适合每一位相关客户。 2. 在全权委托管理的关系中，为客户制定的投资决策必须适合每一位相关客户。

续表

规定/控制措施	适配度
说明	与适当性规定密切相关但又不相同（见下文）。
控制措施	1. 客户需要完成适配度调查，其中包括投资目标、风险偏好以及其他关于其投资意愿的具体内容（例如仅进行伦理投资、仅进行遵从伊斯兰教的资产投资）。 2. 投资决策和建议都应当根据该调查给出，如果客户无法提供足够的信息完成适配度评估，就不应当给个人推荐。 3. 在某些情况下，适配度报告需要展示某个特定交易适合客户的原因，即使没有严格的监管要求，保留能够证明某条建议或投资决策适合相关客户的记录也是明智的，如果顾问或销售人员在交易完成三个月后，对其再进行询问，他们是否还记得执行交易的原因。 4. 适配度调查应当及时更新并定期检查。 5. 客户经理或投资经理对适配度规定负责，但合规部门应当开展定期监督。 6. 合规部门应当确保员工在适配度要求方面受到适当培训和指导。

规定/控制措施	适当性（非建议性服务）
金融行为监管局（FCA）客户分类的影响	仅适用于零售客户和专业客户（记住这里的"专业客户"包括合格交易对手业务中的合格交易对手）。
客户销售和交易	是
投资管理	是（如果客户坚持希望客户经理执行某项交易，虽然客户经理认为该交易不适合客户，但基于只负责执行的基本原则仍然只能照做）。
公司金融和投资银行	否
研究	否
要求	必须评估与某些投资工具有关的只负责执行的客户订单的适当性。
说明	适当性要求与适配度相关要求类似，但适用于客户主动要求或者不是个人请求（直接提供）的客户服务（即只负责执行的订单），投资于"复杂"的金融工具（衍生品、流动性差的工具、或有负债投资或其他投资工具，没有足够的公开信息可以用来制定投资决策）。
控制措施	1. 请注意，如果客户自己主动联系公司，但在此前公司或者代表公司与其个别沟通过鼓动其参与一系列行动，这样就适用适配度规定，而不是适当性规定（一般的市场营销活动不认作是为了适当性目的的个别沟通）。

续表

规定/控制措施	适当性（非建议性服务）
控制措施	2. 在关系建立之初应当完成适当性调查，让公司能够评估客户对于设想的投资活动类型的认知和经验。 3. 如果客户拒绝提供完成适当性调查需要的信息或者没有提供足够的相关信息，应当提醒客户可能产生的影响。 4. 公司必须评估客户发出的只负责执行的订单的适当性，如果公司认为该交易不适合客户就必须进行提醒。 5. 如果公司认为交易不适合某个客户，那么就应当在执行前提高客户的认识水平，例如提供产品信息、风险警示和指导等方式。 6. 在完成只负责执行的交易时，如果该交易不符合适当性标准，就应当小心考虑，因为这样就很难证明这些行动符合"客户利益至上"规定和 FCA 的业务原则，比如第六项"客户利益"和第一项"诚信"。 7. 适当性调查里的信息应当及时更新并保存记录，以证明交易是适合于相关客户的。 8. 前台部门管理层对适当性规定负责，但合规部门应当开展定期监督。 9. 合规部门应当确保员工在适当性要求方面受到适当培训和指导。

规定/控制措施	挤油交易和频繁转换
金融行为监管局（FCA）客户分类的影响	仅适用于零售客户和专业客户（记住这里的"专业客户"包括合格交易对手业务中的合格交易对手）。
客户销售和交易	是
投资管理	是
公司金融和投资银行	否
研究	否
要求	1. 投资经理基于全权委托代客户进行交易不能过于频繁。 2. 客户经理不得建议客户过度交易。
说明	1. 客户经理建议客户过度频繁交易，或者投资经理进行过多客户交易，就产生了挤油交易，通常这样做是因为他们的报酬按每笔交易或交易金额计算，频繁交易就产生佣金收入。 2. 频繁转换类似于挤油交易，是指基金经理在伞型基金的子基金间过度频繁地转换。

续表

规定/控制措施	挤油交易和频繁转换
说明	3. 即使是被认为合适的单笔交易，站在时间维度上加以评估时，如果他们是过度交易模式中的一部分也可能被认定为不合适。 4. 挤油交易也可能是为了操纵市场价格而虚构某项资产的需求或供给，在这种情况下，挤油交易构成了市场滥用的一种形式。 5. 挤油交易和频繁转换体现了利益冲突，公司利益或员工利益与客户利益相冲突。
控制措施	1. 合规部门应当提供定期培训指导，让员工了解禁止挤油交易和频繁转换的规定及其如何影响他们的日常活动。 2. 这方面的控制责任应归于前台部门管理人员，但合规部门应当对账户成交量进行定期检查，以识别账户活动过度的潜在情况。 3. 挤油交易和频繁转换都会导致不适合客户的交易，因此应当严格遵守适配度控制要求以发现并防范这方面的问题。

规定/控制措施	聚合和配置
金融行为监管局（FCA）客户分类的影响	仅适用于零售客户和专业客户（记住这里的"专业客户"包括合格交易对手业务中的合格交易对手）。
客户销售和交易	是
投资管理	是
公司金融和投资银行	否
研究	否
要求	交易聚合和配置不得损害客户利益。
说明	1. 出现以下一种情况就发生了聚合： （1）同一资产、多个客户的订单合并成为一单； （2）同一资产、客户订单和公司自营订单合并成为一单。 2. 组成聚合订单的部分资产在客户或者公司（如果适用）间进行分配，就发生了配置。 3. 聚合往往对客户有利，因为交易规模大可以减少佣金，但也有可能对客户不利：如果合并后的交易规模比可购/售资产的量大/小，那么就不可能整单完成。

续表

规定/控制措施	聚合和配置
控制措施	1. 聚合应当只有在不太可能对客户整体利益带来不利的情况下才发生。 2. 如果可能会聚合客户订单，客户必须收到预警，说明可能会对他们产生不利的影响。 3. 客户订单聚合后，必须在客户账户间公平配置，不偏袒任何人。 4. 客户订单与公司自营订单聚合必须比仅涉及客户的聚合受到更加严格的控制：应当始终是客户优先，除非能够证明如果没有公司参与，客户利益会减少。 5. 不管公司是自己执行客户交易，或将交易交由第三方执行都适用聚合和配置要求。 6. 公司必须制定订单配置策略确定配置的公平性。 7. 合规部门应当提供定期培训和指导，让员工了解整合和配置的相关规定。 8. 客户订单的公平整合和配置是前台部门管理人员的责任，但合规部门也应当开展定期检查。

规定/控制措施	订单和执行记录
金融行为监管局（FCA）客户分类的影响	适用于所有客户。
客户销售和交易	是
投资管理	是
公司金融和投资银行	否（公司客户和投资银行的员工一般不执行交易）
研究	否（研究分析师不应当从事交易活动）
要求	为了证明公平对待客户（及时执行、最优执行等），必须保留详细的订单和执行记录。
说明	1. FCA 指定了应当记录的订单和执行信息，包括： （1）客户名称或代号； （2）凡是涉及销售或购买的订单和执行； （3）任何有关订单执行的特别说明； （4）订单接收和执行的日期和时间； （5）有关资产。 2. 当订单交由第三方执行时，还要遵守一些单独的要求，包括： （1）发出订单的客户名称； （2）订单发送至的人的名称； （3）传递的订单的条款； （4）订单发送的日期和时间。

续表

规定/控制措施	订单和执行记录
控制措施	1. 提供培训和指导以确保员工知晓记录订单和执行的义务。 2. 保留足够的订单和执行记录是前台部门管理人员的责任,但合规部门应当开展定期检查。

规定/控制措施	培训和能力(T&C)
金融行为监管局(FCA)客户分类的影响	尽管更高阶的"合格雇员规定"适用于无论与何种客户打交道的所有员工,T&C 细则只适用于与零售客户打交道的员工。
客户销售和交易	是
投资管理	是
公司金融和投资银行	是
研究	是
要求	所有员工都必须达到并保持与岗位适当的胜任能力。
说明	1. 培训和能力要求适用于两个层级: (1)所有员工都必须遵守合格雇员规定; (2)担任前台部门关键岗位的与零售客户打交道的员工(FCA 指定)必须同时遵守 FCA 的 T&C 细则。 2. T&C 规定涵盖的前台部门岗位包括向零售客户提供的大部分投资服务: (1)为零售客户提供投资咨询; (2)投资咨询和交易; (3)提供与投资相关的基金管理服务。 3. FCA 制定的 T&C 细则包括下列事项: (1)取得适当的资格; (2)评估培训需求; (3)每年至少完成 35 小时的专业继续教育(CPD); (4)确认完成 CPD 要求; (5)员工监督。 4. 前台部门的经理通常要担任部门内下级员工的 T&C 监督人员,监督活动应当包括: (1)观察员工与客户的互动; (2)在发布前检查客户建议和报告; (3)制定培训方案; (4)开展 T&C 评估以确定是否达到或保持胜任能力。

续表

规定/控制措施	培训和能力（T&C）
说明	5. T&C 监督人员承担很多责任，如果他们负责的员工违反规定，无疑会被问到是谁在监督他们、是怎么监督的以及为什么会被认定为胜任（如果他们确实被认定为胜任的话）。这是不能掉以轻心的责任。 6. 为了促进合格雇员规定落地，很多公司也会选择让非零售员工同样遵守 T&C 规定。
控制措施	1. 合规部门应当提供培训和指导确保前台部门的员工知道： （1）T&C 规定中他们（及其雇员）的身份； （2）T&C 身份的含义； （3）如何遵守与 T&C 规定相关的公司内部流程。 2. 担任 T&C 监督人员的前台部门经理应当充分认识到对他们能力的要求并且也要知道犯错将造成的影响，为所有 T&C 监督人员提供总结他们所承担责任的讲义或传单会很有帮助。 3. 应当定期检查前台部门遵守 T&C 规定的情况。
进一步的指导	见第 2 篇 A 部分。

规定/控制措施	批准人规定
金融行为监管局（FCA）客户分类的影响	客户分类与那些有显著影响的职能不相关，而客户职能只适用于和客户打交道的员工。
客户销售和交易	是
投资管理	是
公司金融和投资银行	是
研究	否
要求	担任 PRA 和 FCA 规定的特定职能的员工必须登记成为审批人。
说明	对前台部门来说，审批人规定最相关的岗位是： 1. 客户职能（例如证券或衍生品咨询、公司金融咨询、全权委托管理的投资）； 2. 有显著影响的职能，包括重要前台部门的主管。
控制措施	1. 合规部门应当提供培训和指导，确保前台部门员工知道： （1）审批人规定中他们（及其员工）的身份以及含义； （2）作为审批人必须遵守的 FCA 要求，比如审批人的行为准则； （3）如何遵守与审批人规定有关的公司内部流程。 2. 应当定期检查前台部门遵守审批人规定的情况。
进一步的指导	见第 2 篇 A 部分。

规定/控制措施	诱因
金融行为监管局（FCA）客户分类的影响	否（与客户分类无关）
客户销售和交易	是
投资管理	是
公司金融和投资银行	是
研究	是
要求	员工不得提供或接受任何可能会与对客户履行职责相冲突的激励，并且应当遵守公司相关流程和控制措施。
说明	1. 关于激励的规定是为了防止公司和客户和接触者间的利益冲突阻碍金融服务中的道德条款。 2. 前台部门的员工在与客户交谈并同时与经纪人和基金经理之类的服务提供商进行日常接触时，就需要处理这些利益冲突，每个人都有自己的主张，适合某个人的安排却可能对其他人产生负面影响。 3. 不恰当的激励就比如因为接受了客户的礼品而在将来让该客户得到优惠待遇。 4. 前台部门的管理人员负责批准员工提供或接受礼品和好处。
控制措施	1. 在礼品和娱乐方面应当有明确的政策。 2. 在激励方面应当有明确的政策，包括向为企业介绍业务的第三方支付费用等。 3. 前台部门员工应当知道激励规定的必要性以及哪些情况是不能接受的，这对于拥有礼品和好处批准权的前台部门管理人员来说尤为重要。 4. 合规部门应当提供定期培训和指导，让员工知道并且遵守公司对提供和接受激励的管理规定。 5. 应当定期检查前台部门遵守激励制度的情况。
进一步的指导	见第 2 篇 A 部分。

规定/控制措施	语音记录
金融行为监管局（FCA）客户分类的影响	否（与客户分类无关）
客户销售和交易	是
投资管理	是
公司金融和投资银行	公司金融、投资银行和研究不在记录语音通信的要求之列。

续表

规定/控制措施	语音记录
研究	否
要求	通过电话接受、传递和执行客户订单的员工应当进行语音记录，这样任何关于指令或建议的争议或质疑都可以很容易得到解决。
控制措施	1. 合规部门应当提供定期培训和指导让员工知道并遵守语音记录的要求。 2. 前台部门的管理人员应当确保团队所有需要进行语音记录的员工都记录了他们的谈话。 3. 应当定期检查前台部门遵守语音记录要求的情况。 4. 客户应当被告知他们的通话可能会被记录，这通常可以在客户协议或业务条款里进行披露。
进一步的指导	见第 2 篇 A 部分。

规定/控制措施	与客户的沟通（公正、清晰、没有误导的交流）
金融行为监管局（FCA）客户分类的影响	FCA 在这方面的规定只适用于零售和专业客户，尽管 FCA 第 7 条原则（客户沟通）也适用于合格交易对手。
客户销售和交易	是
投资管理	是
公司金融和投资银行	是
研究	是
要求	客户沟通必须公正、清晰、没有误导。
说明	这一要求是为了保护客户并防止市场滥用行为（制造或散布误导信息可以用于操纵市场）。
控制措施	1. 记录各前台部门可能会与客户沟通的方式，例如： （1）电话； （2）广告； （3）面对面； （4）信件； （5）传真； （6）电子邮件； （7）短信； （8）电子通讯，比如彭博资讯。 2. 指导员工在他们的活动范围内，怎样才是公正、清晰、没有误导的沟通方式，同时提供一些反面示例。 3. 确保员工知道误导性的客户沟通可能会违反市场滥用要求。 4. 前台部门的管理人员负责确保团队的沟通是公正、清晰、没有误导的，合规部门应当开展定期检查。

规定/控制措施	金融营销
金融行为监管局（FCA）客户分类的影响	适用于零售客户的要求比适用于专业客户的要求要复杂得多。
客户销售和交易	是
投资管理	是
公司金融和投资银行	是
研究	是（独立研究不属于金融营销，但非独立的研究应当被视为营销手段。）
要求	1. 金融营销必须满足各种要求，包括： （1）必须公正、清晰、没有误导； （2）可以辨认出是宣传材料； （3）包含适当的风险警示； （4）把 FCA 作为监管者； （5）明确不受 FCA 监管的事项； （6）包含有关补偿计划的适当信息。 2. 与零售客户和消费信贷相关的金融宣传有更多详细的要求。
说明	前台部门围绕这个问题的控制措施，尤其是批准针对散户投资者的金融宣传需要特别强大，因为在这方面违反规定很容易被察觉，如果销售团队在开展大规模的营销活动，活动本身是希望尽可能多的人可以看到，那么一旦发生问题就很难分散化解。
控制措施	1. 合规部门应当向前台部门员工提供定期培训和指导，让他们： （1）知道什么是金融营销； （2）知道并遵守有关金融营销准备、批准和发布的内部控制措施。 2. 合规部门应当和前台部门以及法律部门合作确保如果标准的免责声明、披露和风险警示可用，就不用每次发布新的金融营销时都要重新措辞。 3. 前台部门管理人员对员工发布的金融营销负责，如果合规部门不是每次在新的金融营销发布前都进行批准，那么合规部门应当定期检查。
进一步的指导	见第 2 篇 A 部分。

规定/控制措施	客户分类
金融行为监管局（FCA）客户分类的影响	所有与公司开展业务的人员都应当经过分类。

续表

规定/控制措施	客户分类
客户销售和交易	是
投资管理	是
公司金融和投资银行	是
研究	客户分类通常出现在新客户批准流程中，而研究小组往往在这个过程中并不发挥带头作用，因此他们比起其他员工来说不太可能负责客户分类。
要求	确保公司提供服务的各方都得到正确分类。
说明	客户必须按照商业行为（COBS）规定进行分类，为了： 1. 确定适用于他们的规定； 2. 确定在与公司的关系中可以得到保护； 3. 协助建立预期进行的交易或活动资料（以识别洗钱嫌疑）。
控制措施	1. 合规部门应当向员工提供定期培训和指导，让他们： （1）知道不同的客户类别以及适用于每类客户的关键规定； （2）理解正确分类的重要性； （3）知道如何正确分类。 2. 前台部门的员工必须知道所有客户的分类，这样才能正确应用规章制度和保护措施。 3. 客户分类通常在初始的 KYC 检查时同时进行，有些公司的合规部门员工在进行 KYC 批准时通过系统批准新客户分类，而其他公司则由前台部门的管理人员批准分类，合规部门只是开展定期检查以评估充分性。
进一步的指导	见第 2 篇 A 部分。

规定/控制措施	了解你的客户（KYC）
金融行为监管局（FCA）客户分类的影响	否（与客户分类无关）
客户销售和交易	是
投资管理	是
公司金融和投资银行	是
研究	研究团队的成员不太可能但也不是不可能参与 KYC 流程。
要求	必须对所有客户都完成 KYC，KYC 信息必须在客户关系建立之初就进行收集并在之后不断保持更新。

续表

规定/控制措施	了解你的客户（KYC）
说明	1. 前台部门员工作为客户关系的"所有人"，应当知道及时完成KYC的重要性，并且知道如果在这方面违反规定也有可能导致因为违反法规受到严重处罚。 2. 前台部门员工还应当知道要对谁完成KYC：如果公司是直接与最终客户建立关系还比较简单了当，但如果是通过中介与客户打交道时就比较复杂了。 3. 在这种情况下，可以完成对中介的KYC（尤其是如果中介也受到监管），然后依靠中介对潜在关系开展KYC，但如果对中介开展KYC的充分性存疑，公司应当自行开展KYC。 4. 类似的复杂情况是，如果公司提供投资管理服务的对象是集合投资工具，并且不是由公司自己进行KYC，就应当检查确保该基金的潜在投资者接受了合适的KYC调查。
控制措施	1. 提供培训和指导确保每个部门员工： （1）了解新客户KYC流程； （2）了解对现有关系的KYC检查流程； （3）了解面对面KYC的职责； （4）认识到如果不遵守这些流程会受到法律处罚。 2. 如果交易处理系统允许，将系统设置为只有通过KYC审批后才能预订或者处理交易，这也可以用来生成自动异常报告，列出未经KYC批准就试图预订交易的员工清单，这样这些员工可能就会遵守纪律了。该系统适用于销售和交易活动，但对于不需要通过账户进行交易清算或分配的公司金融活动就可能会有问题了。 3. 初始的KYC审批通常在客户分类的过程中同时进行，与客户分类相似，一些公司的合规部门员工通过系统审批每一份新的KYC文件，其他公司则由前台部门管理人员审批KYC信息，而合规部门只需开展定期检查以评估审批流程的充分性。
进一步的指导	见第2篇B部分。

规定/控制措施	反洗钱（AML）和反恐怖主义融资（CTF）控制
金融市场行为监管局（FCA）客户分类的影响	否（与客户分类不相关）
客户销售和交易	是
投资管理	是

续表

规定/控制措施	反洗钱（AML）和反恐怖主义融资（CTF）控制
公司金融和投资银行	是
研究	是（但与研究团队成员直接相关的要求较少，因为他们与客户的直接接触较少。）
要求	前台部门的员工必须采取适当的措施减少公司被利用于洗钱和恐怖主义融资活动的风险。
说明	前台部门的员工因为与客户有直接联系以及对客户活动的了解，比起公司其他岗位的人来说更有可能识别并协助防止企图进行的洗钱或恐怖主义融资活动。
控制措施	1. 一些相关的关键问题是，前台部门的员工必须： （1）接受反洗钱和反恐怖主义融资的定期培训； （2）确保所有的新客户都通过了 KYC 审批； （3）知道现有的各种制裁制度，开展业务的时候就不会违反这些制度； （4）了解客户就能识别不寻常的活动，防止洗钱或恐怖主义融资的风险； （5）保持更新客户的 KYC 文件； （6）向反洗钱报告官（MLRO）报告洗钱嫌疑； （7）知道不能向有反洗钱嫌疑的客户通风报信的要求。 2. 合规部门应当提供定期培训和指导，让前台部门员工知道公司在这方面的流程和控制措施，培训应当根据员工参与的活动量身定制，这样才是真正有意义的培训。 3. 合规部门应当定期检查反洗钱和反恐怖主义融资控制措施的有效性。
进一步的指导	见第 2 篇 B 部分。

规定/控制措施	洗钱和恐怖主义融资可疑报告
金融行为监管局（FCA）客户分类的影响	否（与客户分类不相关）
客户销售和交易	是
投资管理	是
公司金融和投资银行	是
研究	是

续表

规定/控制措施	洗钱和恐怖主义融资可疑报告
要求	确保识别并正确处理洗钱和恐怖主义融资嫌疑。
说明	1. 由于日常与客户的接触，前台部门员工处在公司里最容易识别可疑活动的位置。的确，他们是第一道防线，他们应当能够判断什么是正常的客户活动，什么是超出正常范围需要进一步调查的客户活动。 2. 前台部门员工在接受新业务方面也发挥关键作用，因此很容易从潜在客户中识别出可疑情况。 3. 合规部门应当提供培训和指导，确保每个部门的员工： （1）知道如何识别涉嫌洗钱和恐怖主义融资的活动； （2）知道按照公司内部流程如何处理此类嫌疑； （3）知道不得向有嫌疑的客户通风报信。 4. 识别洗钱嫌疑的员工培训应当尽可能进行定制，每个人都对戴着假胡子的洗钱者和满垃圾袋用过的钞票的形象很熟悉，但这并不能帮助例如股票衍生品交易员或企业投资人在他们涉及的活动中识别可疑情况。 5. 确保员工知晓如果报告了洗钱和恐怖融资可疑情况，他们在公司举报流程中受到的保护，事实上，根据英国法律如果个人没有将可疑活动报告给反洗钱报告官（MLRO）是刑事犯罪，应当要向前台部门人员指出这一点。
进一步的指导	见第 2 篇 B 部分。

规定/控制措施	反欺诈
金融行为监管局（FCA）客户分类的影响	否（与客户分类不相关）
客户销售和交易	是
投资管理	是
公司金融和投资银行	是
研究	是
要求	确保识别并正确处理欺诈嫌疑。

续表

规定/控制措施	反欺诈
说明	在现金和资金易手的情况下，前台部门特别容易受到欺诈影响，一些典型情况有： 1. 挪用客户资产或资金； 2. 交易账户违规——如果交易做得好就记到个人账户，如果交易做得不好就记到客户账户等； 3. 将个人娱乐作为业务费用报销； 4. 交易员日终交易记录有误； 5. 从事欺诈交易活动的客户试图让公司参与其中； 6. 第三方建立的网站或者以公司名义联系客户，并诱使他们转账或提供账户详情； 7. 自称是客户或监管者等身份的第三方联系公司要求提供客户信息。
控制措施	1. 提供培训和指导确保每个部门的员工： （1）知道在业务中可能出现的欺诈类型； （2）知道如何识别欺诈嫌疑； （3）知道根据公司内部流程如何处理此类嫌疑。 2. 识别欺诈的指导应当在最大程度上针对每个部门。 3. 确保员工知晓如果报告了洗钱和恐怖融资可疑情况，他们在公司举报流程中受到的保护。
进一步的指导	见第 2 篇 A 部分。

规定/控制措施	排他性
金融行为监管局（FCA）客户分类的影响	否（与客户分类不相关）
客户销售和交易	否
投资管理	否
公司金融和投资银行	是
研究	否
要求	确保公司同意在排他性的基础上提供服务，并为遵守该承诺做好适当的部署。
说明	公司金融和投资银行的客户经常要求公司提供排他性的服务，以避免利益冲突，例如，客户不希望公司向竞争对手提供关于如何购得自己想要收购对象的建议。

续表

规定/控制措施	排他性
控制措施	1. 实施记录排他性协议的流程，这样在接受新的指令前可以检查确保没有交易会与现有的排他性协议冲突。 2. 可以用来处理这种情况的一种方法是在观察清单或者限制清单（如果适用的话）上记录所有的排他性协议，然后将排他性问题视作消除冲突流程的一部分。 3. 合规部门应当提供培训和指导让前台部门员工知道公司关于排他性协议的流程。 4. 前台部门管理人员负责确保排他性承诺得到遵守，合规部门应当定期检查控制措施的有效性。

规定/控制措施	投资委员会
金融行为监管局（FCA）客户分类的影响	客户分类在投资委员会的需求或运作方面无关紧要，但有可能影响投资委员会在投资战略方面所做的决定。
客户销售和交易	是（如果客户得到建议）
投资管理	是
公司金融和投资银行	否
研究	否
要求	投资决策和建议应当符合客户的最佳利益，交易中应当忽略其他任何个人利益或公司利益。
说明	投资委员会经常被视为公司投资管理和咨询流程中的关键部分，通过专家团队而不是依赖个人判断和技能，委员会的独立性有利于集体决策。
控制措施	1. 投资委员会应当受到适当的管理： （1）应当制定并遵守委员会的职责范围； （2）投资决策及其理由都应当记录在案； （3）应当注意委员会的成员并不会从委员会所作的决定中获得任何实质利益； （4）应当制定相应流程，当成员发现存在短暂的利益冲突时可以暂时不参加。 2. 应当向投资委员会成员提供有关可能遇到的利益冲突类型以及如何处理这些情况的培训。 3. 合规部门应当定期检查投资委员会运行和独立性管理的有效性。

规定/控制措施	投资和借款能力
金融行为监管局（FCA）客户分类的影响	投资和借款能力的相关要求只适用于基金管理，面向零售客户的基金比那些面向专业客户或合格交易对手的基金有更加严格的投资和借款能力要求。
客户销售和交易	否
投资管理	是
公司金融和投资银行	否
研究	否
要求	基金或者其他形式的集合投资都应当匹配其投资和借款能力。
说明	1. 集合投资工具可投资和不可投资的资产及其借款能力都在文件中有记录，并且都可以通过招股说明书（或类似文件）进行检查。 2. 可转让证券集合投资计划（UCITS）基金的投资和借款能力在该UCITS产品说明里列出。
控制措施	1. 基金经理和投资委员会成员应当了解并遵守他们所负责的每只集合投资工具的投资和借款能力。 2. 投资管理部门往往雇用专门人员监督投资和借款能力的合规情况，而合规部门也应当予以定期监督。

规定/控制措施	发表研究
金融行为监管局（FCA）客户分类的影响	除了那些有关非独立研究的要求不适用于合格交易对手外，适用于所有客户。然而为了遵守市场滥用法规，更好的做法是对接受研究的任何客户类型都采用下述控制措施。
客户销售和交易	是（如果正在发表研究）
投资管理	是（如果正在发表研究）
公司金融和投资银行	否
研究	是
要求	FCA关于研究的规定很复杂，而且涉及几个不同方面的要求： 1. 研究流程应当规定研究要同时向所有内外部接收者发表，确保没有人有机会在所有接收者有机会对此作出反应前采取行动。 2. 研究也应当公正、清晰、没有误导。 3. 为了避免利益冲突，投资分析师应当独立于其研究的企业、公司（尤其是公司金融以及销售和交易部门）和公司客户（除非研究文件清楚表明其不具有独立性）。 4. 只有在非常严格的情况下允许即将发表的研究报告中涵盖个人账户和自营交易投资，并酌情披露。 5. 无论是公司还是员工不应当接受那些与研究内容存在利益关系

续表

规定/控制措施	发表研究
要求	的对方给予的激励（例如，希望获得有利言论的公司或者对某项投资有大量持仓的基金经理）。 6. 不允许与公司商定编制有利于其的研究报告。 7. 如果研究报告中包含建议或目标价格，就不得让发行人审查报告草案，就算是确认事实准确性也不行（除非审查只是为了确保遵守公司的法律义务）。 8. 为了保障独立性，研究团队成员应当限制他们参与其他的公司活动，同时应当禁止他们参与某些活动，比如提供公司融资服务、争取新业务（除非是通过正式批准跨越"中国墙"）。
说明	1. 从更高的层次来讲，FCA 有关研究问题的要求是为了： （1）减少利益冲突的范围； （2）减少市场滥用的范围； （3）确保公司的信息是公正、清晰、没有误导的。 2. 由于 2000 年中期发生了涉及股票研究的丑闻，而且在这方面的不法行为不可以掉以轻心，研究在监管领域仍然是一个热门话题。
控制措施	1. 要围绕研究问题建立健全控制措施，应当包括以下内容： （1）确保研究团队知道要求他们提供的材料公正、清晰、没有误导，列举一些贵公司认为不能接受的内容或措辞是很有帮助的； （2）确保留有足够的记录可以证明研究报告中提出建议的依据； （3）识别可能会影响研究团队的潜在利益冲突，确保采取行动降低影响，并对员工进行培训； （4）培训员工研究可能用于市场滥用的方法，这样他们就能清楚哪些是不可以接受的行为； （5）安排同时向客户和公司发表研究报告，一些公司选择用电子发送门户（比如专用的电子邮箱系统）同时向所有客户发表研究报告； （6）在观察清单上定位那些可能会在将来的研究报告中起重要作用的企业，对利益冲突以及个人账户交易和自营交易实施监测； （7）将研究团队置于防火墙后； （8）确保研究团队的报告路线恰当——该团队应当是独立的，不应该向其他前台部门报告； （9）制定书面流程以规范发表研究报告，或将研究控制措施涵盖在公司利益冲突政策中。 2. 研究团队的管理人员负责发表研究的质量，如果合规部门不是逐项检查或审批新的研究材料，就应当进行定期检查。 3. 确保研究分析师的薪酬与研究报告的数量、购买建议的数量、公司金融业务的任何方面或其产生的交易量都没有直接联系。

规定/控制措施	研究免责声明
金融行为监管局（FCA）客户分类的影响	除了那些有关非独立研究的要求不适用于合格交易对手外，适用于所有客户。
客户销售和交易	否
投资管理	否
公司金融和投资银行	否
研究	是
要求	投资研究必须包括所有 FCA 规定的相关免责声明。
说明	1. 关于投资研究存在大量的 FCA 免责声明要求，合规部门应当与法律部门和研究团队合作，在可能的情况下制定标准化的免责声明：这样更有效，而不用每次发表研究文件时都必须想新的措辞，只需要修改一些基本内容比如分析师的姓名和发表日期等。 2. 免责声明的内容要求涵盖很多方面，比如： （1）研究报告作者的姓名和职位； （2）公司的监管地位； （3）披露潜在利益冲突。
控制措施	1. 合规部门应当提供定期培训和指导，使研究团队知道每项研究发表时适用的免责声明要求。 2. 准备能够反复使用的免责声明格式，确保每项研究都能清晰地使用。 3. 研究团队管理人员负责确保使用适当的免责声明，如果合规部门不是在发表前逐项审批，就应当定期检查免责声明的正确使用情况。

规定/控制措施	发表第三方研究
金融行为监管局（FCA）客户分类的影响	除了那些有关非独立研究的要求不适用于合格交易对手外，适用于所有客户。然而为了遵守市场滥用法规，更好的做法是对接受研究的任何客户类型都采用下述控制措施。
客户销售和交易	是（如果正在发表研究）
投资管理	是（如果正在发表研究）
公司金融和投资银行	否
研究	是
要求	1. 确保发表第三方研究时是按照最初准备研究方施加的限制条件进行的，可能需要联系研究发起人获得许可并确定其研究材料的允许适用条件。 2. 必须在研究材料上明确标识发表的公司。 3. 只要符合 FCA 规定的相关条件，发表第三方研究就可以不采用某些规定。

续表

规定/控制措施	发表第三方研究
说明	请注意，无论是否符合 FCA 的规定，第三方未必乐于看到其他公司发表他们的研究，重要的是不要违反任何发送此类材料的版权限制规定。
控制措施	1. 获得第三方批准发表研究，如果这是一个长期持续的计划，那么可以和研究者签订合同确定发表其研究材料的条件。 2. 确保明确标识是第三方研究。 3. 制定发表第三方研究的具体流程，确保符合所有 FCA 和其他适用的监管要求。 4. 研究团队管理人员负责确保没有不恰当地使用第三方研究，合规部门应当定期检查这方面的合规情况。

规定/控制措施	保密性
金融行为监管局（FCA）客户分类的影响	在大多数情况下，客户分类是无关紧要的，但《数据保护法案》的要求只适用于个人。
客户销售和交易	是
投资管理	是
公司金融和投资银行	是
研究	是
要求	确保客户信息保密。
说明	1. 从更高的层面来讲，保密性要求有三层： （1）应当保护个人数据安全，确保符合《数据保护法案》的规定； （2）应当保护公司信息安全，尽量减少被用于市场滥用和内幕交易的风险； （3）应当保护个人和公司信息安全，尽量减少损失或利益冲突的风险。 2. 无论什么法规或监管要求，所有客户（无论是个人或企业）都对信息的保密性有基本预期，这也会成为公司与客户签订的书面合同的一部分内容。 3. 与前台部门员工有关的需要保密的个人信息类型包括： （1）适配度和适当性调查的数据； （2）客户会面记录中的数据； （3）客户资金余额； （4）客户资产； （5）公司员工的信息，比如工资、出生日期和地址等。

续表

规定/控制措施	保密性
说明	4. 与前台部门员工有关的需要保密的公司信息类型包括： （1）商业计划； （2）财务信息； （3）当前项目。
控制措施	1. 提供培训和指导，让员工知道必须尊重客户和员工信息的保密性。 2. 确保员工有足够的可以上锁的物理储存空间。 3. 确保公司信息系统的设定方式是：一个部门使用的保密信息不会被另一个部门查看或访问。 4. 实施岗位隔离。 5. 雇佣合同中包括保密性条款。 6. 前台部门管理人员应当确保部门内有足够的保密性控制措施，合规部门应当予以定期检查。

规定/控制措施	个人账户交易
金融行为监管局（FCA）客户分类的影响	客户分类对该要求没有影响。
客户销售和交易	是
投资管理	是
公司金融和投资银行	是
研究	是
要求	员工应当知道并遵守个人账户交易的控制措施。
说明	1. 个人账户交易的规定适用于员工用自己的账户或代理关系人，如近亲属进行投资交易，用来打击包括利益冲突和内幕交易在内的各种违规行为。 2. 第2篇E部分列举了一些不当的个人账户交易行为，其他事项包括： *销售和交易* 3. 客户经理应当考虑自己的个人交易策略与他们给客户的建议有什么关联，例如客户经理从个人层面出售某项资产然后将其推荐给客户，这样做是否合适？ *公司金融和投资银行* 4. 公司金融和投资银行部门的员工的个人账户交易活动应当要受到非常仔细的审查，因为与上市公司或已作出上市申请的公司打交道

续表

规定/控制措施	个人账户交易
说明	会有内幕交易的可能性。 5. 员工对其当前获得授权或近期获得了授权的公司进行任何交易时都应当格外小心地对待，因为会面临该工作人员可能有内幕消息的风险。 *投资管理* 6. 有些客户只有在基金经理自己持有大部分比例的时候才会投资于该基金，因为他们认为这表示了基金经理的承诺、对自我的信念以及利益的一致性。还有一些人则认为这样可能会有利益冲突而对此表示不赞同。金融服务管理局（FSA）于 2012 年 11 月发表了一篇关于资产管理中的利益冲突的论文，其中强调了个人账户交易中固有的冲突，并举例说明了对此类冲突管理不善的情况。[①] *研究* 7. 有大量规定限制投资分析师的个人账户交易涉及其研究报告所涵盖的公司证券。 8. 很多公司严格禁止分析师交易他们在研究中涉及的股票，如果没有禁止，这类交易应当只能在极端的控制条件下才可以进行，并且必须有合规或法律部门的书面批准。 9. 研究团队成员或其他工作人员对其研究团队涉及的证券进行个人账户交易都应当受到合规部门的严格审查。
控制措施	1. 合规部门应当提供定期培训和指导，确保员工知道并遵守个人账户交易的控制措施。 2. 部门主管可能会被要求批准其下属的个人账户交易，他们应当知道这一流程以及如果批准了不恰当的个人账户交易可能会造成的严重影响。 3. 应当向合规部门提供所有的合同证明副本以帮助监督。 4. 合规部门应当定期检查前台部门的个人账户交易。
进一步的指导	见第 2 篇 A 部分。

规定/控制措施	利益冲突
金融行为监管局（FCA）客户分类的影响	否（与客户分类不相关）
客户销售和交易	是

---

① http：//www.fsa.gov.uk/static/pubs/other/conflicts – of – interest. pdf.

续表

规定/控制措施	利益冲突
投资管理	是
公司金融和投资银行	是
研究	是
要求	必须识别利益冲突，并进行适当管理和缓解。
说明	1. 当客户的利益与公司、员工或者其他客户的利益不一致时，就会发生利益冲突。 2. 多样化经营的公司发生冲突的范围会扩大，因为不同前台部门及其客户间往往存在竞争利益。
控制措施	1. 应当将可能发生的冲突进行归集，详细说明业务固有的冲突类型，注意以下两类冲突：公司或员工与其客户间的冲突；客户之间的冲突。 2. 合规部门应当提供定期培训和指导让前台部门员工知道可能会影响他们工作的利益冲突的类型，并且能够及时识别和妥善处理。 3. 前台部门员工还应当接受相关流程的培训以解决利益冲突。 4. 第2篇E部分提供了各前台部门及其之间可能出现的利益冲突的例子。 5. 前台部门管理人员负责确保妥善处理利益冲突，合规部门应当在这一过程中发挥积极作用。
进一步的指导	见第2篇A部分。

规定/控制措施	内部人士清单
金融行为监管局（FCA）客户分类的影响	上市公司（与此要求相关的）通常是专业客户或者合格交易对手，但这里所要求的控制措施的性质不应当根据客户分类而有所不同。
客户销售和交易	不太可能相关。
投资管理	不太可能相关。
公司金融和投资银行	是
研究	不太可能相关。
要求	发行人必须确定为其工作的人，例如提供公司金融或投资银行服务的公司，以确定内部人士清单。
说明	1. 内部人士清单的要求是为了打击市场滥用。 2. 公司金融和投资银行部门的员工比其他人更有可能成为内幕消息知情人，尽管也可能会涉及其他员工。

续表

规定/控制措施	内部人士清单
控制措施	1. 为了促进发行人遵守内部人士清单的要求，应当确保有控制措施能够记录成为内幕消息知情人的员工。 2. 合规部门应当提供定期培训和指导，让员工知道并遵守关于内部人士清单的控制措施。 3. 前台部门管理人员负责内部人士清单的控制措施，但合规部门应当开展定期检查。
进一步的指导	见第 2 篇 A 部分。

规定/控制措施	中国墙
金融行为监管局（FCA）客户分类的影响	否（与客户分类不相关）
客户销售和交易	是（尽管这个部门通常不需要岗位隔离，但仍需警惕）
投资管理	是
公司金融和投资银行	是
研究	是
要求	应当切实建立健全中国墙制度并让员工知晓才能使之有效，如果只是设立而不加以控制是不够的。
说明	1. 中国墙（从物理上和程序上防止公司内部部门间不恰当的信息流）是前台部门的关键控制措施，帮助公司继续在多样化经营的基础上参与竞争或不相容的活动。 2. 第 2 篇 E 部分提供了应用中国墙有助于防范或管理此类情况的范例。
控制措施	1. 合规部门应当提供定期培训和指导，让员工知道并遵守相关控制措施，以支持公司实施岗位隔离。 2. 合规部门应当定期检查前台部门遵守岗位隔离控制措施的情况，但其责任仍然在于管理人员。
进一步的指导	见第 2 篇 A 部分。

规定/控制措施	观察和限制清单
金融行为监管局（FCA）客户分类的影响	否（与客户分类不相关）
客户销售和交易	是

续表

规定/控制措施	观察和限制清单
投资管理	是
公司金融和投资银行	是
研究	是
要求	员工应当根据公司内部流程使用观察和限制清单。
说明	1. 控制和限制清单是前台部门的关键控制措施，用来监测并限制不恰当的或高风险的活动。 2. 第 2 篇 E 部分列举了可能会用观察和限制清单识别或管理的情况。
控制措施	1. 合规部门应当提供定期培训和指导，让员工知道并遵守相关控制措施，以支持公司使用观察和限制清单。 2. 合规部门应当定期检查前台部门遵守观察和限制清单的控制措施，但其责任仍然在于管理人员。
进一步的指导	见第 2 篇 A 部分。

规定/控制措施	市场滥用
金融行为监管局（FCA）客户分类的影响	否（与客户分类不相关）
客户销售和交易	是
投资管理	是
公司金融和投资银行	是
研究	是
要求	前台部门员工不得参与市场滥用，也不得鼓励或协助其他人参与。
说明	1. 前台部门员工了解并参与客户、市场、交易和业务经营，因此他们比其他人参与市场滥用的风险更大。 2. 为了得到更多奖金，当员工面对激进的目标时，用他们的知识或职位不正当牟利的诱惑就更为强烈。 3. 第 2 篇 E 部分列举了涉嫌市场滥用的情况。
控制措施	1. 提供培训和指导，确保员工在自己的活动范围内知道构成市场滥用的情况，应当尽可能根据每个部门从事的业务给出实用性更强的建议。 2. 确保员工熟悉公司为打击市场滥用而实施的控制措施。 3. 建立机制：

续表

规定/控制措施	市场滥用
控制措施	（1）员工可以向合规部门报告市场滥用嫌疑； （2）通过监督活动识别市场滥用嫌疑。 4. 确保员工知道如果报告了滥用市场的嫌疑，在公司举报流程中可以获得的保护。 5. 前台部门管理人员负责确保员工遵守相关要求，合规部门也应当开展定期检查。
进一步的指导	见第 2 篇 A 部分。

规定/控制措施	书面的政策和程序
金融行为监管局（FCA）客户分类的影响	否（与客户分类不相关）
客户销售和交易	是
投资管理	是
公司金融和投资银行	是
研究	是
要求	必须采取合理的措施建立并维护适合其业务的系统和控制措施。
说明	1. 尽管不是在所有领域都是强制性的，系统和控制措施的书面备案有助于员工了解相关要求并正确开展工作，也向监管者表明管理人员对建立符合相关要求和最佳做法的内部制度的认真态度。 2. 阅读部门的流程手册是合规部门员工更好地了解该部门活动的有效途径。
控制措施	1. 在某些领域制定正式的书面流程或政策要求会对前台部门产生影响，包括： （1）最优执行； （2）聚合和配置； （3）利益冲突。 2. 在其他领域记录流程是最好的做法也很有用，尤其在以下这些方面： （1）特别复杂的流程或活动； （2）员工流动性很强； （3）需要高度人工干预； （4）公司面临特别显著的风险水平。

续表

规定/控制措施	书面的政策和流程
控制措施	3. 为了反映业务、市场、产品和技术的变化，政策和流程应当保持更新。 4. 流程文件应当足够详细以供使用，但也不能太过详细以至于无法遵守或者每当控制环境有任何改变时都需要做修改，应当进行适度平衡。 5. 合规部门应当定期检查前台部门的流程手册，确保符合相关监管和法规要求。 6. 前台部门管理人员负责确保书面政策和流程的充分性，确保员工遵守这些控制措施。

规定/控制措施	举报
金融行为监管局（FCA）客户分类的影响	否（与客户分类不相关）
客户销售和交易	是
投资管理	是
公司金融和投资银行	是
研究	是
要求	确保有符合《1998 年公共利益披露法案》（PIDA）和 FCA 关于举报的最新要求的制度。
说明	1. PIDA 让员工对舞弊事件提高关注，而不会有因举报同事或客户而遭受指责或报复的风险。 2. 由于对前台部门的活动有太多监管和法规要求，而合规部门的员工不可能无处不在，因此合规官就必须依赖于前台部门员工的警惕性。 3. 这是很现实的问题，前台部门员工必须对举报流程充满信心。
控制措施	提供培训和指导，确保每个部门的员工都知道如何以及何时使用公司的举报流程。
进一步的指导	见第 2 篇 A 部分。

D 高级管理层、后台部门和其他支持部门的合规管理

本部分简要介绍了典型金融机构常设的一些后台部门和支持部门，也叙述了与之相关的一些主要监管要求，总结了这些部门需要负责、又会对合规产生影响的各种管控措施。对于高级管理层和董事会，也给出了类似指导。

部门
高级管理层和董事会
人力资源
市场营销
财务
公司秘书处
内部审计
信息技术
法律
操作风险
后台（运营）
税务

部门	高级管理层和董事会
典型活动	高级管理层负责公司治理。公司治理是一个很宽泛的概念，可以总结如下：指示和管理公司事务，使股东（或其他利益相关者）利益最大化。在多数公司，公司治理涉及以下类型的活动： 1. 为公司制定战略，评估其执行情况。 2. 公司和职员绩效评估。 3. 接收、审查管理信息报告，据其行事，评估其内容和频率是否充分。 4. 制定薪酬政策，批准年度或定期的薪酬评估。 5. 监控风险，适当情况下，采取纠正措施。 6. 确保公司实行与其业务的性质和复杂程度相匹配的系统和管控。 7. 向股东或其他利益相关者汇报。 8. 设定管理架构和汇报流程，评估其进行的充分性和适当性。 9. 授权给员工或下属委员会，并确保其了解被授予的权利的责任和范围。 10. 规划高级职员演替（高级职员也应该为自己的团队规划演替）。 11. 考量、解决关键人物风险。 12. 考量、解决已经升级的问题。 13. 最后很重要的一点是，在我们的监管机构眼中，合规由高级管理层负责。
与监管相关的领域	
高级管理层对合规应负的责任	1. 如本书某处所述，在审慎监管局、金融行为监管局和其他很多监管机构看来，高级管理层负责其公司的合规安排。 2. 日常活动可以授权给合规官，但是责任最终落在高级管理层身上。当要强调某监管问题时，金融行为监管局会发信给"亲爱的CEO"，且趋势日增，充分说明了这一点。金融行为监管局很少发信给"亲爱的合规专家"。① 3. 除了合规责任，审慎监管局和金融行为管理局在《高级管理层安排、系统和管控资料汇编》中也规定了其他（广泛的）责任。 4. 高级管理层应该接受全面培训，了解其监管责任的范围和性质，以及如果未能履责将面临怎样的后果。
分派与监督	1. 阅读《高级管理层安排、系统和管控资料汇编》就会明白，高级管理层的责任很多，存在授权之必要。 2. 授权是可以的，但是，根据分派规则，责任分派必须清楚记录在案，以表明被授权的各项职能是如何最终反馈到高级管理层。 3. 为达成此目的，有必要使用最新员工组织图表。

---

① 两个罕见的例外是 2009 年 5 月和 2011 年 5 月的客户资产和市场滥用。

续表

部门	高级管理层和董事会
批准人	所有董事和部分高级管理人员需要向金融行为管理局备案作为批准人。
防火墙	1. 为充分管控和指导公司，高级管理层通常被认为不受公司防火墙制度限制，有权获取他们有效开展工作所需的一切信息。 2. 当公共部门的高级管理人员有权获得私人交易信息（如经纪团队的管理人可以进入发行团队的交易通道），可能会引发问题。 3. 在高级管理层足够大的大公司，只限首席执行官和其最信任的几个同事有权获得所有信息，应该是可能的。但是，在很多公司，员工不够多，无法按照此方式运作。 4. 不受防火墙限制的所有高级管理层成员都应该接受详细培训，了解其不受限身份可能带来利益冲突，学习如何管理此类冲突。
内幕交易	1. 鉴于其责任范围，上市公司的高级管理层有可能接触到其公司的内幕信息。 2. 应该严密监视各董事个人交易本公司股票，以确保他们没有滥用特权信息。 3. 合规部门应该确保各董事和其他管理人员知晓、遵守《标准守则》在个人交易方面的限制。
数据保护	1. 鉴于日常活动和责任的性质，高级管理层会接触到公司雇员和客户的大量个人信息。 2. 所以，高级管理层应该了解 1998 年《数据保护法案》的各项要求，以及公司为确保遵守这些要求采取的措施。
保密	1. 鉴于其日常活动和责任的性质，高级管理层能够接触到公司、集团、客户和官员的大量保密信息。 2. 高级管理层应该知晓妥善处理此类信息的重要性，公司应该采取充分的安保措施来保密。这包括设置可上锁的存储空间和使用密码访问电子信息。
公司公告	上市公司的高级管理层应小心谨慎，完全按照金融行为管理局的《披露规定》披露信息。
市场滥用	1. 维护公司的正面形象完全符合高级管理层的利益——公司越成功，管理人员就显得越成功；高级管理层可能拥有大量公司股票和股票期权，自然希望其升值。 2. 鉴于以上内容，高级管理层应该知晓，若采取行动，使市场对公司前景产生错误印象，可能构成市场滥用。市场滥用是犯罪行为。
《公司法》规定的责任	1. 主管应该全面了解 2006 年《公司法》第 10 部分规定的董事责任和义务。 2. 如果有雇员在海外公司担任董事，应该设法确保该雇员了解，在相关行政辖区担任董事应负担哪些法律责任。

续表

部门	高级管理层和董事会
外部利益	1. 2006 年《公司法》规定，董事以促进公司的成功为目标，也必须避免利益冲突。 2. 如果董事拥有公司范围之外的外部利益，或者担任非集团公司的董事，这可能在其忠诚方面引发利益冲突：董事是对公司和客户更加忠诚，还是更乐于促进该非集团公司的利益，不惜可能损害公司和客户的利益？ 3. 这是一个敏感领域，应该要求董事登记说明其外部利益、在外部担任管理职位的情况。合规部门应定期审查是否存在冲突。 4. 考虑制定要求：不经合规部门事前批准，不得在外部公司任职。在任何情况下，董事会成员不经董事长批准不得担任外部公司董事。
董事会/管理层会议	1. 经常召开董事层或者管理层会议讨论可能导致利益冲突的敏感信息。 2. 应将讨论流程纳入每次委员会或正式管理会议的审理事项，以期对此类情况进行适当处理。应在这方面对高级管理层进行培训。 3. 若参会人员发现自己有利益冲突，其独立性可能受损害时，他们应该披露冲突，或者缺席会议，或者不参与投票或决策。
风险管理	1. 高级管理层应不断评估公司面临的风险，确保设定适当的风险容忍度，确保风险水平不超过风险容忍度，并确保采取合适的风险减缓方案。 2. 审慎监管局和金融行为监管局要求高级管理层至少控制以下领域的风险： （1）保险。 （2）金融资源（市场风险、信用风险、流动性风险等）。 （3）操作风险。 （4）公司作为大集团的一部分带来的风险。 （5）利益冲突。 （6）外包。 （7）合规。 （8）内部审计。 （9）金融犯罪。 （10）雇员和代理人。 3. 应将风险管理系统和管控措施以以下适当方式记录，这很重要。 （1）风险偏好陈述。 （2）风险管理政策。 （3）风险登记册。
数据保护保密	鉴于其在公司的职务，高级管理层成员经常接触到公司客户、雇员、公司和集团的保密信息。此类信息必须安全保存，只应用于合法目的。

部门	人力资源
典型活动	1. 招聘。 2. 惩戒（包括劳动仲裁）。 3. 解聘。 4. 宣传。 5. 内部调动和借调。 6. 推荐（对内和对外）。 7. 薪酬。 8. 职工培训、发展和能力计划。 9. 保管员工档案。 10. 申请被批准人员，评估在职员工健康状况和行为规范。
与监管相关的领域	
推荐信	1. 应该获取每一位雇员的推荐信。 2. 收到分量足够的推荐信和（合适的情况下）被批准人状态以后，才可以发出聘用意向书。 3. 应该在雇佣关系开始之前获得推荐信。 4. 应该为每一位离职人员做好参考标注，以备以后应要求写被批准人推荐信。
实习	所有长期员工都应该接受 3~6 个月的实习。实习期内，应该展现出公司要求的工作能力和匹配性（在各辖区法律限制内）。
聘用意向书	发出聘用意向书之前，应该：收到分量足够的推荐信；收到书面材料，证明具有要求的学术或专业能力。
雇佣合同	1. 每一位员工应该有雇佣合同。 2. 延续雇佣关系应该是有条件的：遵守适用的监管和法律要求。 3. 雇佣合同内应该有条款，处理违反监管要求、构成严重渎职的情形。
惩戒	1. 人事规定中应当有针对泄密、违反监管和法律要求情形的惩戒处分。 2. 惩戒应该遵守《人权与就业法》等相关法律条文。
评估	1. 对员工的评估应该做到至少每年一次。 2. 评估应正式并记录在案。 3. 可将绩效评估与培训和能力评估相结合。
常规培训	1. 所有员工都应该定期接受与其需求相应的培训。 2. 某些员工应该遵照金融行为监管局的要求，并按能力规则中的具体要求接受培训。 3. 最佳实践是针对大公司的人力资源部门。此类人力资源部门有专门的培训专家协调培训事宜，记录提供和接受了哪些培训。

部门	人力资源
针对合规部门的培训	1. 各类文件表明合规员工应当具备的技能和个人素质。 2. 人力资源部门应当帮助制定培训和发展战略，确保合规部门的员工具备相应的能力充分履职。
批准人的培训和胜任能力	1. 这些领域由人力资源部门独立负责的情况很少见，虽然确实存在。 2. 尽管人力资源部门对培训和能力或者审批人不承担任何责任，但是人力资源管理层应知晓金融行为管理局在这些领域的关键要求。原因是，这些关键要求会影响到人力资源领域的很多方面，如要求具有的资格、培训、评估等。
数据保护	1. 作为公司人事档案的监管人员，人力资源部门能接触到公司员工的大量敏感信息。 2. 因此，人力资源部门的员工应当知晓数据保护法规的要求和本公司数据保护流程，确保遵守这些要求。 3. 尤为值得一提的是，人力资源部门的员工应当： （1）确保人事档案安全、机密保存。 （2）熟悉与雇员访问请求相关的各项要求，因为雇员可能想访问公司持有的、与其相关的信息。 （3）知晓：如有外部机构自称是监管机构或其他官方机构，请求提供雇员信息，此类请求应该转交到合规（或数据安全）部门；如能确认外部机构名副其实，则不必如此。
职位说明	1. 所有员工都应该有职位说明，以明确责任分工。 2. 至少每年一次，或一旦发生变化，就应当更新或审核职位说明。
薪酬策略	1. 薪酬策略应该考虑到个人的合规行为及其对合规风险的态度。 2. 薪酬策略不应当在公司员工利益和员工对客户的职责之间引起任何冲突。 3. 公司的薪酬政策应该记录在案。
员工组织图表	1. 所有员工都应该有清晰的汇报线路。 2. 公司活动的每一个领域都应该有专人负责。 3. 汇报线路和责任应该记录在组织图表中，图表应定期更新。 4. 人力资源部门的员工应该明白，虚线汇报线路存在风险——对于同时具有实线汇报线路和虚线汇报线路的员工，其从事的活动可能落在缝隙中间，得不到充分监督。即使是在既有实线又有虚线的地方，也应有清晰的责任线路。

续表

部门	人力资源
入职培训	所有新员工都应该接受人力资源部门的入职培训。
外部主管职务、咨询、就业	1. 人力资源部门应当了解哪些员工在外担任主管、顾问或就业。 2. 若有员工在外担任主管、顾问或就业，则会有利益冲突的空间——若该职员担任主管的公司与客户存在利益竞争，该职员忠诚于哪方面？ 3. 在外就业和担任主管应经高级管理层书面同意。 4. 此类关系应定期审核，确保其在可接受范围内。 5. 如员工在集团的海外公司签有合同或者担任主管，应向其清楚说明在当地法律体系中需要承担的责任。
人力资源手册	1. 公司应该制订人力资源手册，就关键个人事项设定主要条件和程序。 2. 人力资源手册至少应该涵盖本部分的事项。

部门	市场营销
典型活动	1. 金融营销活动。 2. 发布新闻。 3. 内部通讯。 4. 信头和标识。 5. 设计和管理广告宣传。 6. 推动新品发布。 7. 组织公司招待。 8. 联系外部广告、市场营销、公共关系机构。 9. 客户路演。
与监管相关的领域	
金融营销活动的本质	市场营销部门应该了解客户交流和金融营销的不同，以明了金融行为管理局关于金融营销的规定何时适用。
公平、清楚、非误导性交流	市场营销部门应该知道，所有其进行或同意的交流都应该清楚、公平、不具有误导性。
关于金融推广内容的要求	1. 市场营销部门应当知道，针对零售客户的金融营销，其内容有详细的规则。 2. 市场营销部门的员工应当确保零售金融营销经适当人员（多数情况下是合规官）批准，不可以自行批准，除非市场营销部门的员工接受过适当培训并被授权。
陌生拜访电话	在广告宣传或市场营销方案的策划和执行阶段，市场营销团队应该注意对陌生拜访电话的限制，若不能确认已考虑到所有监管要求，则不应该将其作为方案的一部分。

续表

部门	市场营销
电子和远程通讯	1. 市场营销部门应该知晓与适当的远程或电子客户通讯相关的详细规则和要求。 2. 在该领域开始活动之前，应该从合规部门获取指导。
未被监管的集体投资计划	对于未被监管的集体投资计划，市场营销部门在宣传和推广时应当知晓相关限制。
客户信贷宣传	市场营销部门应该知晓针对宣传和推广客户信用产品和服务的详细要求。
监管状态披露	1. 市场营销部门应该确保，发给零售客户的所有信息都包括关于公司金融行为监管局监管状态的适当声明。 2. 相关披露的要求见金融行为管理局《手册》通用条款4附录1。
市场滥用	1. 市场营销团队应当知晓，营销资料可能被用于从事市场滥用。 2. 市场营销团队应当特别注意的限制包括以下要求： （1）不得披露内幕消息。 （2）不得散布误导性消息。
媒体发言政策	1. 市场营销部门常常负责协调和监管公司在媒体发言方面的政策。 2. 如果公司面临媒体负面报道，或者公司活动的某一个方面特别有话题性（严重违反规则或法律、重大客户投诉、客户涉及洗钱丑闻等），那么这一点特别重要。 3. 与媒体的接触应该经过市场营销部门指导，以确保对外传达的信息一致，不披露不当信息。 4. 在该领域设定正式的政策会很有用。
保密信息	市场营销部门应该确保，其发布的信息不包含公司、集团和客户的保密信息。
研究	如果市场营销部门涉及投资研究发布，那么该团队应该熟悉金融行为管理局在该领域的规则。
招股说明书	1. 如果市场营销部门涉及准备和发布招股说明书，那么该团队应该熟悉金融行为管理局关于招股说明书的规则。 2. 如果公司协助客户路演，特别是如果这与债务发行或股票发行相关，那么市场营销部门应该事先与合规部门沟通，确保所有与潜在投资者交流的信息都遵守相关要求。
诱因	1. 如果是管理公司的招待活动，那么市场营销部门应当熟悉金融行为管理局关于激励的规则——公司招待不得与公司对客户的责任冲突。 2. 若有疑问，市场营销部门应该咨询合规部门怎么做合适。

续表

部门	市场营销
公平对待客户	1. 在考虑如何公平对待客户方面（见第 3 篇专栏 14），市场营销和产品推广都有特别重要的意义。 2. 市场营销部门应该对此计划有透彻的了解，确保其所有活动与之相容。

部门	财务
典型活动	1. 财务部门负责公司内很多不同职能，本身可以划分成几个不同的单元，部分单元罗列如下。 2. 合规部门的活动与财务团队的各种活动存在一定程度的交叉。总结如下。
与监管相关的领域	
信贷	1. 信贷部门负责针对公司的业务活动和信贷风险偏好制订、执行信贷政策。基于这些政策，信贷部将评估公司交易对手和潜在交易对手的信贷价值，决定与其开展业务的体量、信贷限额（有效限定公司借款给交易对方的数额）、所需的抵押品等。 2. 要设定合适的信贷限额，信贷部门就需要对公司交易对手方有透彻了解，因此，信贷部门可能会在"了解你的客户"方面帮助合规部门加深对客户的了解。 3. 个人信贷申请一般都包含对特定交易的详细描述，因此，在深入了解交易对手或进行监督检查时，对合规部门有用。 4. 信贷部门可能会接触到价格方面的敏感信息（例如，当信贷申请与收购上市公司的融资安排相关时），因此应当实行合适的保密、防火墙和利益冲突管控。 5. 个人信贷申请可能适用 1998 年的《数据保护法》，在该领域应当制定适当的程序，提供适当的培训。
应付账款	1. 应付账款部门负责批准和处理公司应付、应收的账款。 2. 合规部门与应付账款部门加强联系，可有效鉴别欺诈等各类不规范情形，或涉及不当付款或激励的费用报销。 3. 应付账款部门的员工应接受培训，了解何为可疑或不可接受情形，懂得遇到此类情形应通知合规部门。
财务管理	1. 在任何金融机构中，财务管理部门都起着关键作用。财务管理部门参与很多活动，包括： （1）依据相关会计准则准备法定账目和管理账目。 （2）向管理层、金融行为管理局和公司管理机构如英国公司登记局汇报。

续表

部门	财务
财务管理	（3）按审慎监管局和金融行为管理局要求，准备、监督和汇报公司的监管资本资源和资本资源要求。此项（非常详细的）操作涉及评估公司的永久有效资本，根据监管规则衡量公司持有的所有风险头寸（投资、贷款、场外交易合同、股票贷款等）的价值进行加权。风险头寸的总值不能超过资本资源总额。 2. 针对公司流动性，财务部门还很可能涉及向监管机构上缴收益。 3. 如果公司貌似已经或不久之后就要违反资本资源要求或与流动性有关的要求，应当立即告知合规部门。 4. 财务管理部门要与各种外部团体保持联络，如： （1）金融行为管理局（出于审慎规则解读的目的）。 （2）法定审计师。 （3）税务机关。 5. 见专栏 11 资本充足率审慎监管。

部门	公司秘书处
典型活动	1. 遵守《公司法》的要求。 2. 组织、出席和记录董事会议。 3. 维护集团结构图。 4. 联络公司登记局和所有本公司担任会员的投资交易所。 5. 协调和发布正式的公司声明。
与监管相关的领域	
组织结构图	1. 公司秘书处应该监护公司的组织结构图，追踪与公司密切联系的自然人股东和母公司、子公司与姐妹公司。 2. 就审慎监管局和金融行为监管局关于控制人和关联关系的规则（见下文）而言，这是合规部门需要了解的重要信息。要了解基本信息，它也有用。
关联关系	1. 受监管公司必须保证，始终遵守审慎监管局和金融行为监管局授权的《准入条件》。 2.《准入条件》包括公司关联关系方：公司必须确保，对于可能妨碍审慎监管局和金融行为监管局监督本公司的人员，公司与其没有关联关系。 3.《准入条件》（适当性）要求，公司要确保其联系的人员当前是、以后也是合适的。 4. 公司秘书处应当知晓这些要求，应当持续审查公司的关联关系。 5. 公司秘书处还应当知晓，如果公司看起来可能要违反《准入条件》，应当立即通知合同部门。

续表

部门	公司秘书处
控制人	1. 关于受监管公司的控制人，存在各种"通知审慎监管局和金融行为管理局"的要求。 2. 公司秘书处负责与控制权变更相关的行政事务。公司秘书处或者负责发布此类公告，或者需要告知合规部门，以便合规部门发布此类公告。
董事和 非执行董事	1. 公司秘书处通常需要负责董事登记。 2. 在这方面，合规部门和公司秘书处应保持密切联络，以便： （1）按照审批人规则，适当地登记董事和取消登记。 （2）以适当的方式在董事中分配高级管理层的责任。
董事会议和 委员会议 及会议纪要	1. 合规部门应当了解公司的所有重要发展。追踪发展的一个好方式是，审查董事会议和其他委员会议的记录。通常此类记录由公司秘书处负责。 2. 公司秘书处应该记录委员会成员和被邀请人。合规部门应当定期审查其适当性——委员会议中可能会讨论保密信息，有时候当着某些参会人员的面讨论某些信息是不合适的，因为这可能造成利益冲突。
外部利益	公司秘书处应当知晓董事的所有外部利益，应当就此联络合规部门，以确保与董事对公司和客户的责任不构成冲突。
数据保护	1. 公司秘书处可能持有公司董事、自然人股东和其他高级管理人员的个人信息。 2. 因此，该部门应该了解1998年《数据保护法》的要求和公司为确保遵守该要求实施的程序。
保密	1. 公司秘书处可能持有公司和集团的保密信息。 2. 应当告知公司秘书处员工适当处置此类信息的重要性。应当制订充分的安保措施来保密。这可能包括：安排带锁的存储空间，使用密码保护电子信息。
联络投资交易所	通常，上市公司的秘书处要负责联系相关的股票交易所或与合规部门一起履行此类责任。
公司治理	1. 公司秘书处通常负责协调或管理公司治理的方式。 2. 所有公司都应当遵守针对高级管理层安排、系统和管治的规则，上市公司也应当遵守《公司治理综合守则》。
向大众披露	1. 公司秘书处常常要向大众披露公司的内部事务、利润、发展前景等。 2. 当公司上市时，公司秘书处要了解与内幕交易、市场滥用和信息透明相关的法律和规则，这一点非常重要——所有披露都应当遵守这些领域的要求。 3. 如果对披露是否合规存疑，那么披露之前应当咨询合规（和法律）部门。

部门	内部审计
典型活动	内部审计的职能是，就公司面临的风险和公司如何管理这些风险，向董事会和高级管理层提供独立担保。为达成此目的，主要内部审计职能总结如下： 1. 审查公司的内部管控，评定风险等级，据此制定年度审计计划。 2. 按照以上计划，审查公司的活动。 3. 随内部风险环境变化开展专门的公司活动审查。 4. 推荐纠正措施，以对违反管控的情形和管控的弱点进行补救。 5. 应审计委员会和高级管理层的要求，开展专门的审查。 6. 联络外部审计机构。
与监管相关的领域	
联络合规部门	1. 最佳实践是，内部审计部门在审计之前联络合规部门，确保审计充分涵盖了所有监管和管控的风险。 2. 在规划合规监视审查方面，内部审计部门可以成为合规部门很有用的信息来源，询问内部审计部门是否有相关信息可供分享始终是个好主意。 3. 应当向合规部门提供所有内部审计报告，以协助辨别公司内部监管风险的领域。 4. 理所当然，内部审计应当将所有重要发现告知合规部门（不必等到报告发布），以便尽快考虑监管影响。 5. 规划合规监视工作时，联络内部审计，确保没有交叉和遗漏，这一点很重要。 6. 合规部门审查发现的管控弱点可能不在合规部门职权范围内，但是又需要进一步调查。此情况下，应当告知内部审计部门，如有必要，内部审计部门可开展进一步审查。
对合规部门的内部审计审查	1. 内部审计部门有权定期审查合规部门的活动，以确保合规部门适当履行其目的——保持合规部门的正面形象是值得的。 2. 除了审查合规部门的活动，内部审计部门也可以审查更为宏观的合规职能以及合规程序、管控和文化作为一个整体是如何嵌入公司。
批准人	内部审计部门的领导应当在审慎监管局和金融行为管理局备案成为批准人，执行系统和管控职能。
保密	1. 在审查过程中，内部审计部门可能接触到或持有公司、集团、客户或雇员的保密信息。 2. 应当告知员工适当处置此类信息的重要性，应当实行充分的安保措施来保密。这可能包括：安排带锁的存储空间，使用密码保护电子信息。

续表

部门	内部审计
防火墙	1. 在审查过程中，内部审计部门的员工会定期被授权访问公司防火墙后面隐藏的信息。 2. 应当让这些员工完全了解他们接触的信息性质和他们必须遵守的相应程序和管控。
数据保护	1. 在审查活动中，内部审计部门可能会接触、使用或编辑所有雇员和客户的个人数据。 2. 因此，内部审计部门应当知晓 1998 年《数据保护法》的要求和公司为确保遵守此要求所采取的程序。

部门	信息技术
典型活动	1. 维护现有的信息技术系统。 2. 开发新的信息技术系统。 3. 维护电话系统。 4. 台式电脑支持。
与监管相关的领域	
记录	1. 金融行为管理局对其监管的公司提出了很多记录要求，当前很多记录都是以电子方式保存，这意味着信息技术部门在公司的记录部署中起着极为重要的作用。 2. 信息技术部门应当知晓公司的关键记录要求，应当采取措施以捕捉所有要求的数据。 3. 如果可能出现违规，应当通知合规部门。
交易/结算报告	1. 交易和结算报告是以电子方式发送给金融行为管理局和相关的股票交易所。 2. 信息技术部门应当知晓公司的交易和结算报告要求，若信息技术系统中存在涉及该领域的问题，应当告知合规部门。
维护交易平台	多数交易是以电子方式进行（或者使用交易所或者通过多边交易所平台），信息技术部门应当配置充足的资源，保证交易不间断。
互联网站	1. 信息技术部门通常负责维护公司的网站。 2. 网站被归类为金融营销，其适用的程序和管控应当与其他形式的金融营销一样。 3. 信息技术部门和合规部门应当采取联合措施，阻止不当、未经批准的材料发布到公司网站上。 4. 若信息是通过网站提供给客户，信息技术部门（和合规部门）应当确保该信息是准确的、最新的、可读取（这是金融行为管理局"网站条件"要求的一部分）。

续表

部门	信息技术
电子产品	信息技术部门在提供在线交易平台、电子货币和网上银行等电子产品方面起着重要作用。
数据保护	1. 在维护公司的电脑系统或提供台式电脑支持时，信息技术部门的一些员工（网络管理员、特权访问用户或超级用户）或长期或定期接触到员工和客户的个人信息。 2. 这些员工应当知晓 1998 年《数据保护法》的要求和公司为确保遵守此要求所采取的措施。
保密	1. 在日常活动中，信息技术部门的一些员工或长期或定期接触到公司、集团、客户或雇员的保密信息。 2. 应告知这些员工适当处置此类信息的重要性，永远不得披露或使用保密信息。
监控员工	信息技术部门的一个重要作用是监控员工的行为，以管控为例：使用电子磁卡记录哪些人进入过办公室的限制区域；自动扫描邮件寻找敏感字词。
防火墙	1. 为了维护信息技术系统和解决信息技术问题，信息技术部门的一些员工或长期或定期以物理或电子方式接触到公司隐藏在防火墙后面的信息。 2. 应当让这些员工完全了解他们接触的信息的敏感性质和他们必须遵守的相应程序和管控。 3. 信息技术部门也可能涉入开发供全公司使用的系统。可能有必要在此类系统中建立信息壁垒，因此了解防火墙制度在这方面是很重要的。
数据安全部署	1. 信息技术部门应当确保公司有适当的管控来维护数据安全。 2. 此类管控包括： （1）密码保护（包括要求定期更换密码、不得记录密码、不得披露密码等）。 （2）限制对公司某些领域的电子访问。 （3）防火墙。 （4）使用数据分类政策，将材料分为私人和公共。例如，一个交易处理系统可能形成一个数据文档和一个项目文档，将前者归为私人，将后者归为公共。 3. 应当小心确保公司的数据安全部署覆盖所有的电子设备和通讯系统。当今，除了标准的台式电脑和有线电话，我们还有安卓、平板、记忆棒、笔记本、即时通讯，社交媒体和云以及相似的存储机制也都广泛使用。这些都可能被用于存储或传递公司的大量信息，而有些手持设备很小，很容易丢。 4. 信息技术部门应当负责防范网络犯罪。这包括定期组织渗透测试，适时采取补救措施。

部门	信息技术
业务连续性	信息技术部门的重要作用之一是确保公司制订有充分的业务连续性计划，并定期测试。
合规监控	1. 信息技术部门应当能够在监控活动方面对合规部门提供帮助。信息技术部门的负责人应当是一个好朋友！ 2. 可能受益于电子信息系统的领域包括： （1）用于识别可疑洗钱行为的系统。 （2）用于识别可疑市场滥用行为的系统。 （3）非市场价格交易。 （4）以最佳价格执行。 （5）业务管控行为特例（如以最佳价格执行）汇报。 （6）访问以电子方式存档的文档。
向国家犯罪调查局举报	信息技术部门应当协助合规部门维护其与国家犯罪调查局的电子链接。该链接用于举报可疑洗钱行为。
合规系统	1. 大量合规活动可以电子方式进行，信息技术部门应当协助维护和开发此类系统。 2. 例子有： （1）个人账户交易的报告和批准。 （2）礼物的报告与批准。 （3）投诉的报告和处理。 （4）向洗钱报告官举报可疑洗钱行为。 （5）关键绩效指标的制订。
研究的发布	投资研究通常是通过电子平台发布，信息技术部门应当协助维护该系统，以确保所有相关客户都能同时获取投资研究。
电话录音	1. 下单、执行和结算指令常常通过电话发布，一般（有些情况下是强制的）会对电话录音，这样既可以避免纠纷，又可以留档。 2. 信息技术部门常常要对录音设备负责，应当对以下等领域制订程序： （1）录音设备的维护。 （2）录音设备的访问限制。 （3）录音记录的访问限制。
管理层信息和汇报	1. 管理层应当有权获取公司运营和风险情况的相关信息。 2. 此类信息常常是以电子方式整理并汇报给管理层，这意味着在该领域信息技术部门极为重要。

续表

部门	信息技术
客户通讯	1. 如果公司以电子方式与其客户通讯，公司必须保证客户信息安全存储和传播。 2. 信息技术部门应当定期监控，以确保公司在该领域有充分的安全部署。
结算	信息技术部门应当确保公司与清算所和结算系统的电子链接持续有效。
内部站点	1. 信息技术部门常常要维护和管控公司的内部站点。 2. 合规部门应当定期联络信息技术部门，以确保发布在内部站点的合规政策、程序、表格、手册等可以访问、不断更新。

部门	法律
典型活动	1. 解读与公司相关的法规并提供建议。 2. 组织交易。 3. 磋商并起草法律合同和交易协议。 4. 处理投诉。 5. 处理诉讼。
与监管相关的领域	
联络合规部门	1. 合规部门应当密切联络法律部门，因为两者在几个领域存在职能和日常活动交叉。 2. 相关领域包括： （1）协助理解对公司的监管环境有影响的法规。 （2）告知合规部门其了解到的、可能有监管影响的严重事项。
数据保护	1. 在日常活动中，法律部门的一些员工会接触到雇员和客户的个人信息（如当调查投诉或处理员工惩戒事项时）。 2. 因此，这些员工应当了解 1998 年《数据保护法》的要求和公司为确保遵守该要求实施的措施。
保密	1. 法律部门的某些员工会接触到公司、集团、客户或雇员的保密信息。 2. 此类员工应当知晓适当处置此类信息的重要性，应当制订充分的安全部署以保密。这可能包括安排能够上锁的存储空间和使用密码保护以电子方式保存的信息。
防火墙	1. 法律部门的一些员工会定期被授权访问公司隐藏在防火墙后面的信息——出现这一点的典型情形包括协助组织复杂交易或实施保密协议。 2. 应当让此类员工完全了解其接触的信息的性质及其必须遵守的相应程序和管控。

续表

部门	法律
客户协议	法律部门应当能够协助合规部门根据金融行为管理局的规则（如与商业行为有关的规则）起草客户协议。
责任免除	法律部门能够帮助审查客户通讯和推广以确保依据《商业行为准则》不存在责任免除。
投诉	如果有特别复杂和严重的事情要处理，法律部门可能被要求去帮助处理投诉。
诉讼	诉讼可能会产生监管影响，应当适时通知合规部门。
欺诈	合规和法律部门常常联手调查欺诈案件。
针对公司的惩戒措施	如果收到审慎监管局和金融行为管理局对其采取监管措施的通知，公司应当召集法律部门提供建议。
针对雇员的惩戒措施	法律部门应当就内部惩戒程序提供建议，以确保：雇员违反审慎监管局、金融行为管理局或法规要求时，采取的内部措施适当、遵守就业法规的要求。

部门	操作风险
典型活动	1. 巴塞尔银行监管委员会将操作风险定义为不充分或失败的内部流程、人员、系统或外部事件导致损失的风险。该定义涵盖的因素举例如下： （1）欺诈。 （2）盗窃。 （3）人为错误。 （4）恐怖袭击。 （5）信息技术失误。 （6）流行病。 （7）自然灾害。 2. 负责发现、量化、管控、汇报公司面临的各种形式的操作风险，包括制订适当的关键风险指标和关键绩效指标。 3. 准备和操作风险识别和衡量工具。 4. 向高级管理层汇报风险。 5. 根据《巴塞尔协议Ⅱ》，操作风险部门的发现要以数字形式量化，转化为可输入资本充足率方程的风险数字——公司的操作风险层次越低，相应的资本比率越低。

续表

部门	操作风险
与监管相关的领域	
与合规部门互动	1. 像内部审计部门一样，对于合规部门而言，操作风险部门在计划监控审查和其他活动方面是非常有用的信息来源——咨询操作风险部门了解其是否有相关信息始终是个好主意。 2. 应当制订合规部门和操作风险部门共享信息的程序，这样一来，一旦操作风险部门被告知或自己发现具有重要监管影响的风险，合规部门马上就能知道。 3. 在以下领域合规部门和操作风险部门可能会关注相同类型的管控弱点：欺诈、洗钱、市场滥用和投诉。
绩效衡量和汇报	操作风险部门可能会要求合规部门制订关键绩效指标来衡量监管性质的管控。这样一来才能分析风险数据，其他部门也是如此。
保密	1. 操作风险部门的某些员工可能会接触到或持有公司、集团、客户或雇员的保密信息。 2. 应当告知此类员工适当处置此类信息的重要性，应当制订充分的安全部署以保密。这可能包括安排能够上锁的存储空间和使用密码保护以电子方式保存的信息。
数据保护	1. 在活动中，操作风险部门可能会接触、使用或编纂雇员和客户的个人数据。 2. 因此，操作风险部门应当了解 1998 年《数据保护法》的要求和公司为确保遵守该要求实施的措施。
资本充足率	1. 操作风险资本是资本资源要求——巴塞尔协议 II 和资本要求指令的一个重要的、新的组成部分。 2. 可以以不同的程度来衡量资本充足率，最复杂和最精细的（高级计量法）是对风险最敏感的，以相应较低的风险资本要求呈现，更基本的方法（基本指标法和标准法）是基于经营实体的整体或按业务线总收入的特定百分比进行衡量。

部门	后台（运营）
典型活动	1. 交易结算。 2. 处理对外、对内账款。 3. 处理公司决策。 4. 保护客户资产和客户资金。 5. 持有抵押品。 6. 向客户汇报。 7. 联络结算所。

部门	后台（运营）
典型活动	8. 联络托管人。 9. 管理客户账户。 10. 交易报告。
与监管相关的领域	
洗钱和市场滥用	1. 参与交易处理和结算的运营部门员工对客户的交易非常了解。 2. 因此，在识别洗钱和市场滥用的可疑行为方面，运营部门的员工优势得天独厚。 3. 应当定期培训和指导操作部门的员工如何识别并举报可疑的不当活动。
第三方收入和支出	1. 运营部门管理客户和交易相关的对内、对外款项的处理。 2. 第三方收入和支出构成更大的洗钱风险，因为付款和收款的第三方经常身份未知；此人不是公司的客户，而是公司客户的联系人。 3. 应当制定程序，使运营部门能够识别此类风险较高的交易，以便必要时进行额外审查。 4. 应当定期对此领域进行合规监控，评估管控的充分性。
电汇交易信息	1. 法规要求电汇指令中必须包括付款人的身份，不论汇款处理过程中涉及多少机构，身份信息都必须包含在指令中。 2. 这些要求已经纳入打击洗钱和恐怖主义融资行动。鉴于我们开展经营的全球背景，应该认真对待这些要求。 3. 运营部门应当接受针对这些要求的培训。应当采取措施保证这些要求被遵守。 4. 应当定期对此领域进行合规监控，评估管控的充分性。
被批准客户	1. 对于未通过公司正式渠道成为客户的人员，运营部门的员工通常能够鉴别出与之进行的交易。这也取决于公司的系统。 2. 此类批准可能涉及的事项包括缺少"了解你的客户"、未设定信贷限额、未签署客户协议、未开设账户等。 3. 应当向合规部门举报此类未批准活动以便合理处置。
批准人	运营部门的领导应当在审慎监管局或金融行为管理局备案成为批准人，发挥重要管理职能。
培训和能力	1. 某些代表零售客户从事的后台部门活动适用金融行为管理局关于培训和能力的规则。此类规则适用于每天监督大量关键职能的员工。关键职能包括： （1）保护和管理客户投资。 （2）持有客户资金。 （3）管理集体投资计划。

续表

部门	后台（运营）
培训和能力	2. 合规部门应当了解这些规则涉及公司的哪些角色。合规部门也应当确保运营部门的相关人员知晓这些角色。
保密	1. 处理交易和管理客户账户时，运营部门员工会接触到客户的保密信息。 2. 后台部门也会接触到公司的保密信息，如当前和历史交易情况。 3. 应当告知员工适当处置此类信息的重要性，应当采取充分的安保部署来保密。这可能包括：安排带锁的存储空间，使用密码保护电子处理系统和信息。
数据保护	1. 运营部门处理和接触大量客户信息，如地址、账号、账户余额和历史交易。 2. 因此，运营部门员工应了解1998年《数据保护法》的要求和公司为确保遵守此要求采取的措施。
防火墙	1. 运营部门员工通常不需要在公司防火墙私密的一侧工作。 2. 尽管如此，有时候，前台部门私密一侧的交易也需要涉及运营部门，以确保公司的非标准交易能够被充分处理。 3. 应当让所有接触私密侧信息的运营部门成员完全了解其接触的信息的性质及其必须遵守的相应程序和管控。
交易报告	1. 除某些特例外，所有交易都应当汇报给金融行为监管局和交易发生的交易所。 2. 交易报告通常是后台部门的责任。合规部门应当确保员工了解需要汇报的交易以及汇报时限。 3. 合规部门应当定期审查交易报告，以确保相关要求都被遵守。
客户资金安全托管和抵押	1. 金融行为管理局针对托管、抵押和客户资金的规则很复杂，这通常是运营部门的日常职责。 2. 关键要求包括： （1）客户资产登记。 （2）客户资金隔离。 （3）托管和客户资金账户调节。 （4）对托管人和银行进行风险评估。 （5）提供托管协议。 （6）发送客户资产报表。 3. 合规部门应当确保后台部门员工熟悉其在该领域应负的责任，如果有变化，应当及时通知他们。 4. 应当定期进行合规监控活动，应当每年一次由外部审计机构对该领域进行审查，审查结果应当汇报给金融行为管理局。 5. 运营部门也应当知晓，这些规则不适用于公司持有的、与不受监管活动（如银团贷款）相关的抵押物。

续表

部门	后台（运营）
客户通讯	1. 后台部门定期与客户通讯，这样做的原因很多，包括： （1）确认和变更结算指令。 （2）澄清结算疑问。 （3）根据金融行为监管局的要求制作报告（见下文）。 2. 合规部门应当确保后台部门员工知晓与公平、清楚、非误导性客户通讯相关的要求。 3. 后台部门也应当制定安保程序以避免通过电话向自称是客户的人提供保密信息。
录音	后台部门员工通过电话同意或讨论结算指令时应当录音。
结算	后台部门应当制定制度，确保在代表客户进行交易结算时，公司能够尽快将相关资产汇入正确的账户。
交易确认和定期报告	1. 通常由后台部门负责提供交易确认单和定期报表。 2. 合规部门应当确保，相关员工知晓金融行为管理局针对这些通讯的内容和时效要求。如有变化，应当及时通知他们。 3. 应当定期进行合规监控活动，以确保相关要求被遵守。
保留信件	1. 对于公司应当发送给客户的通讯，有时客户会要求公司代其保留，无须发送。 2. 此类保留信件服务通常由后台部门负责。应当安排确保相关文件安全存放。 3. 运营部门也应当知晓，保留邮件账户构成更大的洗钱风险，原因是客户不接收通讯便更难确认其地址。 4. 应将可疑情况汇报给反洗钱官。合规部门应当对此进行定期审查。
投诉	鉴于其定期接触客户，相较公司其他员工，后台部门员工更可能收到客户投诉，因此应当熟悉公司的投诉程序。
举报	1. 作为管控部门，后台部门的职能之一是发现渎职情况。 2. 如果运营团队成员举报违规情况，他们不会受到指责。合规部门应当确保，运营团队成员对此有信心。运营团队成员应当熟悉公司的举报程序。

部门	税务
典型活动	1. 确保公司正确纳税。 2. 归档纳税申报单。 3. 在公司内部就以下情况提供建议： （1）某些产品和服务的税务处理。 （2）双重课税安排。 （3）税务架构。 （4）常规税务问题。

续表

部门	税务
与监管相关的领域	
税务披露	1. 金融行为监管局的营业行为规则很多与税务披露有关。 2. 这些要求包括： （1）《商业行为准则》4.5.7 和 4.7.4——关于金融营销的税务处理。 （2）《商业行为准则》5.2 及相关附录——关于电子商务的税务披露。 （3）《商业行为准则》6.1.9——公司客户应缴税款披露。
客户税务报告	1. 《欧盟储蓄税指令》要求（向代理支付款项的）金融服务公司向英国税务海关总署汇报支付给个人的储蓄收入信息。 2. 根据《税务管理法1970》第20节，英国税务海关总署也有权要求金融机构提供账户持有人的具体情况。 3. 如果发现客户未就其离岸账户正确纳税，该客户可能被指控进行洗钱——公司一定不想涉入此类情况，所以应当制定部署鉴别拥有离岸账户的客户是否偷税。 4. 也要确保提供给英国税务海关总署的客户信息符合1998年《数据保护法》的规定。
审慎管理	金融行为管理局的审慎规则很多都与税务事宜有关。
常设机构	1. 如果公司在海外辖区有大量业务，即使该公司在海外辖区没有办事处，公司也会被认定为拥有常设机构。 2. 如果发生此类情况，公司可能要向该辖区纳税（公司也可能被认定为在该国从事未被授权的投资/银行业务）。
逃税/税务欺诈/洗钱	1. 逃税是一种欺诈行为，逃税收益被认定为犯罪所得。 2. 处置犯罪所得可能被认定为洗钱。任何可疑活动或信息都应当举报给反洗钱官，也可能要举报给英国国家犯罪调查局。 3. 应当对员工，特别是工作涉及税务敏感度较高领域（如配合前台从事离岸银行和贸易融资）的员工，进行培训，教其如何鉴别潜在的税务欺诈。
交易架构	1. 某些交易可以不同的架构处理。不同处理架构的财务结果相似，但是税务（例如预提税）处理不同。 2. 某些架构更优惠。应确保此类架构是在避税，而不是逃税，这一点很重要。
交易税	1. 交易税包括：股票的印花税和印花储备税、某些商品交易的应缴增值税。 2. 公司及其客户每次购买股票都要缴纳交易税。 3. 应当向客户披露交易税。

续表

部门	税务
客户纳税申报表格	1. 某些情况下，客户必须填写正式的纳税申报表格，以获得最优惠的税务处理。 2. 税务部门应当就此类表格的使用提供相关建议。
适配度和建议	1. 前台部门员工可以就客户的个人金融方案向其提供建议。 2. 此类建议可能涉及客户通过使用遗产税和资本利得税免税额等方式将税费最小化。 3. 建议也可包含个人储蓄账户和养老金等免税部分。
《海外账户税收合规法案》	1. 美国公民通过将其资金存入在非美国银行机构开设的海外账户可以逃税。《海外账户税收合规法案》是一部美国法规，旨在恢复税收。《海外账户税收合规法案》要求所有非美国公司向美国税务机关备案，负责任何向此类公司支付的款项都必须缴纳大额预税。 2. 税务部门应当透彻了解《海外账户税收合规法案》及其对公司业务的影响。此外，高级管理层需要确保制定制度和管控以切实遵守《海外账户税收合规法案》。

E 合规工作难题及解决方案

本部分列举了那些会令人感到困惑不知如何处理的难题类型，这些情况在"现实情况"中经常发生。请注意，这里的提供的意见只包括需要关注的关键问题，（主要基于英国监管环境的）法律和监管法规条款，以及一些行动指南。这些意见不是法律建议，如果公司处在这些合规困境之中的话，不应该被视为明确的指导。公司应基于业务和客户的具体情况，采取应对措施，并在需要时寻求专业的法律建议。

难题索引

关键问题	困境
市场滥用/市场行为操守	1, 4, 5, 6, 7, 8, 9, 10, 11, 13, 16, 17, 18, 26, 27, 32, 45, 46, 50, 51, 55, 58, 59, 60, 65, 68, 74
客户利益至上原则①	1, 2, 3, 4, 6, 11, 20, 31, 39, 40, 41, 42, 49, 52, 53, 57, 69, 70, 72
岗位隔离	1, 7, 10, 13, 45, 47, 48, 50, 51, 55, 58, 60, 65
适合性和适配度	2, 3, 4, 39, 40, 42, 57, 69
了解你的客户（KYC）	3, 15
挤油交易②	4
利益诱因	4, 20, 44, 53, 56, 70
个人账户交易	5, 7, 8, 9, 16, 17, 18, 26, 46, 59, 67, 68, 73, 74

---

① 译者注：《FCA手册》中的《商业行为操守》（*Conduct of Business Sorucebook*）第2.1.1段要求公司必须诚实、公平及专业地以客户的最佳利益行事（客户最佳利益规定）。

② 译者注：挤油交易（Churning）即反复买卖，是指证券经纪通过为客户进行过多买卖而增加佣金的不道德行为。

续表

关键问题	困境
内幕人士名单	5，7，9，10，13，16，26，32，59，60，74
监视和限制清单①	7，9，10，14，26，32，50，59，60
利益冲突	10，13，14，18，19，20，21，30，44，45，47，48，53，55，56，57，58，70，73
最优执行②	11，52，53，72
反洗钱控制	11，15，22，23，24，28，29，43
录音	12
数据保护	12，61
机密性	12，13，14，47，48，61
排他性	14，47
外部董事资格	19
薪酬政策	21，57
腐败	24
批准人	25，35，37，62
适当性和适配度	25，31，35，37，66，67
研究的独立性	30，55，56
培训和能力	31，35，38，62，65
高级管理层体系，安排和控制	31，64
准许的业务	33，40，62

---

① 译者注：由于防火墙制度在防止利益冲突问题和保护公众信心方面存在不完善之处，人们开始发展其他的规则以补充和加强防火墙制度。这些补充规则主要包括限制清单（Restricted List）、监视清单（Watch List）和谣言清单（Rumor List）的使用。限制清单列出证券公司的雇员和自营业务禁止进行交易或交易受到限制的证券种类。监视清单，也称为灰色清单（Grey Lists），一般由证券公司的稽查部将本公司将要获得或已经拥有的重大、非公开信息的相关证券，或其准备向公众承销的证券，列入一份保密清单中，并根据此清单监督本公司、公司雇员以及客户的证券交易，以侦查可能违反防火墙制度的非法交易。谣言清单则包括证券公司近期刚公布的业务往来、或谣传即将发生业务往来的发行人的证券。它和监视清单的区别主要在于涉及的证券范围更加广泛，不但包括与证券公司正在进行业务往来的发行人证券，而且包括谣传即将发生业务关系的发行人证券。

② 译者注：《欧盟金融工具市场指导》（Markets in Financial Instruments Directive）规定了"最优执行"义务，即在执行客户指令时应采取措施帮助客户获得可能的最优执行结果。对最优执行结果的衡量因素包括交易价格、执行成本和速度、执行和结算的可能性、指令的规模和性质等。

续表

关键问题	困境
与监管机构的关系	34，36，37，71
雇员称职规则	35，38，43
风险警告	39
订单的聚合和配置	41，49
投资和借款的能力	42
公平对待消费者	46，71
处理客户指令	52
通话录音	61，64
商业条款/客户协议	63
公司及其服务、薪酬的信息	63
监督	64，65
纪律处分	66
调查控制	73

困境 1	基金经理近期接受了一笔挂单交易①，当天晚些时候交易将成交，为他所管理的基金购入大量 ABC 公司的股票。在交易完成之前，他从一位研究分析师那里获悉，在本周末之前，他们将会发布 ABC 公司的负面研究信息，很可能会导致股价下降。基金经理询问是否要取消该笔挂单。
关键问题	1. 市场滥用/市场行为操守。 2. 客户利益至上原则。 3. 岗位隔离。
评论和可能的解决方法	1. 凭直觉，要符合客户最佳利益规定，就应立即取消该交易，因为已经被告知股价很快会下跌。然而，股价下降属于内幕消息，因此任何基于此类消息而采取的行动都将被指控为市场滥用。 2. 在做出决定之前，请考虑分析师披露的信息是否确实属于价格敏感信息。 3. 还要考虑公司是否是上市公司，以及在哪里上市，这将决定适用何种法律及监管条款。 4. 请记住，这种情况一开始就不应该出现：分析师应该知道此类工作信息不应该透露。可以考虑以下应对措施： （1）对分析师进行惩戒；

① 译者注：挂单交易，就是客户指定交易币种、金额以及交易目标价格后，一旦报价达到或优于客户指定的价格，即执行客户的指令，完成交易。

续表

评论和可能的 解决方法	（2）向 FCA 报告此行为涉嫌市场滥用； （3）对分析师团队和基金管理团队进行有关市场滥用控制方面的培训； （4）调查是否发生过不恰当信息流向，由分析师团队向其他部门流出信息； （5）对公司防火墙机制的有效性进行全面检查。 5. 鉴于这种不当情况已经发生，解决问题最实际的方法之一就是"冻结"该基金经理，由团队的其他成员临时管理他的交易账户，以使其在相关研究分析报告公布之前不能作出投资决定。

困境 2	通过定期的监督检查发现，公司为客户布朗先生提供的投资顾问业务，在对其完成的适合性资料调查中，显示他是低风险偏好客户，但是布朗先生的投资存在部分另类投资市场股票。通过询问客户经理得知，这是布朗先生坚持购买的结果，此前客户经理已经建议过其不要购买此类股票。
关键问题	1. 客户利益至上原则。 2. 适合性和适配度。
评论和可能的 解决方法	1. 由于流动性较差，另类投资市场股票通常被认为比"主要市场"上市股票的风险更高，发行人缺少记录，其上市规则也不那么规范。因此，配备另类投资市场股票，对于低风险偏好的客户来说并不合适。 2. 检查是否有审计记录证明布朗先生坚持投资另类投资市场股票，并被告知这对其不利。如果是这样，这种情况尽管在技术上可以接受，但仍要考虑这样是否符合客户最佳利益规定。 3. 考虑布朗先生的适合性是否资料已经更新；如果他的风险偏好已经发生变化，相关资料应该更新显示。 4. 如果布朗先生仍然坚持自己的低风险偏好，那么公司要考虑是否接受他作为客户了：除非公司的记录无懈可击，否则他的矛盾信息会使公司很容易受到投诉，根据《金融服务和市场法》第 150 条的民事措施以及 FCA 的有关执法行动。

困境 3	财富管理团队询问，客户对于适合性资料调查工作不太配合，即使工作团队已经解释这是出于保护他们利益的目的，并且可以使公司为他们提供更恰当的建议。但客户仍然认为调查问题具有侵入性，并声称他的教育背景、职业等都与公司业务无关。
关键问题	1. 客户利益至上原则。 2. 适合性。 3. 了解客户。

续表

评论和可能的解决方法	1. 可以尝试向客户解释为什么需要找做适合性信息调查——也许客户经理没向客户解释到位。 2. 还要向客户解释清楚，任何其他持有 EEA 牌照①的公司在这个业务领域也会有同样的要求，客户不太可能找到另一个公司在不做适合性调查的情况下开展业务。 3. 如果客户坚持不做适合性资料调查，公司将不能向其提供咨询服务。但可以根据投资类型，提供执行交易服务。 4. 是否接受这个客户，还要考虑如下因素：客户坚持不提供个人信息，是否与公司履行 KYC 程序不符？客户是否有意隐藏信息？ 5. 最后，还要再核实调查文件内容——也许它确实太具有侵入性。

困境 4	合规人员在检查投资组合管理部门时，关注到某一客户发生了如下交易： 10/6/07 – 9：23 – 买入 ABC 公司 100 股； 10/6/07 – 10：50 – 买入 ABC 公司 250 股； 10/6/07 – 1：30 – 购买 XYZ 公司的 175 股股票； 11/6/07 – 10：01 – 出售 ABC 公司 100 股； 11/6/07 – 11：05 – 买入 XYZ 公司 130 股； 11/6/07 – 3：45 – 买入 ABC 公司 75 股。 该同事认为这样的交易模式似乎不太正常，进而寻求咨询建议。
关键问题	1. 客户利益至上原则。 2. 适合性。 3. 挤油交易。 4. 利益诱因。 5. 市场滥用/市场行为操守。
评论和可能的解决方法	1. 核实客户的投资目标——可能他已就账户频繁交易给出指示，以充分利用日内股票价格变动。 2. 核实交易发生期间的股价变动情况，判断这些交易是否是对股价变动的回应。 3. 核实客户是否已经知道这些交易，没有就此投诉。

---

① 译者注：EEA 是 FCA 监管牌照的一种。EEA，英文全称 European Economic Area，即欧洲经济区。持有该牌照表明是欧盟成员国的公司，可以向欧盟以及英国公民提供金融服务，但是这个服务只受该公司所在的国家监管。当公司倒闭时，英国金融补偿计划（FSCS）只是有可能给特定的客户提供赔偿。

续表

评论和可能的解决方法	4. 查看基金经理的记录,是否可以合理解释这些交易活动。 5. 即使这样的交易模式可以完全接受,其也可能指向一些不当行为,包括: (1) 挤油交易——交易过于频繁,从每笔交易中赚取佣金。 (2) 不恰当的利益诱因——基金经理是否过多地通过某个经纪商办理业务实现获利(检查是否所有交易都是由同一交易对手执行的,并检查佣金记录)? (3) 操纵证券价格——基金经理是否为了制造一个市场假象执行交易(市场滥用)?

困境 5	司库部门的员工询问是否可以购买所在公司在伦敦和纽约证券交易所发行的股票。
关键问题	1. 市场滥用/市场行为操守。 2. 个人账户交易。 3. 内幕人士名单。
评论和可能的解决方法	1. 该人员可否进行此交易,取决于一些关键因素: (1) 该员工是否掌握公司或公司所属集团的内幕信息; (2) 是否在公司公告前的"封闭期"提出交易请求; (3) 公司政策是否允许交易本公司股票。 2. 如果内幕人士清单可靠,则可用来核实该人员是否被列为内幕人员。 3. 公司秘书①或法务部门可以对是否需要发布公告给出建议。

困境 6	公司有一位基金经理投资中国股票市场,是这方面市场的专家。他经常为业内媒体撰写有关中国市场的文章,并做客电视评论节目。通过比对他涉足媒体的言论信息与他实际的客户交易活动,会发现其中有规律可循。投资经理有时会公开看好某只股票,而后将在客户的投资组合中卖掉这些股票;而在另外一些场合,他会唱衰某只股票,然后再为客户买进。
关键问题	1. 市场滥用/市场行为操守。 2. 客户利益至上原则。

---

① 译者注:英美法公司秘书相当于中国公司法的董事会秘书。

续表

评论和可能的 解决方法	1. 市场滥用——基金经理的行为可能涉嫌市场操纵，他故意抬高或压低股价，来影响其客户投资组合的业绩表现。这是否是压价进货，抑或是抬价出货？ 2. 客户利益至上原则——如果基金经理不看好这只股票，为什么要为客户买入；如果他认为某只股票表现不错，那又为什么要卖出？ 3. 让基金经理对明显异常的交易进行情况说明。他应该可以给出合理解释。 4. 就基金经理表达的观点是否正确获得独立指导。 5. 检查基金经理的个人账户交易记录，以确认他没有使用个人账户处理相关的股票交易。 6. 如果认为基金经理的行为不恰当，应该考虑： （1）赔偿客户因此受到的损失； （2）就涉嫌市场滥用行为向 FCA 报告； （3）对基金经理采取规制措施。 7. 请注意，基金经理的行为属于中国股票市场的交易活动（不涉及"欧洲经济区内的"受监管的市场），所以不适用《反市场滥用指令》的规定，但是这里仍涉及 FCA 市场操守行为原则。

困境7	公司目前正在向 ABC 有限公司（非上市公司）就如何获得风投基金的融资支持提供咨询。尽管该公司是非上市公司，但它的股权分布非常广泛。在募集资金前，一位同事从 ABC 公司创始人处购买了股份。
关键问题	1. 市场滥用/市场行为操守。 2. 岗位隔离。 3. 监视和限制清单。 4. 内幕人士名单。 5. 个人账户交易。
评论和可能的 解决方法	1. 上述情形说明公司的个人账户交易并不需要事先审批，在事后才能知悉发生了此类交易，因而只能根据已发生的事实进行检查。 2. 公司的个人账户交易政策是否允许与客户进行交易？如果这一点上还存有制度空白，可以考虑修改规则以覆盖这种情况，或者制定单独的业务指导文件。 3. 需要考虑这名同事是否知道 ABC 公司正在进行的交易是考虑因素之一，还要考虑公司的岗位隔离政策是否执行有力，以及该同事是否被列在内幕人士名单中？

续表

评论和可能的 解决方法	4. 由于 ABC 公司还没有上市，即使这名同事在交易时了解到一些敏感信息（除非 ABC 集团内其他公司已经上市），他的行为并不会构成内幕交易。但是，这仍然涉及 FCA 的市场行为操守原则。该同事的行为可能引起诚信问题。 5. 如果发现在既有的岗位隔离政策下仍有信息泄露，需要调查以确定谁对此负责，以及这是如何发生的。采取补救和惩戒措施。 6. 许多公司在与非上市公司交易时，并没有使用监视/限制或内幕人士名单。由于涉及的市场并非是受监管市场，所以严格意义上市场滥用是不会发生的。采取何种政策来管理这种问题，取决于公司的预期。请记住，如果没有将这些非上市公司列入名单，也可以通过实施其他机制来识别利益冲突。公司可以采用监视清单，甚至在不属于严格意义上的市场滥用情况下也可以使用。

困境 8	公司的一位高级雇员同时兼任 XYZ 公司的董事。这家公司主要由他的一个朋友出资。他想知道是否准许他个人在 XYZ 公司投资。
关键问题	1. 市场滥用/市场行为操守。 2. 个人账户交易。 3. 利益冲突。
评论和可能的 解决方法	1. 考虑 XYZ 公司或其所在集团是否发行股票上市。如果有，就需要考虑市场滥用和披露等法律规定。 2. 确定这位雇员是否可以利用其董事职位获取与交易有关的内部信息。如果是的话，他显然不能继续操作。 3. 即使无法识别其中是否会出现不当行为，而仍然对批准该交易感到不踏实的话，可以提醒这位高级雇员交易中所蕴含的内幕交易风险，并要求他在交易之前以书面形式证明他不掌握内幕消息，且表明他了解如果在未来任何时候掌握内幕信息，都可能会影响他将来出售该公司的股票。 4. 如果 XYZ 公司或其所在集团都不在受管制市场上市，则不能适用《反市场滥用指令》的规定，但是仍应该考虑 FCA 的市场操守行为原则和公司本身的职业道德要求。 5. 应该与这位高级雇员核实公司是否与 XYZ 公司存在业务关系。如果有，则该同事显然不应以任何方式参与到和 XYZ 公司的交易中或接受其服务。

困境9	公司理财团队中的一位成员计划购买 ABC 公司的股票，ABC 公司曾在巴黎证券交易所上市，且公司为 ABC 公司提供过投资建议服务。投资建议服务已于六个月前终止，该名成员是在服务终止之后进入到公司理财团队中任职的。
关键问题	1. 市场滥用/市场行为操守。 2. 个人账户交易。 3. 监视和限制清单。 4. 个人账户交易。
评论和可能的解决方法	1. 核实监视/限制清单，查看公司是否掌握 ABC 公司的内幕信息。 2. 评估该成员是否掌握内幕消息——可以查看审查内幕人士名单，并与他的直线管理者讨论。还需要查看他以前的工作经历是否曾涉及 ABC 公司。 3. 有一种情况可能不常发生但也在情理之中，就是公司理财团队在投资建议服务终止六个月后仍然掌握有内幕信息，即使是终止服务以来 ABC 公司发布过财务报表。 4. 如果认为该员工知晓内幕信息，那么他显然不能开展此交易。如果他所在的团队在早期的工作任务中知晓内幕信息的话，根据内部程序一般也不允许个人交易。 5. 如果确定该员工确实没有掌握内幕信息，应该可以批准该交易，但需考虑市场的反应。即使没有不妥之处，也可能会对市场产生不好的影响。 6. 保守一点的话，可以拒绝批准该笔交易。如果批准的话，可以提醒这位经理交易中所蕴含的内幕交易风险，并要求他在交易之前以书面形式证明他不掌握内幕消息，且表明他了解如果在未来任何时候掌握内幕信息，都可能会影响他将来出售该公司的股票。

困境10	三个月前，公司向 XYZ 公司提供了一笔贷款，四年后到期。公司的基金经理现在有意为他所管理的基金买入 XYZ 公司股票。
关键问题	1. 市场滥用/市场行为操守。 2. 内幕人士名单。 3. 监视和限制清单。 4. 岗位隔离。 5. 利益冲突。

续表

评论和可能的解决方法	1. 检查内幕人士名单/监视和限制清单（如果 XYZ 公司已列入相关清单中，需要确保本公司不掌握任何有可能影响基金经理实施交易计划的内幕信息），就会知道该基金经理是否获得内幕信息，及公司是否知晓内幕信息。 2. 即使信贷团队此前已经获得了内幕消息，贷款发放三个月后，基金经理也不太可能获得此信息。 3. 如果怀疑基金经理掌握内幕信息，那么显然不应该准许他进行此笔交易。如果认为有不正常的迹象，则应该检查他获得此信息的渠道。还要询问他为什么没有识别出此类敏感信息。 4. 如果公司的岗位隔离机制运作良好，基金经理不太可能掌握内幕信息。但即使是这样，可能还会对此不太放心，并希望他不进行此笔交易。可以提醒这位经理交易中所蕴含的内幕交易风险，并要求他在交易之前以书面形式证明他不掌握内幕消息。 5. 认真考虑未来的潜在利益冲突——由于在破产时所列清偿顺序不同，作为 XZY 公司债权人的利益不太可能与其股东的利益（包括公司管理的基金）一致。如果 XYZ 公司陷入财务困境，股东倾向于维持公司持续经营的长期利益，而债权人往往倾向于还款，即便此时已经进入了破产程序。

困境 11	客户要求股票价格达到 20 时（当前价格为 25）为其买入 ABC 公司的股票。股票价格从 24，23，22 一路下跌，而后突然跌至 15。未能在价格是 20 时为客户执行交易。
关键问题	1. 最优执行。 2. 客户利益至上原则。 3. 市场滥用/市场行为操守。 4. 反洗钱控制。
评论和可能的解决方法	1. 如果严格遵守客户指令，那么应该在价格为 20 时履行交易责任，但是也应该考虑是否根据客户利益至上原则应在价格为 15 时成交。 2. 和交易员探讨事件经过，要思考以下问题： （1）交易执行时的市场现价，以及交易员是否可以在此之前为客户取得更好的价格； （2）是否存在交易应该按 20 执行而不是 15 执行的理由，比如，该交易是更大业务结构中的一部分，因此需要按照特定价格执行。 （3）15 作为最佳价格，是否符合客户指令要求？ （4）在价格达到 20 点时，报价撮合系统会自动执行交易吗？ 3. 在这种情况下需要考虑的事项： （1）确认交易员是否在价格为 15 时不执行，而 20 时执行，以造成价差（"老鼠仓"的一种形式）； （2）市场滥用和洗钱行为 —— 如果客户明明可以在价格为 15 时买入，而偏偏要在 20 时买入，可能会怀疑客户是否故意在交易中损失。客户在合法的商业或投资利益以外是否还有其他目的？

困境 12	公司的客户在查看业务协议时得知,他们的通话将被录音。客户就此事进行沟通,表示他们不接受这种做法,并告之,如果他们的谈话内容被录音,就不会同意与公司合作。
关键问题	1. 录音。 2. 数据保护。 3. 保密。
评论和可能的解决方法	1. 确定该客户由哪个部门负责,对于处理交易和结算指令的部门(例如销售、交易、部门)来说,谈话录音是十分常见和重要的。 2. 确定 FCA 和相关交易规则是否对电话录音有要求。 3. 公司政策是否要求记录所有客户电话录音? 4. 与客户沟通,了解他们关心的问题,并告知他们有关通话记录保护的相关政策,也许可以缓解他们的担忧。同时,还要说明录音是为了保护客户的利益,并提示他们大多数同业公司也会有类似政策。 5. 同意不给个别客户录音的方式是不切实际的。如果决定迁就这个客户,能确认公司管理机制可以支持对客户这样的承诺吗? 6. 关注客户不接受电话录音的原因。其中是否存有疑点?为什么他们不想被记录?他们的要求是否会导致公司违规?

困境 13	公司近期与大型零售连锁企业 ABC 公司签署了关于提供企业理财顾问业务的保密协议。贷款团队知晓到这份保密协议的存在,他们正要试图扩展在零售业的客户群,询问是否可以准许查看理财团队所拒绝分享的信息。
关键问题	1. 保密。 2. 利益冲突。 3. 市场滥用/市场行为操守。 4. 内幕人士名单。 5. 岗位隔离。
评论和可能的解决方法	1. 贷款团队可能会提出,既然已经与客户公司签订了保密协议,在公司内部分享信息应该不受限制,但这不适用于案例情况。 2. 核实已经签署的保密协议条款。可能只允许在特定的交易领域内使用保密信息,而不是在公司内部普遍使用。这就排除贷款团队使用的可能。 3. 还要考虑市场滥用行为和市场不当行为方面的问题:在理财团队掌握内幕消息的情况下,如果不是因为适当的工作目的而把这个消息传递给公司同事,很可能是违法的。 4. 解决这种情况最实际的一种方法是贷款团队请求理财团队引荐 ABC 公司,为他们提供所需的银行服务。ABC 公司可以决定是否有适当的理由提供有关自己的敏感信息。 5. 如果 ABC 公司决定将信息向机构贷款团队共享,则应与公司签订书面协议,并将相关团队成员添加到内幕人士名单中。

困境 14	公司经营私募股权基金，同时运作并购团队。目前有家 XYZ 公司正在出售股份，公司的并购团队正在向客户提供咨询，以帮助其竞标 XYZ 公司股票。而后发现公司的私募股权基金也正在参与 XYZ 公司竞标，而且与并购咨询业务的客户形成竞争。
关键问题	1. 保密。 2. 利益冲突。 3. 监视和限制清单。 4. 排他性。
评论和可能的解决方法	1. 检查与客户签订的协议条款——里面可能有防止公司参与业务竞争的条款。 2. 如果判断公司有足够的基础设施来管理交易团队之间信息交叉感染的可能性，同时协议中又没有排他性条款，则可以继续交易。 3. 在做出决定前，要考虑并购咨询业务客户和整个市场如何看待这笔交易——这可能会被指责为不当行为，并且给自身名誉带来很大损失。 4. 至少要告知并购咨询业务的客户，在公司内部存在与之竞争的业务团队，以及为保护他们的利益而采取的措施。 5. 要谨慎控制信息的不恰当流动，确保一个交易团队的工作计划不泄露给另一方。例如，如果私募股权团队了解并购咨询业务客户的投标细节，他们能够在自己出价之前做出调整。 6. 进一步健全物理和系统方面的"中国墙"，并加强在这方面的监测。 7. 给两个交易团队发出一个书面文件，提醒他们自身所处境况的敏感性，并且要严格遵守保密规定。 8. 当然，应该向并购团队说明，他们的工作目标是为客户做出正确的决定，而不应不顾投标人的利益。为公司的私募股权基金买入并购目标公司的股票。

困境 15	公司近期开始向海外客户提供服务，目标地区尽职调查制度与英国不尽相同。在向潜在客户索要 KYC 文件，尤其是公用事业账单来证明他们的地址时，他们经常会感到被冒犯，并威胁要把业务交给与他们保持业务关系的其他公司，这些公司并不要求他们提供此类个人信息。
关键问题	反洗钱控制。

续表

评论和可能的 解决方法	1. 客户地址是识别他们身份的重要依据，但获取公用事业账单并不是证明他们住在那里的唯一方法。 2. 通过获取公用事业账单来核实地址并不是法律的硬性要求，只是《英国联合反洗钱协调小组（JMLSG）指南》（以下简称《JMLSG 指南》）中建议的方法之一。 3.《反洗钱条例》对金融企业的要求是，依据可靠的来源，获得文件数据或信息来核实"客户身份"。 4. 在某些司法管辖区，信件不会发送到家庭地址——由于邮政服务不佳，所有信息都会寄到邮件信箱。 5. 此外，某些国家的安全状况堪忧，人们对提供个人信息非常谨慎。 6. 在其他情况下，人们只是认为证明自己身份是带有侮辱性的是和获取服务不相关的。 7. 尽力向客户解释为什么需要确认他们的地址，但是如果不能得到公用事业账单，还有其他的选择： （1）由客户经理上门走访客户家庭地址； （2）向客户的工作单位发出函件，核实他们的地址； （3）向客户的律师或会计师等可信赖的专业人士发出函件，从他们那里核实客户地址； （4）查询电话簿； （5）查询选民名册； （6）在有些司法管辖区还有其他官方地址核查机制，如税务数据库。 8. 向客户出示《JMLSG 指南》中有关证明身份的管理要求，向他们解释公司收集 KYC 文件的原因。这有助于客户理解这是官方正式的要求，而不是爱八卦的客户经理心血来潮。 9. 如果公司的内部程序比较僵化，那么考虑更加灵活的方法，除了公用事业账单以外的验证地址的方法也是可以接受的。

困境 16	公司的分析师咨询，是否可以购买他六个月前撰写过分析报告的目标公司的股票，从那以后他的研究范围没再涉及过该公司。
关键问题	1. 内幕人士名单。 2. 市场滥用/市场行为操守。 3. 个人账户交易。
评论和可能的 解决方法	1. 如果分析师掌握内幕信息的话，他不应该进行此笔交易——请检查内幕人士名单。

续表

评论和可能的 解决方法	2. 如果公司内部制度要求研究分析师不得买卖他所研究或曾研究过的任何目标公司的股票，那么毫无疑问不能开展此类交易。 3. 如果考虑批准这笔交易的话，需要询问分析师（及他的管理者）是否近期计划把该公司纳入研究范围——如果是的话，很可能被视作可疑行为。 4. 发给分析师一个有关内幕交易风险的书面警示，提示他在掌握内幕信息时出售股票可能面临的问题。请他以书面形式确认已经阅读并理解了该警示，并且承诺不掌握任何与拟投资公司的股票有关的信息。最保险的做法是不批准此笔交易。

困境17	在对公司个人账户交易进行例行审查时，发现一位分析师最近发布了有关卖出 XYZ 公司股票的建议，但在两天之后他就买入 XYZ 公司的大量股票。
关键问题	1. 市场滥用/市场行为操守。 2. 个人账户交易。
评论和可能的 解决方法	1. 分析师的行为似乎与他的建议不一致——如果他建议"卖出"公司股票的话，那么为什么他自己又买入呢？这会让人怀疑，他实施了一种叫作压价进货的市场滥用技术，散布有关公司的负面信息压低股票价格，然后买入股票在价格上涨时获利。 2. 要求分析师证明他的行为是合理的，比如一个合理的解释是：分析师的研究分析造成了股票价值下跌，现在他认为价格已经得到了修正，因此值得购买该股票——那么他随后发布买入建议吗？ 3. 如果怀疑构成市场滥用行为，应该向 FCA 报告。 4. 在既定事实下，表明公司并不要求个人账户交易的预先批准，或者个人账户交易的预先批准过程无须考虑最近发布的研究。可以考虑通过修改公司程序，来解决上述问题。 5. 根据分析师的研究建议，核查他的个人账户交易，看是否存在任何异常情况，需要进一步调查。

困境18	基金经理询问是否可以投资于自己管理的基金。
关键问题	1. 市场滥用/市场行为操守。 2. 个人账户交易。 3. 利益冲突。

续表

评论和可能的解决方法	1. 一些客户只会投资于基金经理本人持有相当份额的基金,他们认为这体现了基金经理的保证,相信利益一致性对自己的保障:因为基金经理也投资了,会尽可能保障自己的利益。 2. 另外一些人则认为这是潜在的利益冲突,并不认可这种做法。因为基金管理人在信息方面的优势,使他们能够利用时间因素:在有利信息公布前买进,不利信息公布前卖出。因此,如果允许个人投资,就必须对此类不恰当的迹象有所关注。 3. 每个公司都需要为此制定内部政策。

困境 19	后台部门的同事咨询他是否可以在其他公司担任董事。
关键问题	1. 利益冲突。 2. 外部董事资格。
评论和可能的解决方法	1. 在告知意见前,应该了解更多信息,比如: (1) 这位同事担任董事要占用他多少时间?如果占用过多,可能会干扰他在本公司的工作。 (2) 对方公司所属行业与本公司是否构成竞争?如果是这样的话,可能会导致利益冲突。例如,假设公司提供后台外包服务,而该同事打算任职的公司也提供这样的服务,在这种情况下会产生严重的利益冲突,很难分辨为哪方尽职。 (3) 这个同事是否会因此获得薪酬?如果是的话,薪酬是否会影响他对公司的服务? (4) 这位同事是否可以从董事职位中获得间接利益? 2. 从合规角度审批董事任职资格,需要考虑以下方面: (1) 咨询人力资源部和公司秘书,他们可能对外部董事资格另有规定; (2) 报告 FCA(如果员工是法定的"批准人"); (3) 就这位同事因担任董事而可能遇到的利益冲突及应如何管理该等冲突提供指导; (4) 定期复审该同事持续担任董事的适当性。

困境 20	公司的一位超高净值客户,决定为一位投资顾问偿还按揭贷款,作为对其提供服务的奖赏。考虑到客户的资产规模,这笔钱对于客户来说不是很多,但毕竟金额足够大,对客户经理家庭将有很大的影响。投资顾问威胁如果不允许其接受客户这笔馈赠的话,将会离职。

续表

关键问题	1. 利益诱因。 2. 利益冲突。 3. 客户利益至上原则。
评论和可能的解决方法	1. 公司关于利益诱因的政策是怎样的？接受这种性质和金额的礼品收受是不被许可的。 2. 考虑收受礼品是否会损害其他顾客利益。即使当前没有影响，也要考虑对以后的影响。如果投资顾问接受这份礼品，这可能意味着他将受到客户的厚爱，并且会感到有义务给予他优于其他客户的待遇。 3. 向客户解释为什么认为这种金额是不合适的，但要记住，在一些文化中拒绝礼品被认为是非常具有侮辱性的。 4. 考虑员工个人收受这份礼物是否公平。毕竟，他不是一个人在工作，还依靠了公司和他的同事提供的基础设施。 5. 假如这位投资顾问坚持威胁离职，如果不想让这位员工因为受到谴责而造成其离职，特别是这种广受厚爱的员工，那么应该把这个问题提交高级管理层。 6. 作者认为任何一个合规官都不会支持这种方式偿还房贷。

困境 21	公司的一位交易员表达了对公司薪酬战略的关心，他认为当前的薪酬政策没有充分考虑风险。他抱怨公司一些极高风险的岗位是主要的受益者，他们获取了过多的奖金，足以支持其整个职业生涯，公司因此存在极高风险。他的经理认为他抱怨是因为上一次奖金分配没有其他人多。
关键问题	1. 利益冲突。 2. 薪酬政策。
评论和可能的解决方法	1. 风险和报酬之间的关系是整个金融服务业关注的焦点——交易员实施的大量投资所带来的风险需要花费数年时间来化解，然而利润短期内就能实现，交易员获得可观的奖金后，就会离开公司；随着经济下行，曾经利润丰厚的工作岗位可能会突然开始出现重大亏损。 2. 从监管者的角度来看，金融机构需要充分考虑风险，调整薪酬战略，采用递延奖金和期权奖金等形式，使公司与员工的长期利益挂钩。 3. 但是，除非确信公司的薪酬策略并不理想，否则需要进一步研究。与人力资源部门共同调查需要完善的薪酬事项——也许该交易员的投诉只是吃不到葡萄说葡萄酸而已。 4. 如果需要改变薪酬政策，可能是一个艰难的过程。因为人们对于如何获得报酬非常敏感，包括高级管理人员在内。然而，如果公司的薪酬策略没有考虑到长期风险，那么肯定会落后于行业的增长趋势，并且会面临监管干预的风险。

困境 22	基于法律和行业标准的变化，公司最近更新了客户身份识别程序。公司的私人经纪团队在落实新标准方面有一定的困难，威胁要集体离职，投靠那些标准不严格的公司。他们认为，新标准的实施妨碍了他们的业务，导致客户流失。
关键问题	1. 反洗钱控制。 2. 了解你的客户（KYC）。
评论和可能的解决方法	1. 审查公司新的反洗钱程序——是否真的太过严格。 2. 询问私人经纪团队他们关切什么，也许他们还没有理解新标准——公司是否提供了足够的培训？ 3. 向私人经纪团队解释新标准的背景——让他们知道新标准的要求实际上完全是基于法律和法规的要求。 4. 将公司标准与行业标准相比较。 5. 向私人经纪团队说明白，无论他们去哪里工作，都将面临相同的 KYC 标准。 6. 跟私人经纪团队讲清楚，健全的 KYC 政策对于保护他们免受法律和法规制裁，以及遭受名誉损失的作用。举一些近期因反洗钱问题而被处罚的例子。 7. 对私人经纪团队新客户的 KYC 信息进行检查，确保他们在完成 KYC 时没有放水。 8. 如果不能解决这个问题，需要把这个问题上升到高级管理层解决。

困境 23	经纪人表示她怀疑客户参与洗钱活动。客户刚刚要求以一个不为公司所知的人的名义，向一个在英属维尔京群岛（The British Virgin Islands, B. V. I）开立的账户转账 500 万英镑，客户解释说那是她的内弟。
关键问题	反洗钱控制。
评论和可能的解决方法	1. 通过经纪人要求客户对此笔交易做出解释（当然，这要循序渐进，不能企望客户"一股脑"都说出来）。 2. 检索客户的 KYC 文件——是否解释了客户向英属维尔京群岛付款的原因？这样做合乎逻辑吗？ 3. 对方收款银行是谁？一家总部设在 FATF 会员国的知名银行？或者是从来没有听说过的银行？这会在很大程度上影响对这笔交易的判断。 4. 是否可以得到客户内弟的身份证明，以核实其身份？如果可以，需要检索其名字是否在制裁名单上。 5. 如果对这笔转账交易仍有疑问，应该向国家犯罪调查局（National Competent Authority, NCA）报告，并设法拖延客户，直到收到 NCA 的回复，保证他们在此期间没有打草惊蛇。很多公司会简单地解释说他们有非常严格的第三方支付控制以及内部流程，在信息没有充分披露前，不允许进行此类支付。

困境 24	公司近期新进入了一个司法辖区开立分公司，正在积极拓展业务。众所周知，市场上的潜规则是给那些商业伙伴施以"小恩小惠"，这样业务关系在初始阶段更容易开展。公司明确禁止这样的做法，但业务部门的同事辩解称这是市场上的通行做法，并且在该司法辖区内的其他外资银行也都这么做。如果不允许这种做法，他们担心会导致新的公司经营失败，白费了几百万英镑的设立成本。合规官并不想为此承担责任。
关键问题	1. 反洗钱控制。 2. 腐败。
评论和可能的解决方法	1. 就当地法律允许的范围寻求法律指导，并与法务部门讨论。 2. 如果可能的话，从在其他司法辖区工作的同事那里了解，当地是否按这种方式拓展客户关系，如果是这样的话，他们如何确信这种做法可行。 3. 公然贿赂和以通行的费率向官员支付合理报酬以获得更快的服务是有区别的。根据英国《2010 年反贿赂法》，被称为"润滑金"（grease payments）的便利性支付仍被视为贿赂。例如，通过贿赂来实现选择本公司而不选其他公司的做法是明显不恰当的，然而不幸的是"润滑金"在有些时候成为了达成工作目标的唯一途径。两者之间的区别有时是非常模糊的。 4. 请记住美国《反海外腐败法》中有相关条款——公司一定不希望因为触碰美国法律而陷入麻烦。 5. 如果公司被控支付或收取不适当的款项、礼品或奖励，也可能同时被控洗钱。 6. 这不是一个合规官应当自己单独作出决定就可以的事项，公司高层管理人员以及内部和外部法律顾问都应参与讨论。

困境 25	合规官的一位前同事也是好朋友，最近得到了一份新的工作机会。他将合规官列作了工作推荐人，因此他的雇主将他的简历发来，以求证他在原公司的工作情况。简历中工作业绩的内容水分很大，但总的来说，没理由怀疑他在新公司不会成为一名非常优秀的员工。合规官不知道该如何处理。
关键问题	1. 批准人制度。 2. 适当性和适配度。
评论和可能的解决方法	1. 要辨别是以个人身份还是代表公司提供推荐意见？ 2. 如果是代表公司，需遵循公司的政策——大多数公司只会证明相关人员在公司工作时段内的工作表现及能力，而不会提供任何其他细节，以免陷入法律纠纷。 3. 问问朋友简历上具体内容是什么——不要被误导。当被要求以个人身份提供意见，那么如果认为这位朋友不算诚实，对于回复意见需要非常小心。不要因为提供虚假意见而为此向朋友的雇主承担责任。 4. 如果被要求根据 PRA 或 FCA 批准人制度提供参考意见，则必须考虑朋友的行为对其适当性和适配度的影响，这些都是批准人提供资料时需要考虑的问题。

困境 26	公司金融产品交易部门的一名员工希望购买他客户公司的股票，但不确定这样做是否符合本公司的个人账户交易政策。
关键问题	1. 个人账户交易。 2. 市场滥用/市场行为操守。 3. 监视和限制清单。 4. 内幕人士名单。
评论和可能的解决方法	1. 公司是否制定了相关政策，禁止员工交易客户股票？在本案例中，应该是没有。 2. 如果没有相关政策，则取决于具体案例特点。 3. 公司或相关人员是否掌握客户的内部信息？检查、观察/限制内幕名单，这个应该不难。公司金融产品交易部门的员工不太可能掌握内幕信息。 4. 该交易是否会对客户不利。 5. 该员工目前是否在与客户进行交易？如果是这样的话，即使在本笔交易结束前该员工不掌握内幕消息，这看起来也存在问题。 6. 如果决定准许这笔交易： （1）书面提示该员工，要求不得利用内幕信息进行交易，并且一旦他们掌握了内幕信息即应停止进行交易； （2）要求员工书面确认不掌握相关的内部信息。

困境 27	审查公司即将发布的一份有关 ABC 公司的研究报告。这是一份看多的报告，内容中包括了买入/持有的建议。那天晚些时候，在这份研究发布之前，一位朋友打电话来闲聊，随口谈到，由于她对 ABC 公司业绩失望，准备出售所持有的对 ABC 公司的全部股权。作为她的朋友，是否可以根据公司即将发布的研究报告内容，对其出售股票提供建议。
关键问题	市场滥用/市场行为操守。
评论和可能的解决方法	1. 此时应该保持缄默，如果该股票是受监管的上市公司股票的话，向朋友透露所知道的信息，可能会涉嫌市场滥用。 2. 即使不是上市公司股票，向朋友披露所知道的信息，也可能违反 FCA 市场行为原则。

困境 28	一位同事透露，前一天晚上他在一家酒吧听到有人谈论，一家公司涉及为逃避进口税，从事非法运输卷烟。是否因为谈话涉嫌洗钱，而需要向国家犯罪调查局（NCA）报告。
关键问题	反洗钱控制。
评论和可能的解决方法	1. 是否确定谈话内容涉嫌非法行为？ 2. 法律上讲，只需报告在业务开办中发现的可疑对象，因此没有法律义务报告所听到的事项。 3. 如果确信这些人从事非法活动，可以决定向主管机关报告这种情况，特别是如果掌握任何有助于主管机关追踪该公司的详细信息。 4. 要注意的是，国家主管机关精力主要在于处理刑事案件，不要再给他们增加不必要的工作负担。

困境 29	公司新近招募了一名股票经纪人，其客户范围主要是高净值人士，其中许多人都是海外人士，并且属于政治公众人物（PEPs）。
关键问题	反洗钱控制。
评论和可能的解决方法	1. 由于某些政府部门的腐败程度为人们所熟知，因此普遍认为政治公众人物有更高的洗钱风险。 2. 如果政治公众人物的相关活动是公开的，那么就没有理由质疑向政治公众人物提供服务——这就成为公司风险偏好的问题了。 3. 公司应制定针对 PEPs 的业务具体流程（该说明在第 2 篇 B 部分—日常反洗钱管理"政治公众人物"中提供了更多的指导）。

困境 30	在对即将发布的研究报告进行例行审核时，发现研究团队的报告对公司理财团队的一个客户提出了做空建议。经过进一步调查，发现理财团队正在为该客户的筹资计划提供研究。合规官不太确认是否应该批准这份研究报告。
关键问题	1. 利益冲突。 2. 研究的独立性。
评论和可能的解决方法	1. 大众客户不太可能接受金融服务商对同一家公司既持有批评态度，提出卖出建议，同时又协助他们筹集资金。 2. 然而，研究团队应该独立于理财团队——如果该公司的情况确实如这份报告中所述，对于研究团队的客户来说，金融服务商的筹资计划研究，就不符合他们的最佳利益。这与研究客户是否为此报告付费没有任何关系。

续表

评论和可能的解决方法	3. 从筹资业务客户的角度说，协助客户获取资金的金融服务商发布对自己不利的研究报告，也不符合客户的最佳利益。 4. 检查与客户签订的理财业务合同；核实其中是否有任何禁止发布此种报告条款？不应该有这种影响研究团队独立性的条款，杜绝此类情况的发生。 5. 与理财业务部门负责人谈话，就这种情况予以警告——其不得阻碍研究团队发布这种报告，至少可以给他警告，以便能在客户发现时处理好与客户的关系。 6. 还要确认筹资客户的首席执行官是否已经知晓这份即将发布的报告。研究分析师与他们所研究的公司有日常联络并征求他们的意见，这也不是不可能的（尽管在研究报告中包含推荐意见或目标价格时，其披露范围是受限的）。 7. 在实际业务中的结果就是失去这笔理财业务。维系住客户仅仅是理论上的可能性，因为金融服务商在发布负面研究报告的同时不可能协助他们开展筹资活动。 8. 警惕研究团队在业务压力下撤回研究报告：这种不幸的情况是很有可能发生的。因为成功完成一笔筹资业务会为公司带来几百万美元的收入，而一份研究报告不会为公司带来任何直接收入。

困境 31	公司自营股权交易团队的一名高级别员工，不断地挑战合规边界。他所造成的违规数量足够受到违规处分，但是他的主管领导仍然庇护他，说他没有造成什么严重的损失，而且如果这个人受到纪律处分，就可能会离开。由于其他人业务能力并没有那么出色，他的离开对于公司利润来说是灾难性的。
关键问题	1. 适当性和适配度。 2. 培训和能力。 3. 客户最佳利益规定。 4. 高级管理层机制、安排和控制。
评论和可能的解决方法	1. 这个业务大拿对于公司是非常危险的。纵观金融丑闻的历史，大部分都会涉及这种他人认为无可挑剔、自己也自命不凡的人。 2. 公司里的其他人员是否因为做了相似或相同的事情而受到过纪律处分？如果有过，为什么他受到了特殊待遇，仅仅因为他的资历？这不是一个好榜样。 3. 不管他是否受到纪律处分，他的主管领导都不应该有这样的言行。如果这个人违反了公司政策，应该有一个独立的机制来处理，主管不能够单方面地凌驾于制度之上。

续表

评论和可能的解决方法	4. 与这名工作人员进行沟通，并提醒他，这种行为不仅是损害自己的声誉，还把公司置于危险之中。同时让他注意，作为一名高级别员工，按照 FCA 的要求他应该对合规负责，并询问是否需要帮助他履行职责。 5. 与人力资源和法律部门讨论。 6. 检查该员工个人的工作以及他所在团队的工作——可能会发现更多的违规情况，以及需要立即采取补救措施的其他情况。

困境 32	公司理财团队的客户正在考虑出价收购 XYZ 公司股份，由于团队近期为 XYZ 公司完成了一笔业务，掌握了有关的机密信息，而知道这个价格被严重高估了。基于上述情况，公司无法判断是否可以接受这笔新的收购任务。
关键问题	1. 市场滥用/市场行为操守。 2. 内幕人士名单。 3. 监视和限制清单。
评论和可能的解决方法	1. 理财团队掌握的这些有关 XYZ 公司的信息是内幕信息吗？业务已经结束，所有相关信息已经被市场知悉。核实是否确实如此，并检查监视和限制清单记录。 2. 即使所掌握的信息尚未公开披露，在尽职调查过程中，客户（及作为其顾问的公司的理财团队）都应该通过合法的渠道获得这些信息，这样公司可以帮助客户制定更适合的报价。 3. 查看公司是否还有其他合同义务与执行这项收购业务相冲突。

困境 33	一位经纪人开始与公司接触，他的客户群体主要位于澳大利亚和新西兰地区。对方表示，客户计划与公司开展业务，但是由于公司从未与澳大利亚或新西兰的客户合作过，不确定是否可以这样做。这位经纪人目前没有生意可做，并且担心在竞争中失去客户。
关键问题	准许的业务。
评论和可能的解决方法	1. 从当地律师那里了解公司向澳大利亚和新西兰地区客户提供服务的有关法律义务，确保履行相关监管程序，保证合规。 2. 确保所有相关的员工都了解需要执行的程序，并接受相应的培训。 3. 在所有基础工作完成前，不要急于交易。 4. 弄清楚为什么合规职能没有在业务的研究/准入阶段介入，并设法确保下次提早介入决策流程。

困境 34	FCA 定期对公司进行检查走访。合规官心里很清楚，在一些关键文档的报送，以及适当性记录的充分性方面，还存在一些违规问题，但庆幸的是 FCA 在审查过程中没有发现这些问题，他们对公司印象非常好。
关键问题	与监管机构的关系。
评论和可能的解决方法	1. 决定是否向 FCA 披露信息可能是合规官最为头疼的事项之一。 2. 查看 FCA 有关报告的指引，如果公司情况符合向 FCA 报告的标准，那么理应向监管机构披露。 3. 检查走访与是否披露在一定程度上并不相关：符合向 FCA 报告的要求的都应报送，而无论监管机构是否开展了检查。 4. 如果确认向监管机构报告问题，建议准备好已采取哪些补救措施来纠正导致违规的情况。

困境 35	合规官已经向所有公司的前台业务部门提供了有关业务流程操作的培训。此类培训是强制性的，并将根据公司的培训和能力管理体系计入每位员工的能力测评。某些高级管理人员在培训过程中浏览手机，因此并不确定他们是否真正了解了培训内容。即便如此，这些人员已经签到，在记录上就会显示完成了培训。
关键问题	1. 培训和能力。 2. 批准人。 3. 适当性和适配度。 4. 雇员称职规则。
评论和可能的解决方法	1. 相关管理人员在培训中没有带好头，他们的行为也不符合培训的目的——尽管有培训记录，但精力并不在培训上，没有学习到任何知识。 2. 高级管理层对合规负责，这一点尤其重要，他们需要知道在这个职位上有何要求，不仅对自己的行为负责，还要为所管理的团队提供指导。 3. 事后找到这些人，私下和他们再梳理一遍培训内容，重点强调与他们相关的注意事项。下次培训前先制定好课程中手机使用规则。

困境 36	公司近期将接受监管机构例行检查。有的员工对于检查会感到很紧张，尽管他们没有做错过什么。他们请求对可能会被询问的内容以及应该如何回应给予指导。合规官不确定在检查前是否可以用"教练"的方式"指导"公司员工。
关键问题	与监管机构的关系。
评论和可能的解决方法	1. 作为教练员的方式是不恰当的，而指导他们如何达到监管机构预期要求的方式是完全可以接受的，两种方式之间还是存在差异。 2. 将最有可能被选中参加面谈的员工集中起来，向他们讲解有关检查的经验之谈。 3. 让他们对不明白的问题提问。 4. 带领他们重新温故相关领域的培训内容。 5. 提示员工关键风险点以及解决此类关键风险的政策。但是，不要给员工面试剧本或其他类似方式来指导员工学习，FCA 很可能会看穿，并加重怀疑。

困境 37	证券经纪部门曾在执行客户利益至上原则方面出现过重大失职行为，相关责任人在公司决定解雇前已经辞职。其批准人资格需要注销，合规官不确定是否应该报告他离职的理由。
关键问题	1. 批准人。 2. 适当性和适配度。 3. 与监管机构的关系。
评论和可能的解决方法	1. 按照监管要求，需向 PRA 和 FCA 通报任何可能会影响批准人适当性和适配度的事项。由于相关责任人涉嫌有关过失行为，向监管机构上报这一事项并不受他主动辞职的影响。 2. 如果认为责任人相关行为对适当性和适配度构成影响（参见 FCA 手册中的《批准人操作规则和原则手册》（APER）[①] 和《批准人适当性和正当性标准》（FIT）[②]），那么应该告知监管机构。 3. 考虑到这问题比较敏感，建议在履行相应的工作流程前先寻求人力资源部门和法律顾问的指导意见。

---

① 译者注：Statements of Principle & Code of Practice for Approved Persons（APER），规定了监管机构对批准人执业时的相关行为标准，共计有七大主要行为准则，包含职业道德、专业能力、执行业务的能力与影响力等。

② 译者注：Fit and Proper Test for Approve Persons（FIT），规定了从事相关金融业务或正在执业者取得执业资格的最低标准，尤其针对下列三点进行考核：诚实、正直与声誉；与所执行之业务相符的能力；个人财务健全（financial soundness）。

困境38	发现了公司后台部门的一些违规行为，并与该部门的一位经理讨论此事——由于涉及的客户是零售商，因此该经理适用于培训和能力规则——可以确定这位经理对适用的监管要求知之甚少。然而，他的主管经理却对他评价不错，合规官想了解清楚在进一步培训时，是否可以撤销对这位经理的评价意见。
关键问题	1. 培训和能力。 2. 雇员称职规则。
评论和可能的解决方法	1. 这位经理在其他方面是否胜任？如果不是，他显然不应该再履行他的职责。 2. 如果该经理仅在处理监管关系方面不利，应该再加强相应的培训和指导，并强化对他工作的监督和检查，直至相关要求落实为止。 3. 考虑安排他重新参加监管考试。 4. 还要对这名经理的主管进行培训，说明这方面的要求。向她强调，其评价为合格的人如果犯下重大违规或错误，她也难逃干系。 5. 检查这名主管评价合格的其他人员是否也有类似情况。 6. 对能力受到质疑的员工进行检查，并采取补救措施。 7. 考虑发现的违规行为是否向监管机构报告，或者涉及客户赔偿。

困境39	在日常监测评估中发现，对客户的风险警告有时仅仅在执行金融工具前的几分钟才发出。
关键问题	1. 客户利益至上原则。 2. 适合性和适配度。 3. 风险警告。
评论和可能的解决方法	1. 如果风险警告仅在交易前几分钟发送，那么就很难保证客户有足够的时间来消化其内容，并理解所面临的风险。 2. 向相关的员工说明应及时发出风险警告，以便客户有足够的时间阅读和理解其内容。给员工提供培训，让他们了解上述要求。 3. 查看客户的交易记录——他们是否没有充分了解所面临的风险？他们应该因此得到赔偿吗？他们对风险的理解程度是否能够令人满意？

困境40	零售客户咨询团队习惯于通过电子邮件向客户发送交易建议，并告知客户，除非客户提出异议，否则咨询团队推荐的交易将在24小时内成交。交易一直这么执行，没有出现问题，但合规官不能确认该团队的做法是否正确。
关键问题	1. 客户利益至上原则。 2. 适合性和适配度。 3. 准许的业务。
评论和可能的解决方法	1. 这种做法似乎已超出了与客户协议确认的咨询服务方式，在这种情形下并不合适。 2. 这种处理方式更类似于全权委托管理，此时需要核实公司是否得到了开办此类业务的相关许可，并且工作人员在该领域内具备执业能力。 3. 如果上述任何一个问题的答案是否定的，那么就很难处理，这些都是FCA非常关注的问题。 4. 调查业务团队的行为对客户损害程度，公司可能因此需要支付赔偿。 5. 考虑谴责涉事的员工。向他们提供培训，使之了解在咨询服务的背景下能做什么和不能做什么。 6. 假设公司获得许可能够提供全权管理服务，并且本地区FCA未禁止该项服务，客户也对这种服务方式感到满意，则应按照全权代理的方式来管理这些客户，并与他们签订相应的服务协议。

困境41	在对股票经纪团队的合规检查中，发现交割经常出现延迟；一些交易在早上完成，但直到交易完成一天后，交易订单才完成拆分。经过对股票经纪人的询问，他们对此的解释是股市收盘价确定后，将利润优先分配给那些最重要和利润贡献度最高的客户，作为这种交易习惯的回报。
关键问题	1. 客户利益至上原则。 2. 订单的聚合和配置。
评论和可能的解决方法	1. 交易配置应该符合公司的订单交割政策，体现出公平分配。 2. 将那些盈利的交易分配给被关照的客户，这种做法既不公平，也不符合客户利益至上原则——此类订单应按照收到指令的顺序执行。 3. 对团队提供培训，考虑采取惩戒措施。 4. 检查客户利益是否受到损害——是否需要支付赔偿金。

困境 42	内部审计团队发现基金管理团队管理的一只基金在投资和借款权限方面长期存在违规。经过调查发现与内部审计结果一致，另外还值得关注的是，自从出现违规操作，这只基金在业绩上较以前年度有了很大的提高。
关键问题	1. 客户利益至上原则。 2. 适合性和适配度。 3. 投资和借款的权限。
评论和可能的解决方法	1. 基金投资者偏好低风险回报。而这只基金承担的风险达到了投资者不能接受的水平，虽然盈利更多，但获利的事实并不能使违规行为被接受。 2. 基金托管人甚至其客户也可能在一定的阶段监控到违规行为，因此最好的策略是对已经发生的事实进行披露，并采取纠正措施，而不是试图掩盖它。 3. 基金管理协议有可能要求合规部门在出现违规行为后通知客户。 4. 向员工提供指导，并在此类情况首次出现时就严肃质询。如果违规行为长时间内得不到检查，说明基金管理团队存在问题。

困境 43	人力资源部门最近聘用了一位临时接待员，公司目前正在开展全员反洗钱培训。人力资源经理想确认临时接待员是否需要参加培训。
关键问题	1. 反洗钱控制。 2. 雇员称职规则。
评论和可能的解决方法	1. 工作人员应接受与其角色相适应的培训。 2. 虽然现在不能明确临时接待员的反洗钱工作职责，但并不意味今后不涉及反洗钱工作。 3. 为公司的临时雇员编制一份简短的指引手册，告知他们关反洗钱的关键要求；如果他们有任何疑虑，应立即寻求反洗钱官的指导。指导手册还可能包含其他相关领域的指导内容，如数据安全性和机密性。 4. 当然，如果该临时接待员的工作时限比最初设想的要长，那么可能需要增加培训。

困境 44	近期公司操作风险管理部门从长期咨询服务提供商那里购买了一款价格不菲的新软件。作为服务提供商惯常的答谢方式，他们为操作风险管理部门负责人及其副职安排赴西班牙参加体育赛事，并承担所有费用。
关键问题	1. 奖励规则。 2. 利益诱因。
评论和可能的解决方法	1. 收受此种形式的馈赠是否会对某个客户产生不利影响？这是公司利益诱因政策涉及的问题。在这个案例中似乎不存在这种情况。 2. 是否还有其他考虑因素不应该接受邀请？——在监管视角之外，这样做是否被认为是不道德或不公正的？ 3. 公司如已制定采购政策，应该确保收受馈赠与该政策要求不冲突。 4. 如果一切馈赠都是公之于众的，可能会认可这种做法。尽管会更倾向于坚持不违反利益诱因相关的政策，不接受任何例外。因为如果接受这个例外，就可能会产生滑坡效应。

困境 45	合规官最近到一家公司履新，注意到股票交易员和股票研究员双线向股权交易部门主管汇报。其质疑该报告线路的适当性。
关键问题	1. 利益冲突。 2. 市场滥用/市场行为操守。 3. 岗位隔离。
评论和可能的解决方法	1. 这种报告路径并不是理想架构，这令管理人员能够利用研究报告掌控购买或出售股票的时机而从中获利。比如在看涨研究报告发布前买入股票，在看跌研究报告发布前卖出股票。 2. 对于大公司来说，通过改变报告路线来加强研究团队独立性，并不是很难；但是对于一个员工较少的小公司，实现这个目标要困难很多，但无论如何都需要完成。 3. 向高级管理层表明对这一问题的关切，推动实现两个团队向不同的负责人汇报，实施有效的岗位隔离政策。 4. 在实现目标前，监督并不断检查两个团队的业务活动，以确保没有发生不适当的情形。 5. 向股权交易部门主管提供书面指导，确保他理解其职位的敏感性，以及他能做什么和不能做什么。请他以书面形式确认收到指导意见。

困境46	近期批准了公司的一位投资顾问开展个人账户交易，购入非流通的股票。几周后，意外发现有关这只股票的交易活动增多了——公司的客户也参与了购买。就在计划和该投资顾问讨论这一巧合时，他主动提出出售股票的请求，他对此解释说现在股价上涨，希望实现利润。合规官不确定是否可以批准该交易申请。
关键问题	1. 个人账户交易。 2. 市场滥用/市场行为操守。 3. 公平对待消费者。
评论和可能的解决方法	1. 投资顾问涉嫌有操纵市场的行为，通过向客户推荐股票来推高价格，而后适时处置。 2. 询问投资顾问个人交易的缘由。确定他是否应该对客户近期有关这只股票的交易行为负责。 3. 就该股票的市场情况咨询独立意见。一种合理的解释是，投资顾问和他的客户都对这只股票的新闻或公告作出了反应，这样的交易完全可以接受。 4. 如果不认可投资顾问的交易活动，而认为这是一个严重的问题，可以指控其涉及市场滥用并随附报告FCA，考虑采取规制行为，寻求法律意见等。 5. 如果情况如此，还要考虑客户利益是否在价格上涨中受到损害。 6. 公司个人账户交易策略应该包括购买后30天的持有期限制，在这种情况下，投资顾问将不能在未受豁免的情况下出售。

困境47	公司理财团队近期分别接触了两位客户，他们都希望获得公司的服务，收购同一家公司的股票。该团队不确定是否可以同时为存在竞争关系的客户工作。
关键问题	1. 岗位隔离。 2. 利益冲突。 3. 保密。 4. 排他性。
评论和可能的解决方法	1. 为两个客户提供服务并不被规则明文禁止，但是处理这一情形无疑是非常棘手的。 2. 然而，在合同层面上可能会存在不允许同时为这两个客户提供服务的理由——检查合同中是否有排他性条款。 3. 如果决定为这两个客户提供服务，则应最大限度地向双方披露，确保没有违反任何保密要求。如果其中一个客户反对，除非能够向他们保证采取稳健的控制措施，用于保护其利益的，否则需要重新考虑这一决定。 4. 建立单独的交易团队，执行严格健全的监督隔离政策和岗位隔离机制执行到位，确保两个竞争客户的交易细节和报价信息分开处理。 5. 就相关工作人员所处状况的敏感性以及他们需要实施和遵循的控制措施提供书面指导，并要求他们书面确认已知悉指导内容。

困境 48	公司理财团队按照 ABC 公司的授权，协助他们抵御恶意收购。不久之后，一位客户接触了该团队寻求咨询服务，希望参与 ABC 公司竞价。该团队不确定他们是否可以接受这个竞价业务，前来征求意见。
关键问题	1. 岗位隔离。 2. 利益冲突。 3. 保密。
评论和可能的解决方法	1. 应该询问 ABC 公司，是否因为与他们的授权业务存在直接冲突，而反对公司接受这笔业务。 2. 如果他们同意的话，必须确保执行严格健全的监督隔离政策和岗位隔离机制执行到位，确保两个竞争客户的交易细节和报价信息分开，当然这种情况不太可能发生。 3. 就相关工作人员所处状况的敏感性以及他们需要实施和遵循的控制措施提供书面指导，并要求他们书面确认已知悉指导内容。 4. 最简单、最安全的处理方式是拒绝第二笔业务。即使不考虑监管层面存在的困境，从商业和声誉角度考虑也应该拒绝。

困境 49	在对投资管理团队业务的检查过程中，发现打包交易并不总是按比例分配：大额客户的订单往往可以得到满足，这令订单相对较小的客户处于不利地位。合规官不确定这种做法是否可以接受。
关键问题	1. 客户利益至上原则。 2. 订单的聚合和配置。
评论和可能的解决方法	1. 复核公司订单的聚合和配置政策，在以下情形下这种交易方式是可以接受的——如果这些小额订单没有与大额订单捆绑，那么小额订单可能根本得不到执行。这种情况下，订单部分执行比完全得不到执行更有利。 2. 如果是这样，应该告知客户该政策——其订单按照合并交易处理，可能对他们不利。 3. 如果无法证明配置的恰当性，或者未告知客户，则应安排一个全面的检查，需要考虑重新分配受影响的交易和是否存在客户利益受损。 4. 如果屡次违反交易政策，或者未能告知客户政策内容，则需考虑是否向 FCA 汇报。 5. 如果存在违规情形，需向涉事员工提供培训，确保这种情况不会再次出现。

困境 50	公司投资组合管理团队接受全权授权购买投资产品,这与公司研究团队随后发布的研究报告之间看上去存在相关性。事情似乎不太正常,应该进一步调查。
关键问题	1. 市场滥用/市场行为操守。 2. 岗位隔离。 3. 监视和限制清单。
评论和可能的解决方法	1. 应关注投资组合管理团队是否提前掌握了研究报告的内容,从而构成市场滥用。 2. 要考虑相关性的内涵。如果该情形是当研究结论看跌,投资组合管理团队就延迟一段时间买入投资产品;或者当研究结论是看涨,该团队就延迟一段时间出售投资产品,这就是价格支配(市场滥用的一种形式)。如果是这种情况,需要调查交易记录,弄清楚每笔交易的缘由。如果有不适当的信息流动,则是一个严重的问题——应立即检查这个领域的控制措施。 3. 如果该情形是当研究结论看跌,投资组合管理团队卖出投资产品,或者当研究结论看涨,该团队买入了投资产品,看上去基金经理的操作与一般客户操作相同——则需检查交易的时间,以及研究报告是否同时分发给其他客户。 4. 这种情况是如何发现的?是偶然的还是通过有效使用监视和限制清单发现的?如果是偶然发现,应该认真考虑收紧控制措施。 5. 如果涉嫌市场滥用,需要向 FCA 汇报并采取相应的行动——寻求法律建议。

困境 51	在审查公司新的理财指令清单时,发现一笔交易命令涉及公司协助客户收购 XYZ 公司股份。而近期公司的基金管理部门已经买入了大量的 XYZ 公司股票,合规官不确定在这种情形下如何处理这笔交易指令。
关键问题	1. 市场滥用/市场行为操守。 2. 岗位隔离。
评论和可能的解决方法	1. 只要确信公司的岗位隔离机制发挥作用,就可以继续执行这一指令。基金管理业务的投资不应影响公司理财业务,这两个领域应该相互独立。 2. 基金经理买入 XYZ 股票并不是意味着公司不得向其他竞价者提供咨询服务。 3. 确保公司的隔离机制能够将有关 XYZ 公司的任何内幕信息隔离在公司理财业务范围内,避免内幕信息流向基金管理部门(或其他任何地方),影响交易决策。 4. 在市场上买入股份后又为其他竞价者工作很容易引起怀疑。即使控制制度健全,也可能无法消除犯罪。

困境 52	在对代客交易团队进行例行审查时，注意到在客户下达订单和执行订单之间通常会有延迟。交易员对此的解释是，他们按照客户利益至上原则在等待有利于客户的价格。
关键问题	1. 客户利益至上原则。 2. 处理客户指令。 3. 最优执行。
评论和可能的解决方法	1. 查看客户的订单类型：客户是否要求根据交易员的判断，在一天的交易时段内等待最合适的价格执行交易，或者该订单本身就是限价订单。 2. 根据调查结果，评估最优执行政策是否得到落实。 3. 确定是否有客户处于不利地位：延期执行指令是否导致客户以更高的价格买入？这种情况下，如果手续费是基于交易金额收取，价格上涨就会增加手续费收入，从而产生了延迟执行的动机。 4. 显然这不是一个适当的做法，需要考虑补偿相关客户，对涉及的员工进行惩戒，并向其他团队成员提供培训。

困境 53	基金经理要求批准一家知名经纪公司提供的业务安排，由该经纪公司提供免费的彭博资讯访问权限，作为交换，基金经理同意所有业务都经过该经纪公司处理。合规官认为这样的业务安排不妥当，但他要为此承担很大的压力。
关键问题	1. 客户利益至上原则。 2. 最优执行。 3. 奖励规则。 4. 利益诱因。
评论和可能的解决方法	1. 公司不得签订任何不利于客户利益至上原则的利益诱因安排，因此在签署本协议之前，应该确认该经纪公司可以始终尽其最大可能维护客户利益。 2. 除非这个目标可以实现，否则不应该签订这样的协议，无论对方以何种方式提供回报。

困境 54	公司并不要求每笔个人账户交易在执行前都要得到批准，但是会对所有员工交易进行事后检查。在一次事后检查中，发现有一位研究分析师发布了一份对某股份持看涨意见的研究报告，而就在前几天这位分析师买入了该股票。
关键问题	1. 个人账户交易。 2. 监视和限制清单。 3. 市场滥用/市场行为操守。
评论和可能的 解决方法	1. 这似乎是市场滥用行为，但在作出判断之前，需要确定分析师是否接触了敏感信息，并且基于他自己对于研究报告是否可以推高股票价格的判断，开展了相应的交易。 2. 如果是这种情况，无论是否盈利，他的行为都是不可接受的。 3. 就这位分析师的行为是否恰当，征求他的管理者的意见，并要求分析师对他的行为做出合理解释。 4. 如果怀疑属于市场滥用行为，应该向 FCA 报告，并对员工实施规制行动。 5. 考虑调整个人账户交易政策，要求每笔交易都要得到事先批准，实施范围可限于研究分析师。考虑禁止分析师交易其所负责的股票。

困境 55	公司的自营交易团队业绩最近一直表现不佳。特别是投资产品中的大部分都出现了股票价格自购买以来大幅下跌，这引起了高级管理层的关注。在对一份研究报告进行例行检查中，发现该报告对导致自营交易团队糟糕业绩的股票发行人给出了过高的等级评价。合规官不确定是否因为这个原因不应该批准这份研究。
关键问题	1. 市场滥用。 2. 岗位隔离。 3. 利益冲突。 4. 研究的独立性。
评论和可能的 解决方法	1. 这里需要关注的是研究团队与自营交易员之间勾结，为了推高股价，提高自营仓位，发布了积极意见的研究报告。 2. 对研究团队和自营交易团队之间是否存在不恰当的联系或信息流动进行检查。 3. 要求研究团队解释支持他们研究结论的理由——也许研究团队是清白的。 4. 根据检查结果，确定是否为市场滥用行为，报送 FCA。 5. 抑或者，在公司岗位隔离机制运作良好的情况下，有关人员可能都是清白的。

困境56	一位研究分析师谈到，他最近收到一家公司发出的参加大型体育赛事的邀请，而这家公司有一段时间没有在他的研究范围内了。他的理解是，这家公司可能会要求他再次发布研究报告，合规官不确定监管如何看待这个问题。
关键问题	1. 利益诱因。 2. 奖励规则。 3. 研究的独立性。
评论和可能的解决方法	1. 研究分析师不得接受在他们研究报告中存在重大利益方的馈赠，因此如果接受这份邀请是很不明智的。 2. 风险点是研究团队的工作受到在其所研究范围内的公司的影响，将有损于工作的独立性——而仅仅一句"感谢"作为回馈，则不会让团队觉得有义务发布正面的报告。

困境57	公司最近聘用的研究团队新主管希望调整薪酬政策，将分析师的薪酬奖励与基于他们研究报告做出的交易数量直接挂钩。合规官不确定这是否是一个好主意。
关键问题	1. 利益冲突。 2. 适合性。 3. 客户利益至上原则。 4. 薪酬政策。
评论和可能的解决方法	1. 这样的薪酬报酬策略导致了严重的利益冲突，可能会导致研究分析师向销售团队施加不必要的压力，要求向客户建议分析师所推荐的股票，而不是其他可能更适合客户的股票。 2. 制定更独立的薪酬策略。

困境58	对公司的销售和交易团队以及研究团队可能涉及的市场滥用行为表示担心：两个团队日常联系非常紧密，就像他们所说的那样，在逻辑上研究团队需要知道销售团队的客户对哪些公司感兴趣，以便能够进行相应的研究满足客户的需要。
关键问题	1. 市场滥用/市场行为操守。 2. 岗位隔离。 3. 利益冲突。

续表

评论和可能的 解决方法	1. 要确保两个团队都清楚在市场发展战略讨论时如何划清彼此的工作界限 —— 研究团队不得提供任何价格敏感信息，包括他们即将发布涉及价格敏感信息研究报告的消息，并且确保在研究报告发布前销售团队不能获知报告内容。 2. 同样，销售人员也不应该获得这种特权。 3. 销售部门和研究部门一起工作是合理的，研究团队的研究对象不能满足客户的需求就失去了意义。销售主管要求研究涵盖特定的股票，与研究报告发布之前了解其中的内容，这两者完全不同，前者是可以接受的，后者显然不能接受。

困境 59	在修改公司个人账户交易政策时，有人提出建议员工不得投资其工作范围所涵盖的行业，原因是他们有可能根据内幕信息交易。这有别于公司以往的做法，合规官不确定是否应该在新政策中作出这样的限制。
关键问题	1. 个人账户交易。 2. 市场滥用/市场行为操守。 3. 内幕人士名单。 4. 监视和限制清单。
评论和可能的 解决方法	1. 对此有一些分歧意见——有人认为，如果交易员专注于某特定行业，比如电力，那么由于内幕交易风险过高，就不应该再交易电力股份。 2. 另一些人则认为，交易员将注意力集中在电力行业上会更好。因为从个人的角度来看，交易员关注自己的利益，也会间接对客户有利。 3. 哪一种模式适合公司，最终还要研究决定。但如果确定交易员可以在其工作范围涵盖的行业领域进行个人账户交易，则公司内幕人士/监控/限制名单应该明确指出交易员提交的个人账户交易申请涉嫌包含内幕信息的风险。

困境 60	公司信贷部门的一名员工申请个人交易某股票，由于公司的企业理财团队正在协助这只股票的发行人处理收购报价，而导致该股票被列入了监视交易清单。
关键问题	1. 市场滥用/市场行为操守。 2. 岗位隔离。 3. 监视和限制清单。 4. 内幕人士名单。

续表

评论和可能的解决方法	1. 核实监视和限制清单，查看本公司是否持有标的公司的内幕信息。特别是要核实标的公司的信贷活动，例如正在讨论收购融资。 2. 还要检查内幕人士名单，核实请求交易的员工是否掌握任何内幕消息。 3. 询问该员工或他的管理者是否掌握内幕消息，反而会提示他们将手中的价格敏感信息套现。最好向负责这笔业务的团队负责人咨询，是否有理由怀疑该员工掌握内幕消息，以及批准交易申请的意见。 4. 在决定拒绝交易申请前要仔细考虑，如果不是有足够的理由不要这样做。因为拒绝可能会提示员工与该股票有关的重大消息即将发布。

困境61	公司过去只对销售和交易人员以及处理结算和支付指令的后台人员进行录音。然而，新的首席执行官到任后，对所有前台工作人员没有进行电话录音提出了疑问；他询问不对所有前台员工使用有电话录音是否有监管方面的考虑。
关键问题	1. 数据保护。 2. 通话录音。 3. 机密性。
评论和可能的解决方法	1. 没有实施录音的原因是——从合规的角度考虑录音必须有合理理由，例如《英国商业行为准则》第11.8条款规定①，涉及接收、执行订单或有关安排工作的电话都应被录音。 2. 谈话内容被录音后，制定相关基础设施以保护录音的安全性和机密性，防止落入不当之人手中，这至关重要。 3. 此外，要注意通话录音反过来也可能对公司不利。录音在交易结算后很少再用到，但FCA要求保留六个月。 4. 如果有合理的原因要求进一步扩大通话录音，那么就应该这样做，唯一需要注意的是必须按照相关法律和监管要求实施。

① 译者注：《英国商业行为准则》第11.8条款已于2018年1月3日删除。

困境 62	作为全球培训与发展倡议的一部分，公司交易部门的负责人计划安排交易团队成员在世界各地办事处之间轮岗，为他们提供不同工作环境体验，并允许他们继续维护自己客户。该负责人询问是否可以这样做。
关键问题	1. 培训和能力。 2. 批准人。 3. 准许的业务。
评论和可能的解决方法	1. 这种想法很好，但这实现起来会很棘手，团队成员无法在没有取得监管许可、资格，工作许可的情况就开始交易。 2. 调查相关司法管辖区的法律规定，在派遣临时海外工作任务前，要确保相关工作不违反法律。 3. 以英国为例，如果符合某些条件，外国员工可以在未经 FCA 批准的情况下根据批准人制度从事客户服务（他们只能在 12 个月的期限内在英国从事短期工作，并接受相应的监督）。 4. 根据作者的经验，即使英国居民赴马恩岛进行为期一周的审计，尽管不是去那里的公司工作，而是开展检查，也需要获得工作许可。所以要了解监管要求，不能凭空想象。 5. 对相关人员和主管进行培训，使他们了解哪些是法律允许的，哪些是法律不允许的。并确保公司的海外合规同事在所属司法管辖区内实施同样的培训。 6. 还要清楚有关国家的商业道德规则，最好在重新派遣交易人员后，仍能维护现有的客户。

困境 63	某潜在客户不太乐意接受客户服务协议中的标准业务条款，要求修改其中的某些条款内容。
关键问题	1. 商业条款/客户协议。 2. 公司及其服务、薪酬的信息。
评论和可能的解决方法	1. 合同条款能否修改取决于 FCA 或其他监管机构提出的要求。 2. 即使不是监管要求，也要考虑是否具备客户服务方面的基础条件，以修改条款。 3. 客户的要求是否符合实际？是否会无关紧要或者引起违规？ 4. 业务条款标准化要胜于仅满足个别客户要求。但是，如果法律或监管法规对于是否包含某个特定内容没有规定，而自身倾向于修改条款，就可以接受客户的建议。

困境 64	公司的一位交易员请求每周在家工作一天，他的经理询问监管上是否不支持这样做。
关键问题	1. 通话录音。 2. 监督。 3. 高级管理层体系，安排和控制。
评论和可能的解决方法	1. 先要弄清楚为什么这位员工要求在家工作，如果他的答复令人满意，理论上这样做是可以的，但从逻辑上讲，这又非常复杂的，例如： （1）在家具备安装交易软件的条件吗？ （2）交易员如何接受监视？ （3）交易员正在接收或执行客户订单的通话该如何记录？ 2. 如果批准该请求，则需要采取严格的控制措施，包括： （1）制定非交易室交易政策； （2）比照交易室，使用电话录音； （3）提供足够的 IT 支持，以防止家中系统宕机； （4）采取充分的 IT 安全措施，确保他人无法使用远程访问登录公司的计算机网络。

困境 65	公司销售团队业绩表现不佳，流失的客户转而寻求那些理财建议更成功的公司。一位初级销售代表就她自己负责的指令向理财团队咨询销售意见，希望他们可以在市场对即将到来的事件作出反应之前就提前行动，以增强客户的信心。
关键问题	1. 市场滥用/市场行为操守。 2. 岗位隔离。 3. 培训和能力。 4. 监督。 5. 销售代表询问"内幕信息"。
评论和可能的解决方法	1. 这种做法显然是不可接受的，应该认真考虑是否向 FCA 报告（包括潜在的市场滥用以及与初级销售代表的适当性和适配度问题），结合 FCA 过去的执法历史就如何应对寻求法律意见。 2. 对销售代表是否掌握内幕信息进行审查。如果确实如此，需要启动全面调查程序。 3. 同时检查公司的培训以及监督机制的有效性。该销售代表是否接受过市场滥用方面培训？她的直线管理者是如何监督其活动的？ 4. 就已经发生的不当情形对公司理财团队和销售团队的成员进行指导，以免重蹈覆辙。

困境 66	在一位同事的"脸书"信息中看到他抱怨公司是"他曾工作过的最不专业的地方"。还发现他在网上列出的工作经历与他的简历并不相符。他还提到最近去阿姆斯特丹旅行的行程,似乎涉及吸毒。
关键问题	1. 适当性和适配度。 2. 规制措施。
评论和可能的解决方法	1. 考虑向人力部门通报此人——对于公开诽谤公司的员工应该采取相应的规制措施。 2. 对于涉及毒品的线索,是否掌握了他吸毒的证据?如果是这样,这可能会影响其在金融服务行业工作的适当性和适配度。注意某些毒品在阿姆斯特丹是合法的——这是否会影响对此事的处理? 3. 禁止通过公司计算机系统访问"脸书"。

困境 67	在对个人账户交易检查中发现,公司一位基金经理的个人账户损失严重。但是他在日常工作中的表现得非常勤勉高效。是否应该从监管的角度来关注此问题。
关键问题	1. 适当性和适配度 2. 个人账户交易
评论和可能的解决方法	1. 员工的财务状况是 FCA "适当性适配度"测试的直接参考依据。 2. 持续观察员工:如果他失去还款能力,或者承担的财务压力进一步增加,会造成他自己失去适当性和适配度资格,导致他在为客户交易时行为放任,更倾向向短期收益。 3. 也会导致他在工作时段更多的关注自己的仓位而不是客户利益。 4. 还应该考虑与该员工及其直线管理者进行讨论,寻求解决该问题的方式。 5. 由于处理该问题比较敏感,还要征求人力资源部门的意见。

困境 68	一位员工前来游说批准一项她期待值极高的交易,她说在伦敦上市的 ABC 公司的首席执行官即将与他的秘书一起抛弃自己的家庭。她认为首席执行官已经成为公司的负担,他的离职将为公司注入新鲜血液。这会带来股价的快速上涨,希望趁此机会获利。
关键问题	1. 市场滥用/市场行为操守。 2. 个人账户交易。

评论和可能的 解决方法	1. 考虑该消息的性质——如果它是内幕信息或相关信息（如 FCA《市场行为准则》所定义），那就不应该准许她进行该交易。 2. 需要考虑的因素还包括： （1）该信息是否已被市场知悉？ （2）首席执行官可能离任的消息即将公布，这是否属于价格敏感信息（答案是肯定的）？ （3）信息是否准确，还是仅仅是推测？ （4）即使该交易不会构成市场滥用，这种行为也很难被市场认同（特别是如果 ABC 是公司的客户），公司的声誉可能会因此受到影响。

困境 69	在检查投资管理团队接受客户全权委托所管理的投资组合时，发现其中一个组合包含了自营交易团队认为风险过高而被禁止簿记的一类高收益债券。合规官质疑让客户接触公司并不会持有的金融工具是否合适。
关键问题	1. 适合性和适配度。 2. 客户利益至上原则。
评论和可能的 解决方法	核实客户的适合性以及他的投资管理协议条款——如果他的风险偏好确实高于公司的偏好，而且所涉及的债券也完全与他的偏好相符。在这种情况下，就不存在问题。如果债券的风险状况超过了客户的风险偏好，需要就此问题向投资管理团队负责人通报，并考虑是否会损害客户利益。

困境 70	公司向商业街的一家主要零售商提供银行服务。公司投行部的一位员工碰巧参加了该客户赞助的抽奖活动，并赢得了赴塞舌尔度假的机会。他询问按照公司的礼品和福利政策是否可以接受这份奖品。
关键问题	1. 客户利益至上原则。 2. 利益冲突。 3. 利益诱因。
评论和可能的 解决方法	1. 该员工可以接受此次这份奖品：只要能确定这次获奖是偶然事件，就不会被视为一种利益诱因。很难判断该员工的好运气会对该客户以及其他客户产生何种影响。此外，还要征求他的直线管理者对此的意见。 2. 也要检查合同中涉及竞争性的附属细节——可能由于公司是客户的服务提供商，而导致该员工被取消领奖资格。

困境 71	公司的一位潜在客户，联系到了公司零售团队，而团队怀疑这位客户是 FCA 安排的"神秘顾客"。他们咨询是否应该将这位客户与"常规"顾客区别对待。
关键问题	1. 与监管机构的关系。 2. 公平对待消费者。
评论和可能的解决方法	1. 理想状态下，销售团队在任何时候都应提供优质服务，而不应该因为监管机构的出现而刻意提高服务标准！ 2. 合规官可能因此很想知道为什么销售团队提供的一般服务没有令主动接触建立业务关系的客户感到满意。 3. 合规官可能乐于看到这次 FCA 神秘消费经历，以此提醒销售团队监管机构的存在，并且非常关注他们的活动。 4. 考虑 FCA 报告中所指出的服务方式存在的不足，这是 FCA 评价服务的工具（只要情形不是很严重，尚不足以起 FCA 规制措施）。 5. 此外，如果存在这种情形，应该对通话录音开展例行检查，以核实销售团队是否公平对待客户？

困境 72	公司设计了一套异常情况自动报告机制，显示违反最优执行原则情形的发生率。在报告涵盖的月份内，已经数次发生这种情况，合规官担心可能需要对客户接受不利的交易价格作出赔偿。
关键问题	1. 最优执行。 2. 客户利益至上原则。
评论和可能的解决方法	1. 最优执行不仅仅是定价问题，需要检查执行所涉及的相关因素，包括订单大小，以及客户是否提出任何特定的指示。例如，客户的订单可能太大或太小，不适用市场上的正常价格。 2. 要求客户经理或交易员证明客户定价的合理性。执行该价格是否符合公司的最优执行政策？ 3. 如果未能履行最优执行政策，则需要考虑若干事项，包括：向 FCA 报告，支付赔偿金，处理有关工作人员，检查执行政策并提供培训。 4. 如果误报过度，考虑重新设计最优执行异常报告机制。 5. 最后，还要提高检查最优执行异常情况报告的频率。考虑每月检查是否足够？

困境 73	一位研究分析师申请出售其个人账户所持有的大额 ABC 公司股份。而合规官记得最近看过这位分析师发表了一份研究报告，在报告中主张"买入"ABC 公司的股票。他的交易不应该违背自己的研究结果。
关键问题	1. 调查控制。 2. 利益冲突。 3. 个人账户交易。
评论和可能的 解决方法	1. 研究分析师的操作不得与其研究意见相悖，因此需要与分析师就该交易和他的研究结果进行交流，了解情况。 2. 他可能已于近期修改了推荐意见，发布了对 ABC 公司的"卖出"建议（在这种情况下，除非确信公司的客户可以对新的报告作出反应，否则不应该批准交易）。 3. 可能发现这位分析师正面临严重的财务困境，需要卖出投资以支付账单。在这种情况下，如果认为确有必要，可以批准这笔交易，但应将批准理由记录在案。 4. 还需要考虑该分析师的财务状况对其适当性和适配度的影响（财务状况是评价的核心内容）。

困境 74	公司理财团队的一名员工正在处理 ABC 公司的指令，这家公司正面临严峻的现金流问题，并可能宣布破产。交易所即将发布这方面的公告，极可能导致股票价值大幅下降。这位理财团队的员工由于掌握了 ABC 公司的内幕信息而被记录在内幕人士名单上，他了解 ABC 公司所处的财务困境，但要求出售所持有的 ABC 公司的股份。他对此的解释是，出售所持有的大额股份后，从出售股票中获得的收益会用于给他母亲治病救命。如果他在股价下降前不出售股票，则会一无所获，无法支付他母亲的医疗费用。
关键问题	1. 市场滥用/市场行为操守。 2. 个人账户交易。 3. 内幕人士名单。
评论和可能的 解决方法	1. 依据内幕信息进行交易是违规行为，这正是公司理财团队员工想要做的事情。尽管这可能会伤害到他的母亲，但不建议批准他的交易请求。 2. 如果能够证明这位员工在掌握内幕消息之前就已经决定卖出股份，那么为批准这项交易提供了一个理由。如果员工出售整个投资组合，而不仅仅是他所持有的 ABC 公司股份，合规官可能更愿意相信这个理由。 3. 即使能够证明他在作出交易决定时不掌握内幕信息，也可以决定不批准此交易，因为这可能会给市场带来一个消极的信号。这种情况的声誉风险相当大。

第3篇
合规热点与前沿问题

专栏 1　以原则为导向的监管

　　长期以来，关于我们是否需要金融服务监管，或市场是否应该实行自我监管的争论，已经或多或少有了答案：至今几乎没有人支持取消对行业实行的独立监管。但一波未平，一波又起。如果我们最终都认可监管的必要性，那么我们又需要什么样的监管呢？

　　相较于当前美国实行的立法制度（尽管最近出现一些关于这种方法可能软化的说法），在英国，我们在 20 世纪 80 年代和 90 年代就习惯了以规则为基础的监管制度。然而，时代变了，作为改善运作方式的倡议的一部分（采用"更高确信度和更少机械化的方法"），金融服务管理局走的路线是"以原则为导向的监管"（简称为 MPBR），这一流程涉及废除大量通用规则手册，让我们自行决定适用的方法。我们不再享有现成的、经金融服务管理局批准的合规框架来为我们的行为提供指导。

　　在英国，认为高级原则在监管中能够起一定作用的想法并不新鲜。英国证券投资委员会（SIB）在 1990 年出台了 10 项高级原则声明，这些声明常引用于英国证券期货局等自律监管机构的纪律处分中。经由《金融服务与市场法》（FSMA），我们看到了金融服务管理局法定目标的引入，尽管这些目标并未列为原则，但却在规划监管机制方面发挥了同样作用。《金融服务与市场法》介绍了金融服务管理局必须遵循的 7 条良好监管原则、经修订的 11 条金融服务管理局商业准则，以及 7 项审批人原则声明。2005 年，由政府支持的监管优化委员会成立，在整个监管范围内均具有管辖权（不仅仅是金融服务）；该年度还出台了 5

条良好监管原则（恰当性、问责制、一致性、透明度和针对性）以废除不必要的繁琐规则、官僚主义和冗余管理。

北岩银行（Northern Rock）的问题对 MPBR 这一运行良好的模式造成了致命一击，在该系统内，金融服务管理局未能了解北岩银行业务模式的战略弱点，从而广泛为人诟病，不仅是罗斯玛丽·希拉里（Rosemary Hillary）为该局撰写的报告阐明观点①。金融服务管理局面临着一个问题。其实金融服务管理局相当喜欢 MPBR，但这个监管理念已经沦为全世界监管圈内的一个笑话了，曾是 MPBR 倡议人的某些非英国监管机构突然发出声明，称其从未相信过 MPBR。这个问题通过一次相当精明的改头换面得以解决。基于原则的监管被淘汰，而"结果为本的监管"（OFR）诞生了。实际上两者的目的和作用是相同的。在撰写本书之时，仍然采用 OFR，尽管监管结构发生了变化，改由审慎监管局和金融行为监管局两大机构共同监管的"双峰"监管模式。英国在 2015 年又经历了一次大选，因此不能理所当然指望监管结构能在 2016 年及其后保持不变。

因此，尽管我们留意到，原则在监管中的作用并不新鲜，但它确实在不断演变。英国监管机构对于其所持有的观念从未改变，其中主要的例子包括转向 MPBR 和 OFR，取消了与反洗钱、批发业务培训与能力、投诉处理相关的习惯性规则，并引入公平待客原则和围绕金融服务管理局第 6 项原则开展风险倡议（参见专栏 14，公平对待客户）。其中，批发业务培训与能力由称职员工规则替代，但随后又增加了对个人处理零售客户的详细要求；而投诉处理规则由公平对待投诉规则取代。

身处监管圈内的我们是否认为向 MPBR 和 OFR 的转变是一件好事呢？好吧，作为一个概念，它肯定有它的积极意义。现在，监管机构更多关注结果和意图，而不是关注我们是否遵守一套严格的要求（老套的做法是服从字面要求而非遵守规则精神），而今我们可以根据每个公

---

① 译者注：参见本书第一章第 1.3 节内容。

司的自身条件自由决定如何最好地实现合规。我们可以基于自身的业务活动选择适合公司的制度，并避免通过浮于流程的方式来实现合规，而不是关注我们真正想要实现的是什么。

这一定是件好事，不是吗？毕竟，如果客户开心，他们赚了钱，我们也赚钱。如果没有投诉，没有违反法律，只要我们能达成这一目标，过程又有何重要？难道我们不应为监管机构授予我们这样的自由而欢呼鼓掌吗？

自 MPBR 出台 10 年以来，各界反应不一。业内最初抱怨金融服务管理局的规则，因此金融服务管理局决定取消了很多规则。但我们仍在抱怨。然而，这种抱怨在本质上发生了变化，包括两个方面。首先，讽刺的是，业内经常抱怨监管机构没有告诉我们他们想要什么。好吧，这当然就是 MPBR 与 OFR 背后的全部目的？我们必须从正反两面来看这个问题。像收购委员会和联合反洗钱指导小组（JMLSG）这样的机构已经向我们表明，业界可以制定自己的规则，而且可能比监管机构做得更好。与其对监管机构抱怨，不如抓住 OFR 提供的机遇，通过鼓励我们众多的交易机构采取与设立金融工具市场指令联通机制（MiFID Connect）一样的方式来帮助我们制定规范，以应对威胁，这也是 MiFID 联通机制①如此成功的原因。其次，整个行业都在抱怨监管机构的监管力度过大和罚款过高，不仅是在欧洲，在美国也是如此。摩根大通在美国被罚 130 亿美元，而其 2015 年在英国被罚的罚款也达到了创纪录的水平。当然，这与监管的风格没有多大关系，更多的是与 2008 年金融危机以来监管机构背后的政治意愿有关。金融危机暴露出的个体金融机构、整体金融行业以及误售浪潮反映出的不足，导致政界人士、监管机构及社会集体对金融业内的董事会成员、高级管理层、银行家、交易员和销售人员的行为、态度和能力产生了严重的疑虑。有鉴于此，如今对于公司的不当行为判罚，监管机构采取了更严厉的制裁行动，这令人惊

---

① 金融工具市场指令联通机制由英国金融交易相关协会所倡议，于 2007 年底实施。

讶吗？

关于 MPBR 和 OFR 的最合情合理的抱怨，在于担心该举措未能促进市场的自由性，反而因偏向以原则为基础的监管而可能导致相反的效果，抑制了创新，因为公司只能在"事后"才能得知某个新产品或服务是否符合监管机构批准的标准，因此公司对这样的后果感到忧虑。对于监管机构来说，这尤其危险，因其在行使权力时，必须考虑到良好监管原则，而其中之一就是"渴望促进与监管活动相关的创新"。金融服务管理局以及随后金融行为监管局出台了特别"致首席执行官"的信件，对实践的优劣进行了描述。虽然这些操作通常都很优秀，但数量却十分稀少。应该鼓励金融行为监管局和审慎监管局更频繁地发布对优良或预期操作的剖析。

这是否合规？合规部门不再拥有坚实的构建合规框架的规则基础，因此，我们无法确定我们所实施的措施是否合适——当拥有实施监管措施的最佳机会，但如果不了解目标在何处，则很可能会错失良机。考虑《商业行为准则》2.1.1 中客户的核心利益规则是非常重要的。所以我们已经见证了一些规则的废除（例如关于培训和非零售业务能力的规则）。但客户的核心利益规则无论何时都能"捕捉遗漏"，因此如果我们在某个领域中采取了金融行为监管局并不赞成的行动，尽管我们并未违反该领域的任何规定，但《商业行为准则》2.1.1 仍有可能会判定我们违规。

合规部门的另一个缺点是，如果根据特定规则来决定采取何种行动，那么为自身观点进行辩解则显得更为容易。这样一来，相对于简单直接告诉首席执行官某事原则上不太正确，合规部门的意见更显重要，但是没有任何规定禁止合规部门这样做。阻止人们突破原本的界限已经非常困难，但是现在我们面临着一个一次性完全消除界限的前景！

对于这个行业来说另一点值得关注的是 OFR 如何适应金融行为监管局的执法体制。我们有看到过针对个人的案件，他们的行为如今看来也许并不恰当，但没有任何规定明确阻止他们的所作所为。金融服务管理局在其执法指南中表示，执法行动将更多地考虑原则问题。这在过去的10年里确实发生了，而现在已经纳入了英国的监管架构内，许多大额罚款都是由于违反了原则。

合规性的特殊问题之一是，因为监管机构现在使用一整套方法和文件描述符合高级原则与否的要求，因此追踪相关要求更加困难。所以，我们并不能简单地浏览规则手册，而是需要追踪其他大量的监管材料，不仅是有用的背景资料，还有执法或纪律案件中可能对我们有影响的材料。可能需要追踪的事情包括：审慎监管局和金融行为监管局网站的指南、演讲、通讯稿（如市场观察）、讨论声明、政策文件和致首席执行官的信函。当然，还有行业编制的所有指导。如果看到一位合规官每天都在上网，那么他很可能是在分析监管举措，而不是在偷懒给自己安排假期行程。

缺乏固定规则要求更强的判断力来决定是否构成合规行为。让人忧虑的是，合规的概念最终将成为某个特定监管机构临时起意决定的接受标准。这对于喜欢放马后炮的人来说是福音，但是对于没有这种闲情逸致的我们来说，这个世界将变得更加艰难。我倾向认为这对合规官来说是一个可喜的挑战和机会。MPBR和OFR整体上传达出合规在金融机构中更具重要性的意味。高级管理层用一种至今未有的形式依赖着我们。无论是监管风格还是监管机构的监管相对力度都属次要。更重要的是合规官需要迎接挑战，成为高级管理层值得信赖的顾问。

专栏 2 高级风险响应操作框架 （ARROW）

ARROW 代表"高级风险响应操作框架"，是监管部门用来识别和管理其四项法定目标风险的世界领先的评估方法。这是金融服务管理局大部分活动背后的推动力，并具有在任何风险缓释方案中都会看到的关键组成部分，即：

■ 识别——对于金融服务管理局的法定目标存在哪些风险？

■ 衡量——金融服务管理局应该如何对待这些风险（概率与影响）？

■ 控制——执行风险管理安排。

■ 评估——已经实施的风险管理程序有多成功？

风险以多种方式确定，包括在正常监督过程中与企业的联系，与消费者群体的接触以及对受监管企业的具体风险评估采访。

金融服务管理局在 2006 年初推出了全新升级版 ARROW 2，旨在进一步完善已经被认为是非常成功的风险缓释方案。ARROW 2 持续应用到 2013 年 4 月金融服务管理局拆分为审慎监管局和金融行为监管局为止。如今已经被审慎监管局的主动干预框架（PIF）以及金融行为监管局的企业系统框架（FSF）替代，虽然两个框架的缩写都不是那么好记认，但其均广泛沿用了 ARROW 提出的原则。

如果您收到通知 PIF 或 FSF 将进行监管审查，例如进行风险访问、专题审核、监督审查评价程序（SREP）或监督流动性审查程序

（SLRP）① 访问，请参阅第 2 篇 A 部分相应内容，了解如何应对金融服务管理局采访问题。

审慎监管局和金融行为监管局引入了自创升级版风险评估技术。虽然它们仍然经常使用缩略语 SREP 和 SLRP，但风险评估过程已被审慎监管局的 PIF 和金融行为监管局的 FSF 所取代。这两个框架大量借鉴于金融服务管理局的 ARROW 过程的原则，但分别更多地集中在审慎和行为议程上。

---

① SREP，即监督审查评价程序，是一种针对风险管理的监督检查活动。SLRP，即监督流动性审查程序，其检查内容主要是受监管公司流动性风险管理机制。

专栏3 《巴塞尔协议Ⅲ》与 《资本要求指令Ⅳ》

■ 银行倒闭的影响显然是十分有害的——消费者和交易伙伴不可能收回全部欠款，甚至可能收不到欠款。一家银行倒闭可能会在整个市场产生连锁效应，导致其他参与者遇到财务困难，进而可能导致市场信心普遍丧失。

■ 因此，全球监管机构的主要优先事项之一是实施监管框架，降低其负责银行无法履行责任的风险。

■ 这方面的规则称为资本充足率规则，简而言之，就是用于确保银行有足够的财务资源来应对所面临的风险。例如：如果无法收回贷款，银行是否有足够的资本承担风险的问题。

■ 一段时间以来，全球监管机构共同合作，为资本充足率制定通用国际标准。这一跨管辖区举措背后的两大主要机构是：

■ 巴塞尔银行监管委员会（BCBS）。

■ 欧盟委员会。

■ BCBS于1988年发布的第一个资本充足率框架称为《巴塞协议尔Ⅰ》，但到了20世纪90年代后期，人们广泛认为《巴塞协议尔Ⅰ》已过时。其新举措《统一资本计量和资本标准的国际协议：修订框架》，通常简称为《巴塞协议尔Ⅱ》已在很大程度上得以实施，并已通过《资本要求指令》（CRD）纳入欧盟法律。《巴塞尔协议Ⅲ》已获得通过，并将在之后10年内逐步实施。

■ CRD实施于2007年1月1日（其中有额外一年的过渡时间用于

适应力度较大的创新），并取代了两个现有的欧盟指令：

■《资本充足性指令》。

■《银行并表监管指令》。

■ 新制度要求或激励企业分析并量化其面临的特定风险（信用风险、市场风险和操作风险），允许（在非常严格的条件下）使用这些措施来确定自身资本要求，（希望）从而使其更具风险敏感性。这基于三大支柱：

1. 最低资本要求——这一支柱为每家银行设定了基本资本要求。银行可以选择使用标准法或高级计量法来计算资本要求。银行基于机构自身制定的复杂内部模型，在获得当地监管机构的批准后，可以选择使用高级计量法。这些银行的资本要求理论上会更低。第一支柱将"操作风险"概念加入了《巴塞尔协议Ⅰ》建立的风险类型中，表面上将银行面临的操作风险（人为的、法律的、科技的等）从一般信贷风险类别中剥离了出来，建立了独立的资本要求。

新的信用和操作风险资本框架引起了争议，因为框架提供的简约方法是资本密集型的，以鼓励国际银行（巴塞尔委员会的真正目标市场）采取更复杂的方法，然而对于整个欧洲经济区运用巴塞尔协议的小型银行和非银行机构来说，这些国际银行远不可及，后者可能没有重大信用或经营损失记录作为模型应用的基础。因此，一些小型机构将面临监管资本的大幅增加，其中部分原因是，与大型机构相比，这些小型机构发生信用或操作风险损失的可能性比较低。

2. 监督审查——第二支柱用于决定是否应该增加额外的资本来应对第一支柱未能捕获的风险。它增加了一系列"定性"标准，在这些标准下，企业必须证明已分析和掌握自身风险状况和组织完整性，并酌情对面临的风险施加量化或程序上的限制。例如，企业必须对资本充足率进行内部评估，这与第一支柱的监管指示一致（显然，银行在第一支柱下采取的方式越复杂，那么其在第二支柱下需要证明的东西也就越少）。

3. 透明度和市场披露——第三支柱要求银行公布有关其风险和风险管理安排的特定信息。理论根据是，允许市场的力量来评估公司状况，从而能够比仅靠统计措施或信用评估更真实地衡量风险。

■ 新的资本充足率要求已纳入审慎资料集的审慎监管局和金融行为监管局规则。CRD 最新版本是《资本要求指令Ⅳ》（CRD Ⅳ）[①]，于 2014 年 1 月 1 日实施，包括针对资本充足率问题和公司治理方面的一些重要变化。

---

① 译者注：《资本要求指令Ⅳ》是欧洲版的《巴塞尔协议Ⅲ》。

专栏 4　引渡[①]

英国通过《2003 年引渡法案》，将美国和欧洲立法变更引入英国法律，这使得英国引渡方面的威胁日益增大。

欧盟于 2004 年 1 月引入了"欧洲逮捕令"（EAW），旨在帮助并加快将欧盟国家的嫌犯引渡到另一个欧盟国家。虽然这最初是"9·11 事件"后的反恐措施，但实际上其运用范围远远超过这一点。法案还适用于合规官及其团队关注的一系列犯罪行为，尤其是欺诈，例如洗钱和恐怖主义融资。

与欧洲逮捕令一样，我们新的安排也与美国有关，这些新安排也通过《2003 年引渡法案》引入英国法律，最初也被认为是在"9·11 事件"之后打击恐怖主义的一部分，但实际上却产生了更为广泛的影响。如今无须提供初步证据就可以将英国公民引渡到美国。这意味着被告在被交付给美国司法系统之前没有机会在英国的法院进行辩护。

虽然从美国引渡到英国的对等安排尚未实现，但美国对其新的域外权力表现出越来越大的热情。声名狼藉的国民西敏寺银行（NatWest）案件完美地证明了这一点。3 名国民西敏寺银行前雇员因涉及与安然公司有关的罪行，经最高法院允许而被引渡到美国。

这起事件中有一些特别令人恐惧的事：3 名被告起初自愿向金融服务管理局提供相关信息，但金融服务管理局并没有决定提起诉讼，而是将收集到的文件移交给了美国当局。最后这个案件由美方提起诉讼时，

---

① 译者注：引渡是指一国把在该国境内而被他国指控为犯罪或已被他国判刑的人，根据有关国家的请求移交给请求国审判或处罚。

所有的文件几乎都是从金融服务管理局获得的，虽然金融服务管理局认为它们并没有针对这一案件，然而这些文件在美国却对三人造成不利。另外，三人犯下被指控的罪行的是在英国，而所谓的受害方（NatWest公司本身）也是在英国，而且公司并未认为有任何对公司不利的罪案发生。

我们似乎能从这个悲伤的故事中清楚看到，只要美国想要抓捕谁……就一定会做得到，即使与美国之间毫无关联。通过美国的电邮、美国服务器上发布的信息、通过美国机器或以美元流动的付款指令……小心点！

专栏5　金融服务行动计划

■ 建立单一欧洲金融市场的动力始于1992年的《马斯特里赫特条约》，这为整个欧盟的经济和货币统一开辟了道路。

■ 20世纪90年代末，越来越多的人要求增强"单一金融服务市场"提议的协调性和策略拟定：该提议中的一些措施已经被采纳，另一些则已列入计划，但许多人认为这一过程是相当随意的。

■ 其他推动单一金融服务市场进程的因素包括：

　　■ 即将推出的欧元——单一货币与单一市场齐头并进似乎是理所当然的；

　　■ 人们意识到企业在欧盟的融资活动没有公平的竞争环境；

　　■ 希望为居住在任何欧盟国家的消费者提供同样程度的保护；

　　■ 认识到企业在提供跨境服务时遇到的困难抑制了竞争；

　　■ 必须承认互联网和电子商务对跨境金融产品和服务带来的影响；

　　■ 以及决心通过建立一个单一的、强大的监管框架，为欧洲金融市场带来更强的稳定性。

通过以策略性的方式解决所有这些问题，人们希望欧洲作为一个整体能够更好地与美国竞争，美国是一个整体的市场，不像欧盟那样以金融服务市场的分割为特征。

■ 1998年，当金融服务政策小组被委派增强欧洲各个金融服务市场的协调过程的计划性、紧迫性和协调性时，卡迪夫欧洲理事会启动了金融部门评估规划（FSAP）。

■ 金融部门评估规划在 2000 年得到了里斯本欧洲理事会的支持。它详细列出了计划在 2005 年之前完成的 42 项措施，在欧盟委员会题为《金融服务：建立行动框架》的文件中列出了这些计划。这 42 项措施分为四类：

- 指令；
- 监管法规；
- 通信；
- 建议。

分在以下三个大类别下：

- 影响批发市场的措施；
- 影响零售市场的措施；
- 影响金融服务监管的措施。

■ 2000 年，在兰法鲁斯（Lamfalussy）审查的试运行中，进一步推动了创建单一欧洲金融服务市场的进程。

■ 一些广为人知的金融部门评估规划问题包括：

■ 镀金（Gold plating）——"过度执行"一些指令的趋势，导致某个成员国引进比最初指令更严格的要求，这显然是不公平的。而且，是否公平取决于人们看它的方式，将其视为保护司法管辖区商业服务，或是由于过度的监管而使该地区商业处于了不利地位。

■ 实施不到位——与镀金相反：将欧盟指令转至本国法律时，有些国家落后于其他国家。在某些情况下，即使当地的要求，采纳状况也不令人满意。

■ 单一市场犯罪——单一金融服务市场在多大程度上助长了整个欧盟的犯罪活动？例如，金融部门评估规划是否使得某些犯罪行为更加容易进行，比如今天在伦敦从您的信用卡账户偷走现金，明天在马德里随意使用？如果是的话，是否已经采取了足够的措施来解决这个问题？

过去十年欧洲的各种举措引发了欧洲监管结构的又一次变化。我们有欧洲系统风险委员会（ESRB）、欧洲证券和市场管理局（ESMA）。欧洲证券和市场管理局的使命是"加强对投资者的保护，巩固欧盟稳定，确保金融市场运转良好"。欧洲证券和市场管理局作为一个独立的欧盟权威机构，通过为欧盟金融市场建立一套单一的规则，并确保其在欧盟范围内的一致应用和监督来完成这一使命。我们将在未来几年里看到它是如何成功的。

专栏 6 全球化经营的合规问题

如果您或您的同事需要一些令人信服的理由，想知道为什么当你们的公司总部在英国，却需要熟悉海外司法管辖区的监管和立法，请看看下面的清单。该清单说明了为什么合规越来越需要全球化。

■ 鉴于金融服务行动计划，英国的立法和监管议程很大程度上是由欧盟制定的。

■ 一些司法管辖区（尤其是美国）力图将它们的立法应用于"外国"——例如，如果使用美元进行交易而违反了美国财政部海外资产控制办公室的限制规定，可能就有麻烦了。美国的引渡案件，请见专栏4。我们也有《海外账户纳税法案》和《反海外腐败法》，两者都适用于域外。

■ 英国的《反贿赂法》于 2011 年 7 月生效，适用于世界任何地方的英国公司，不仅是公司员工，还包括潜在的相关人员（如代理人、外包供应商）。

■ 如果公司属于总部不在英国的国际集团的一部分，您可能需要考虑到母公司所在国家的要求。

■ 如果公司开展跨境活动，需要了解活动所在司法管辖区所适用的要求。适用的要求可能取决于这种跨境活动是如何进行的：是否有实体的海外分行或代表处，员工是否以"手提箱银行"（Suitcase banking）模式开展业务，定期到海外出差，而没有公司基地（除了一个酒店房间），是否仅仅是从英国通过电话和邮件等方式与海外客户开展业务。

■ 跨国公司经常通过矩阵管理安排运营全球团队。伦敦的最新管理举措是否违反了适用于海外团队成员的要求是非常值得关注的。

　　■ 金融监管方面的全球倡议行动联结得越来越紧密——单一国家的监管机构不再怯于与其他海外监管机构进行交流。审慎监管局和金融行为监管局是国际合作的忠实支持者。

　　■ 巴塞尔委员会（BCBS）正在为银行业监管的各个方面设定基调。其 2005 年出版的《银行的合规与合规部门》第 9 条规定，"银行在经营业务的所有司法管辖区都应遵守适用的法律法规，合规职能部门的组织和结构应符合当地法律法规的要求"。这已经描述得非常清楚了。国际证券委员会组织对非银行机构也有类似的影响。

　　因此，为了总结以上所有内容，让我们试试这个小小的脑筋急转弯：

　　■ 总公司位于澳大利亚。

　　■ 全球合规职能部门由伦敦运营。

　　■ 集团内一家中国单位的员工被调派到意大利的一家姐妹公司。

　　■ 这名员工曾在新加坡分公司工作了两周。

　　■ 在此期间，他常在东南亚地区出差，推广公司的证券交易服务。

　　■ 他还准备了营销资料，用于分发到他无法前往的各个国家或地区。

　　■ 营销资料涉及以美元计价的产品。

　　■ 这些产品在全球各大交易所交易。

　　■ 结算工作已外包给印度。

　　应适用哪些法律法规？

　　哪些监管机构对此感兴趣？

　　你可以把答案写在明信片上寄给我们！

　　当然，现成的答案是不存在的。没有现成的规则可以解释在这种情况下应该如何监管和正确地行动，需要考虑到所提及的每个司法管辖区范围内的规则。

专栏 7　行业实践标准

随着英国越来越倾向"以原则为导向的监管",即一种以结果为导向的监管,我们看到行业指南的重要性相应提高,以协助我们履行我们的监管义务。这并非新出现的事物,其实我们很早之前就有了行业指南,其中两个最典型的例子就是反洗钱联合指导小组指南和银行业行为准则。不过,新的情况是,审慎监管局和金融行为监管局正积极鼓励行业机构筹划指南,并提供了一个框架以确认这种导向。

除了这一情况外,由于取消了多条细则,行业指南在我们的监管架构中将起到更为举足轻重的作用。赞成这种方式的理由显而易见:最了解哪种实际解决方案最有可能符合监管要求的应该是行业自身,并非监管机构。这一便商利商的方式将促进行业朝着成功、创新、高效的方向发展,从而更好地满足消费者的需求。

毋庸置疑,利用行业指南本身并不是坏事,但难免会有人提出反对的观点。

行业指南的概念

最激烈的反对者是那些反对将行业指南作为一种概念提出的人,并认为它仅仅是监管机构用来推卸责任的一种方式。他们认为,作为监管机构,审慎监管局和金融行为监管局并非义务劳动,自然而然地,应该是它们对我们提出监管要求,而不是让我们通过行业协会来提出自己的想法(那和雇一个水管工来看着您自己修理水管有什么区别?)。

这些反对者认为,行业协会不是监管机构,并未受过此类培训,也无法做到从监管机构的角度出发。它们也不具有监管机构所具备的资金、时间和中立性。因此，如果允许行业协会扮演监管角色，但它们同时接受其他公司提供资金，这会影响监管程序的独立性，在没有政府问责的情况下，这无法缓解所产生的利益冲突风险。

也有人担心，为了确保得到监管机构的认可，热心高涨的协会在这一指导下提高"要求"。这样做将要求众公司坚持超出监管预期，从而使其与欧洲其他只遵守欧盟金融市场工具指令（MiFID）或相关指令的公司相比处于竞争劣势。

行业指南的状态

重要的是要记住，指南是行业协会发布的，其状态和监管机构的规则不一样，没有义务遵守。但是监管机构已经表示，在"行使其监管职能时会考虑到这一点"。此外，若出现违背指南的情况，可能会涉及执法案件。这似乎会让行业指南处于一种"准监管"的状态，但又没有法定的咨询过程，让我们有机会提出所关心的问题（如不实际性或与现有的其他指南相冲突），并妥善解决。

同时，如果在业务条款中告诉客户将遵守特定的指南，那么最好确保能遵守，因为如果之后未遵守，有可能惹来民事诉讼。

对行业协会的影响

也有人担心，日益依赖行业指南将会削弱行业协会的地位。一开始可能会觉得这个问题是与正常预期相反的，但我们应该认真对待：目前，行业协会可能仅允许付费会员获得指南，但现在任何经确认的指南都必须是免费、公开的。因此，对那些觉得组织内部不会重视自己意见的小公司来说，成为付费会员的积极性就会降低，行业协会的经费就会减少，但同时制作指南材料和安排咨询服务人员又造成额外经济负担，导致成本上升。

同样重要的是，如果依赖其指南而导致监管培训失败，行业协会很可能会面临消费者和受监管企业的起诉。当然，监管机构在类似情况下可以获得法定豁免。这看似不公平。

小公司处于劣势

也有人担心，日益依赖行业指南会使小公司处于劣势，原因如下：

■ 它们可能被视为行业协会内的"较次要的合作伙伴"，或者根本无能力加入行业协会参与指南的完善、或获得与指南相关咨询的答案；

■ 代表小公司利益的行业协会较少；

■ 确确实实为小企业而存在的行业协会可能不像其他机构那样资源丰富，因此不能很好地为其成员提供指南。

如果您在一个缺乏指南的行业里，不如自己来写一些！

专栏 8　英国法通保险公司诉金融服务管理局

——谁是赢家？谁是输家？

在一个经典案件中，金融服务管理局因英国法通保险公司（L&G）在 1997 年至 1999 年期间的养老保险不当销售而对其罚款 110 万英镑。英国法通保险公司对这一结果并不满意，并向金融服务与市场法庭提出上诉，随后（2005 年 1 月）法庭对金融服务管理局的执法行为提出了批评，并将罚款减少到 57.5 万英镑。

英国法通保险公司当然可以对这样的结果沾沾自喜。但是，所有受我们监管的公司都应该像这样沾沾自喜吗？这场胜利清楚地表明，法庭完全有能力独立于监管机构 —— 以前曾有人担心过这一点。而且这也表明，在挑战执法决定时，企业确实有空间立足。我们都应该从中获得慰藉和信心。

但是这个案例还说明了什么呢？它说明了金融服务管理局的不足。作为一个想要成为领先金融服务中心的国家，我们的监管机构必须为我们做得更好。如果罚得对，为什么无能力确保法庭站在自己那一边？如果罚得不对，那么为什么一开始要罚？如果没有成功的执法程序，金融服务管理局如何证明自己能实现打击金融犯罪的法定目标呢？如果让别人知道监管机构在执法方面没有良好的组织，只要挑战它就能赢。那么这对不当行为还能产生什么样的威慑作用呢？

纯粹自私地从合规官的角度说，金融服务管理局在英国法通保险公司一案上的败仗，就相当于夺走了合规官们最有力的棍棒，再也无法鞭策行为不端的同事遵守规则。这也促使监管机构决定对其处罚程序进行全面检讨，并大力进行整顿。这一方面的工作现已完成。规则手册的大部分章节已经出台，包括了以前的处罚程序和执法方式，更出台了"新的，经过改良的"决策程序、处罚手册和执法指南。有趣的是，自2008年金融危机以来，即使罚款力度大幅提高，人们对执法过程的担忧却也较少。也许这是因为舆论的力量，以及金融服务专业人士日益认识到不良行为必须接受惩罚。

专栏9　欧盟《金融工具市场指令》

在 N2 规则开始实施（2001 年 11 月，《金融服务与市场法》实行的英国监管体系经历的最后一次重大调整）的短短几年后，我们发现自己被生拉硬拽进入欧盟金融工具市场指令（MiFID）的时代。MiFID 对整个欧洲大陆的金融服务提供商也产生了同样重大的影响。我清楚地记得 N2，大概是因为它所取代的体制所存在的缺陷（根据《1986 年金融服务法案》），我没遇到过关于此项工作太多的冷嘲热讽，甚至可能还有一定程度的热情，然而，MiFID 则不同了。没有人（也许除了那些 IT 公司通过提供大量 IT 基础建设获得了数以百万的利益）表现出很大的兴趣去学习新的规则、判断所带来的效果，或者推出项目启动该工作。

我这样说是因为，与 N2 完全不同的是，很少有人批评过去的体制，并且都认为 MiFID 是欧洲的一剂良药，然而这种药并不是真正所需的。MiFID 本质上重写了现行 N2 规则的大部分细节，但是在要求的总体方向上变化不大。换句话说，成本较高而收效甚微。显然已经出现一些抱怨，但还不足以让我们决定大篇幅重写规则手册。事实上，总的来说，人们似乎对英国的监管体制感到相当自豪，并拒绝仅因为欧盟另一边一些偏远的地方与我们的监管标准不同而作出改变。从英国的角度来看，对于 MiFID 主要批评之一的核心是，伦敦是欧洲最大的金融中心，可以说它将经历最强烈的变革，因此产生的成本也最高。但是，也有很多人认为在 MiFID 存在之前就已经有了一个可供参考的监管制度，即巨大的合规成本远远超过了任何收益。看看金融服务管理局自身的数据：据 2006 年 11 月的 MiFID 总体影响报告估计，受监管企业每年可以获得高达2亿英镑的收益（主要方式是降低合规性和交易成本）。相比之下，受监管企业的一次性成本估计为8.77亿英镑至11.7亿英镑，以及每年额外支付8800万英镑至1.17亿英镑的持续费用。

在英国，另外一个对MiFID的批评是金融服务管理局的"智能拷贝"（Intelligent copy – out）做法，即英国财政部（HM Treasury）来指定最大限度保留所有欧盟指令，并转换为英国法规，表面上是为了给金融服务管理局对国际标准"镀金"的热情泼个冷水。不幸的是，它的实际效果是让新的规则手册中缺少了必要的解释和背景，并且对术语的定义也越来越倾向靠近欧盟的不透明立法。这并没有帮助提高金融服务管理局资料库的清晰度和简洁性，却导致一些人质疑"智能拷贝"这个词是否意味着"拖延与避责"。

但是，抛开诘难不说，MiFID的目标却值得称道，包括：

■ 强化由MiFID的前身——即1993年投资服务指令（ISD）引入的单一欧洲金融服务市场，使一个司法管辖区获认可的公司更容易在另一个司法管辖区提供服务；

■ 扩大欧洲消费者保护和单一牌照机制涵盖的产品和服务范围；

■ 建立针对订单执行的监管框架，而无论交易场所为何（无论是系统性内部交易、多方贸易机构抑或受监管市场）；

■ 引进更强有力的利益冲突控制措施；

■ 保护欧洲金融市场的完整性和提高其效率。

MiFID引入的一些主要变化如下：

■ *范围*——除涵盖ISD提供的所有产品和服务外，MiFID还涵盖：

产品

　　■ 大宗商品衍生品。

　　■ 某些额外的衍生品——差异化的大宗商品、信贷和融资合约。

服务

- 多方贸易机构。

- 资讯建议。

■*单一牌照机制*——除了扩大单一牌照机制以覆盖上述产品和服务外，MiFID 还阐明了与国内及东道国监管机构责任相关的不确定性。

■*商业行为*——英国公司在很多领域都有重大的规则变化，包括：

- 客户分类；

- 最佳执行；

- 适当性与适配度；

- 订单和执行相关的记录保管和透明度；

- 客户资产；

- 金融推广；

- 交易报告（属于"监管"机制下）。

■*系统和控制措施*——这方面英国公司也有重大的规则变化。

一些变化最显著的领域包括：

- 合规安排；

- 外包；

- 业务连续性；

- 信息技术安排。

同样值得注意的，尽管在英国实施 MiFID 的同一天，培训、能力、审批人方面的相关规则发生了巨大变化，然而这些变化并非真正由于 MiFID 相关的变化。

最后也是最重要的，我们要意识到，尽管 MiFID 是英国监管体制背后的关键驱动力之一，但其范围与《金融服务与市场法》的受监管活动法令（RAO）的范围并不同。在一定程度上，因为出现了业务构成或不构成"MiFID 业务"两种情况，导致了适用不同规定的双层监管制度。

如果能实施两项指令，欧盟当然不会满足只实施一项，于是决定在 2017 年 1 月开始实施 MiFID II。根据 2008 年金融危机的经验，其设立目标旨在改善市场结构，并加大对投资者的保护力度。主要变化如下：

■ 大宗商品衍生品将接受更严格的监管，这可能涉及一些首次受到 MiFID 规制的公司。

■ 金融工具交易前后的透明化制度首次延伸到某些非权益类工具。

■ 将采取重要措施监控高频交易。

■ 市场基础建设的变化将包括一个新的类别，称为有组织的交易设施，即系统内部化的概念将扩展到非权益类领域，并承诺将更多的衍生品交易转移到交易所。

■ 资本要求指令 IV（CRD IV）下银行所需作出的公司治理变化将适用于投资公司，对于审慎的薪酬制度的要求也是如此。

■ 其他变化将影响交易报告和业务责任行为。

MiFID II 不会像 MiFID 那样产生如此巨大的影响，但肯定会让企业在实施过程中成本上升。然而，这次大部分将不会是细节性变化。

专栏 10　洗钱数据统计

由于洗钱的特殊性，很难衡量发生的具体金额，但已提出的一些数字如下：

■ 仅贩毒产生的全球收入就高达 5000 亿英镑[1]，等值 1310 亿欧元。[1]

■ 在全世界流通的货币中，多达 25% 可能是"赃款"。[1]

■ 在洛杉矶，超过 75% 的流通货币有非法药物的踪迹。[1]

■ 3000 亿美元中有一半数量美国财政部无法解释。[1]

■ 据报道，每年毒品、军火贩子和其他犯罪分子的洗钱数额超过 1 万亿美元。[2]

■ 把严重有组织犯罪的经济和社会成本以及打击犯罪的成本加起来，广泛估计每年的金额大于 200 亿英镑（在英国）。[3]

■ 在英国，洗钱数额粗略统计在 230 亿到 570 亿英镑。[4]

■ 据政府估计，每年通过英国监管部门洗白的资产价值为 150 亿英镑。[5]

2009 年，联合国毒品和犯罪办公室估计犯罪收入相当于世界国内生产总值（GDP）的 3.6%，有 2.7% 被洗白，这个数字接近 16000 亿美元。

---

[1] 参见《2002 年犯罪所得法 CIMA 指南》和《2003 年洗钱条例》；参见《洗钱：会计师应知悉什么》，2004 年。

[2] 根据毕马威发布的《2007 年全球反洗钱调查——银行如何应对挑战》。

[3] 根据重大有组织犯罪署（SOCA）出版的《2006—2007 年度英国严重及有组织犯罪战略评估报告》。

[4] 参见金融服务管理局网站，2007 年 10 月。

[5] 根据英国财政部 2007 年 2 月发布的报告《犯罪和恐怖主义对金融领域的挑战》。

专栏 11　资本充足率审慎监管

资本充足率的审慎监管是《金融服务与市场法》制度的一部分，在本书中并无详细论述，因为它一般由财务部门而非合规官负责。尽管如此，不应认为可以完全忽略资本充足率的审慎监管：必须至少对它有一个基本的了解，因为它对监管体系而言十分重要。

这部分法规旨在确保公司有足够的资本履行其义务，以及不承担与其损失承受能力并不相当的风险。这背后的原因有两方面：

■*投资者保护*——如果一家公司破产，它可能无法履行对客户的义务。

■*防止系统性风险*——当一家公司的财务崩溃对其债权人产生连锁反应时，就会产生系统性风险，最终会使整个金融系统面临风险。比如，2008 年一家公司（雷曼兄弟）违约对其他一些主要公司产生了重大影响。

为了防止此类结果，公司必须通过一项初步资本充足率测试才可获得授权，而后必须持续满足其资本资源要求。资本充足率监管原则规定："公司必须时刻维持整体财务资源，包括资本资源和流动性资源，无论在数量还是质量上都足以确保不存在无法偿还到期负债的重大风险。"

监管机构的资本充足率计量包括两大部分：一方面评估公司的资本资源，另一方面是确定和评估其风险头寸。

"资本资源"由"永久性"资本组成：股权资本、留存收益和次级（近永久性）债务。不计"次级债"，所得数字近似于公司资产负债表中的"净资产"或股东权益，这对财务稳定很重要，因为这些才是公司真正"拥有"的，而非通过杠杆获得的（即为了获取资产而承担负债）；这些是可以用于应付不可预见的负债的专有资源。

"风险头寸"包括公司交易账户中的所有市场风险和交易对手信用风险头寸（例如长期或短期股权头寸、期权、期货、差价合约等）及其非交易账户或银行账户（如贷款、长期回购）。这些头寸根据类型和风险按指定百分比进行"风险加权"，使得较高质量的投资权重较低，高风险投资权重较高，例如向受金融监管或信用评级高的交易对手发放的贷款的风险权重低于高收益债券的发行者。如何计算这些风险权重取决于该头寸的性质：

■ *市场风险*——公司交易组合价格变化（无论是否涉及整个市场）风险敞口或个别发行人违约风险敞口。股票和股权等价头寸、债券工具各自有不同类别，例如债券或利率掉期、期权和期货。

■ *交易对手信用风险*——借款人或交易对手方的直接信用风险敞口导致风险资本可以按照规定的监管方法或复杂的定制模型进行计算。

■ *集中度风险*——一组资产的风险敞口（例如，股票或债券发行人，或借款人及其子公司）超过某临界值导致上述两类资本的加速资本支出。

■ *利率和外币风险*——针对风险敞口是否在交易账户或银行账户（非交易账户）中有自己的处理方式。

■ *操作风险*——有几种方法可用来量化操作风险的风险损失（见下文），敏感度各有不同。

最低监管资本充足率测试中，各类别中计算所得风险加权头寸的总和不得超过公司的资本资源。

如果公司所属集团包含一家在欧洲经济区注册的母银行，那么该公司及任何其他隶属公司的资本资源和风险头寸都要与银行合并。

除了解风险和预留资金以应对风险外，公司还必须进行关键风险压力测试，并最终评估公司可承受的风险极限。作为资本和流动性管理方法的一部分，大多数公司都需要完成三个关键文件：

1. 内部资本充足率评估程序（ICAAP）；这是对公司面临的关键风险的说明，并计算正常情况下和承受压力的情形下应对风险所需的资金数额。

2. 个体流动性充足率评估（ILAA）或个体流动性系统评估（IL-SA）；这是对公司面临的流动性风险的说明，并计算正常情况下和承受压力的情形下应对流动性风险所需预留的流动资产，计算原则与ICAAP类似。

3. 恢复和处置计划（RRP），也称"生前遗嘱"；恢复和处置计划说明了如何确保公司在极端压力下持续活动，以及在无法维持公司持续经营的情况下进行有序清算。

这三份文件表明，流动性往往与资本同样重要。英国抵押贷款人北岩银行在2007年次贷危机时的遭遇，是一个众所周知的例子，说明了公司是如何陷入本应可以避免的流动性困难的。大多数抵押贷款公司通过吸收客户存款作为贷款资金，但北岩银行遵循不同模式，利用其他机构的借款作为抵押贷款资金。当这些机构不愿再向北岩银行放贷时，其现金来源枯竭，最后不得不接受英格兰银行作为最终贷款人的紧急注资。如果北岩银行为了解其流动性风险作出更多努力，例如增加抵押贷款组合的资金来源，那么或许能够避免此次危机。

专栏 12　英国监管机构执法程序

审慎监管局和金融行为监管局大部分调查会在不诉诸正式执法程序的情况下作出决定，不过面临潜在惩戒行动的人士都熟悉这一程序。所幸该过程有若干保障措施，旨在确保相关决定公平且合理。第一，大部分执法决定是通过监管决定委员会作出的，该委员会是金融行为监管局委员会的一个小组委员会，但由一名非金融行为监管局雇员担任主席。第二，公司有权向完全独立于监管机构的法庭提出上诉。

专栏 13　洗钱的过程

洗钱的流程通常分为三个阶段：

■*处置*——这个阶段通常涉及现金，罪犯首先将非法所得投入金融系统中，显然必须隐藏资金的犯罪来源，不然无法存入银行，例如通过出售赃物得到的现金可以投入到表面上是一家小型出租车公司开立的账户里，这样缴纳的大笔资金就不会引起怀疑。

■*离析*——在这个阶段，存款资金要通过一个复杂的交易网络进行转移，目的是隐藏资金来源、进入系统的节点以及与最初存款人的联系。这个阶段最著名的方法之一就是通过那些拥有强大的银行保密立法以及反洗钱制度薄弱的司法管辖区和银行进行一系列的国际电汇。

■*融合*——当复杂的离析阶段完成后就到了融合阶段，通过完全合法的方式进行安全投资，资金的非法来源被充分隐藏而不怕被发现。罪犯可以用任何方式使用或者投资非法资金。

有组织的犯罪团伙专门设计越来越富有想象力和复杂的方法来掩盖他们的活动，如果贵公司发生了这样的情况，你能够发现信号吗？一些需要注意的事项包括：

■ 没有明确理由的多笔第三方付款；

■ 确定账户最终受益人的困难；

■ 没有任何经济效益的多笔交易；

■ 没有确切的原因，客户在一个国家却使用另一个国家的银行账户。

专栏 14 公平对待客户

过去十年中，许多监管部门和合规部门花费了大量时间和精力处理公平对待客户（TCF）计划。而 TCF 似乎是原则式愿景的有力例证之一，因为它代表一项概念或一种经商方式，而不是一组特定的规则和指引。

监管机构已确定公司应当应用 TCF 概念的多个领域，其中包括：

1. 企业文化。

2. 确定目标市场。

3. 消费者获得信息。

4. 建议的适当性。

5. 产品性能。

6. 售后安排。

然而，并不存在 TCF 规则。这意味着，为了适当地处理上述所有方面，企业本身必须确定并借鉴监管机构（或许是其他机构）的正式规则和指引，并基于自身的优先事项和判断建立内部 TCF 制度。

显然第 6 项原则是相关的："公司必须对客户权益给予应有的尊重，公平地对待他们。"然而，这对企业而言并无利可图。监管机构已发表大量演说，并就此主题编制了大量文件，但当中并无特别有说服力的结果，有的只是预期的结果。六项 TCF 结果如下：

结果 1——消费者可以相信与之交易的公司以 TCF 作为企业文化核心。

结果 2——在零售市场上推广和销售的产品和服务旨在满足已确认

的消费者群体的需求，并以此为目标。

结果3——向消费者提供明确信息，消费者在销售之前、当时和之后均得到适当的告知。

结果4——在消费者接受咨询意见时，相关建议是适当的，并考虑到他们的情况。

结果5——消费者收到的产品符合他们在公司的引导下具有的期望，而相关服务也符合预期、达到可接受的标准。

结果6——消费者在更换产品、更换供应商、提出索赔或提出投诉方面，不会面对公司施加的不合理售后条件。

金融服务管理局和其后的金融行为监管局扩大了 TCF 概念，以适应 2008 年之后金融市场不断变化的情况。它们目前将 TCF 作为总括术语"行为风险"的一个分项。虽然 TCF 原先着眼于我们如何证明自身待客公平，但后来转为关注行为风险，并令我们将客户损害作为一项明确的风险。我们必须确定、测量、管理和报告所有风险，并确定风险偏好。然而，这并不意味着 TCF 是一成不变的。金融行为监管局在其关于行为风险的声明中仍提到六项 TCF 结果。

由于行为风险和 TCF 的所有不确定性，我们完全明确的几个方面包括：TCF 是金融行为监管局的优先事项，因此我们最好确保公司做好准备，确保满足公平待客的要求。TCF 将在金融行为监管局的公司系统框架中发挥巨大作用，而高管层注意到，金融行为监管局已公平公正地安排 TCF 的责任！它们希望将行为风险和 TCF 问题纳入到公司的文化、业务策略中，并在整体上将客户作为"业务核心"。

缩略语表

以下清单为本书涉及的主要缩写。

3ML	2005 年欧盟反洗钱 3 号令
ABFA	资产担保型融资协会
ACD	公司授权的董事
ADR	美国存托凭证
AIC	英国投资公司协会
AIM	另类投资市场
AML	反洗钱
APER	英国金融服务管理局《获批准人员资料手册》
ARA	资产回收机构
ARROW	高级风险响应操作框架
ATCSA	反恐怖主义、犯罪及安全法
ATS	另类交易系统
Basel Ⅰ	1988 年《统一资本计量和资本标准的国际协议》
Basel Ⅱ	2004 年《统一资本计量和资本标准的国际协议：修订框架》
BBA	英国银行业协会
BCBS	巴塞尔银行监管委员会
BCD	欧盟《银行合并监理指令》
BCSB	英国银行业守则标准委员会
BIMBO	管理层和外部管理团队联合收购
BIS	国际清算银行

BOE	英格兰银行
BVCA	英国风险投资协会
CA 06	2006 年英国《公司法》
CARD	2001 年《合并许可与报告指令》
CASS	金融服务管理局《客户资金管理资料手册》
CC	英国竞争委员会
CCA	1974 年、2006 年《消费信贷法》
CCARs	2004 年英国《消费信贷（广告）法》
CD	存款证书
CDS	信用违约互换
CEBS	欧盟银行业监管委员会①
CEO	首席执行官
CESR	欧洲证券管理机构委员会
CFO	首席财务官
CI	合规官协会
CJA	1993 年《刑事司法法》
COAF	金融服务管理局《关于向金融服务管理局投诉的资料手册》
COBS	金融服务管理局《商业行为准则》
COLL	金融服务管理局《集体投资计划法规资料手册》
COND	金融服务管理局《金融业务最低标准》
CP	商业票据
CPD	持续职业发展
CRD	2006 年《资本要求指令》
CTF	反恐怖融资

---

① 译者注：2011 年 1 月 1 日起，欧洲银行管理局（EBA）全面接管原欧盟银行业监管委员会的所有职能以及权责。

CTF	儿童信托基金
DBERR	英国商业企业与管制改革部
DEPP	金融服务管理局《裁决程序及处罚手册》
DGS	欧盟《存款保障机制指令》
DIE	指定投资交易所
DISP	金融服务管理局《争议解决：投诉资料手册》
DMD	《远程销售指令》
DMO	英国债务管理办公室
DPA	1998 年《数据保护法》
DTR	金融服务管理局《资讯披露与透明度规则》
EA	2002 年《企业法》
EAW	欧洲拘捕令
EBRD	欧洲复兴开发银行
ECAs	出口信贷机构
ECD	2000 年《电子商务指令》
ECHR	《欧洲人权公约》
ECN	电子通讯网络
EEA	欧洲经济区
EFP	期货转现货交易
EG	金融服务管理局《执行指南》
ERA	1996 年《就业权利法》
ESC	欧洲证券委员会
ESD	欧盟《利息税指令》
ETFs	交易所交易基金
EU	欧洲联盟
Euronext	欧洲交易所
LIFFE	伦敦国际金融期货交易所

FAIFs	另类投资组合型基金
FATF	金融行动特别工作组
FCA	金融行为监管局
FCD	2002 年《金融担保指令》
FCPA	1977 年美国《海外反腐败法》
FEOMA	外汇及期权主协议
FINRA	美国金融业监管局
FIT	金融服务管理局有关《获批准人"适当性正当性"测试手册》
FIU	金融情报机构
FOA	英国期货与期权协会
FOIA	2000 年英国《信息自由法》
FOS	金融申诉专员服务署
FOTRA	海外居民免税（证券相关）
FRNs	浮动利率债券
FSA	英国金融服务管理局
FSAP	金融服务行动计划
FSCS	金融服务补偿计划
FSMA	英国《2000 年金融服务与市场法》
FSSC	金融服务技能委员会
FTSE	富时指数有限公司
FX	外汇
FXJSC	英国央行外汇联合常务委员会
GDR	全球存托凭证
GEN	金融服务管理局《法规框架手册》
GMRA	全球回购主协议
GMSLA	全球证券借贷主协议

GP	普通合伙人（有限合伙制）
GTMA	电网贸易总协定
HMRC	英国税务海关总署
HR	人力资源
HRA	2000 年英国《人权法》
ICA	国际合规协会
ICC	国际商会
ICD	1997 年《投资者补偿计划指令》
ICMA	国际资本市场协会
ICO	英国信息委员办公室
ICOM	国际货币期权主协议
ICVC	变动资本投资公司
IEC Act	2006 年《投资与清算所法》
IEEPA	《国际紧急状态经济权力法》
IFEMA	国际外汇主协议
IFXCO	国际外汇和货币期权总协议
ILSA	美国《伊朗—利比亚制裁法》
IMLPO	反洗钱官协会
IOSCO	国际证监会组织
IPO	首次公开募股
ISA	个人储蓄账户
ISD	1993 年《投资服务指令》
ISDA	国际掉期与衍生工具协会
ISMA（ICMA）	国际资本市场协会
ISP 98	国际商会和国际银行法律与惯例学会颁布的《国际备用证惯例》
IT	信息技术

JMLSG	英国联合反洗钱协调小组
KPI	关键绩效指标
KYC	了解你的客户
L/C	信用证
LBMA	伦敦金银市场协会
LIBOR	伦敦同业拆借利率
LMA	贷款市场协会
LME	伦敦金属交易所
LP	有限合伙人（有限合伙制）
LSE	伦敦证券交易所
MAD	2003 年《反市场滥用指令》
MAR	金融服务管理局《市场行为监管手册》
MBIs	外部管理团队收购
MBOs	管理层收购
MEFISLA	主要股票与固定收益类证券借贷主协议
MiFID	2004 年《金融工具市场指令》
ML	金融服务管理局《反洗钱监管手册》（已失效）
ML Regs	英国反洗钱法规（不时更新）
MLA	牵头行
MLRO	反洗钱官
MPBR	以原则为导向监管方法
MTF	多边交易工具
MTNs	中期票据
N2	金融服务管理局成为英国"单一金融服务监管机构"的日期和金融服务与市场法案生效日期（2001年 12 月 1 日）
NASD	美国证券交易商协会（现已并入美国金融业监管局）

NASDAQ	美国全国证券交易商自动报价系统协会
NCA	英国国家打击犯罪调查局
NCIS	英国国际犯罪情报总署（现已成为 NCA）
NDF	无本金交割远期外汇交易
NIPs	《非投资产品守则》
NPL	不良贷款
NUR	非可转让证券集合投资计划散户型基金
OEIC	英国开放型投资公司（也称 ICVC）
OFAC	美国财政部海外资产控制办公室
OFT	英国公平交易办公室
OSLA	海外证券借贷协议
OTC	场外交易市场
PA dealing	个人账户交易
PACE	1984 年《警察与刑事证据法》
PEP	个人持股计划
PIBS	永久性付息股票
PIDA	1998 年《公共利益披露法》
POCA	2002 年《犯罪收益追缴法》
PRA	英国审慎监管局
PRIN	金融服务管理局《业务标准手册》
QIS	合格投资者基金
RAO	监管行动顺序
RDC	规制判断委员会
REITs	房地产信托投资基金
RIE	被认可的投资交易所
RIPA	2000 年《调查权力规制法》
Sarbox	2002 年《上市公司会计改革和投资者保护法》（《萨班斯—奥克斯利法案》）

SFO	英国反欺诈办公室
SHCOG	证券公司合规官组织
SIFMA	证券行业与金融市场协会
SII	英国证券与投资协会
SMMLG	英国短期金融市场联席会议
SOCAP	2005 年《重大有组织犯罪与管制法》
SRO	自律组织
SUP	金融服务管理局《监管手册》
SYSC	金融服务管理局《高层管理安排、制度及控制手册》
TACT	2000 年或 2006 年反恐怖活动
T-Bills	美国国库券
TBMA	美国债券市场协会（现为 SIFMA 的一部分）
T&C	培训和胜任能力
TCF	公平对待客户
TRUP	交易报告用户组
UCITS	欧盟可转让证券集合投资计划
UCP 600	国际商会《跟单信用证统一惯例》
UCPD	《不公平商业行为指令》
UCR rules	国际商会《跟单托收统一规则》
UNCITRAL	联合国国际贸易法委员会
URC 522	国际商会的《托收统一规则》
UTCCRs	1999 年《消费者不公平合同条款法规》
VAT	增值税
VCTs	风险资本信托